跨国公司在华研发投资与中国区域自主创新互动发展研究

章文光　著

中国经济出版社
CHINA ECONOMIC PUBLISHING HOUSE
·北京·

图书在版编目（CIP）数据

跨国公司在华研发投资与中国区域自主创新互动发展研究 / 章文光 著.
—北京：中国经济出版社，2019.5（2024.1重印）
ISBN 978-7-5136-5552-1

Ⅰ.①跨… Ⅱ.①章… Ⅲ.①跨国公司—技术开发—投资—研究—中国②区域经济发展—国家创新系统—研究—中国 Ⅳ.①F276.7②F127

中国版本图书馆 CIP 数据核字（2019）第 031420 号

责任编辑 赵静宜
责任印制 巢新强
封面设计 久品轩

出版发行 中国经济出版社
印 刷 者 大连图腾彩色印刷有限公司
经 销 者 各地新华书店
开 本 710mm×1000mm 1/16
印 张 15.25
字 数 226 千字
版 次 2019 年 5 月第 1 版
印 次 2024 年 1 月第 2 次
定 价 68.00 元
广告经营许可证 京西工商广字第 8179 号

中国经济出版社 **网址** www.economyph.com **社址** 北京市东城区安定门外大街 58 号 **邮编** 100011
本版图书如存在印装质量问题，请与本社销售中心联系调换（联系电话：010-57512564）

序言

创新，无疑是时下最热门的话题。面临千年未有之变局，大到一个国家，小到一个企业，都将创新奉为圭臬。可以说，一部人类社会发展史，就是一部创新史。创新带来的技术与产业更替升级，不仅深刻改变人类生产生活、推动社会发展进步，而且奠定一个国家综合实力和国际竞争力的基础。

改革开放40多年来，中国以人类历史上前所未有的速度解决了13亿人吃饭问题，最大限度地挖掘人口红利、资源红利和制度红利，稳步跻身全球第二大经济体。与此同时，中国对创新的追求从未止步，从提出“科学技术是第一生产力”的重要论述，到实施科教兴国战略、自主创新战略，再到实施创新驱动发展战略，无不体现着国家对科技创新作用的深刻认识和对国际国内发展形势的准确把握。

自主创新与开放创新是中国科技创新领域取得巨大进步的法宝。二者相互促进，相得益彰。一方面，自主创新需要开放与自由的环境，更需要拓展的空间，闭门造车从来就不是自主创新的本意；另一方面，缺少自主创新支撑的开放，不能把握创新方向，无法在竞争中发展，也就无法真正创新。

跨国公司在华研发投资与中国区域自主创新体系之间的互动，是一个阐释自主创新与开放创新关系的生动案例。章文光教授这本著作，正是从这一独特视角出发，完成了一项具有挑战性和开创性的工作。就本书重点回答的三个方面核心问题，我谈一下个人的几点认识：

第一，创新扩散的本质是让前沿创新思维和先进科学技术扩散和渗透到经济社会发展的方方面面，从而提高经济的整体运行效率。经验表明，决定一个国家创新发展成败的往往不是有多少前沿创新成果，而是这些创新成果扩散的范围、速度和程度，应把创新扩散放到与前沿创新同等重要的地位，推进产业全面整体创新。当然，这个过程不是自然发生、一蹴而就的，需要全社会的关注、相应的政策与制度环境。

在以往的文献中，有很多研究关注到跨国公司对华投资由生产转向研发的趋势，也分析了其中的动因，但大都有一定的思维局限。作为一项综合性研究，本书超越了单独从技术扩散或溢出层面对跨国公司在华研发投资与中国区域自主创新体系之间关系的认识，提出技术、知识、人力资本、政府政策以及中介组织多个层面的互动模式，清晰地呈现了支撑创新扩散背后的链条配套和诱发机制，使得研究的发现和结论变得更加立体丰满，也更切合中国发展的现实情境。

第二，区域发展不平衡对制定和执行创新发展战略提出了更高的要求。经过改革开放40多年的发展，东部沿海部分地区已进入信息化时代，紧随国际科技前沿，有的还发展成为国际创新发展策源地；但中部和东北地区的很多地方仍然处在工业化阶段，大量传统制造业亟待转型升级；西部不少地区传统农业所占比重仍然过大，技术水平落后，劳动生产率低下。不同地域的发展特点，决定了其对创新的态度、所具备的能力水平有很大不同，从中也能窥见区域自主创新发展的前景。

跨国公司在华研发投资的目的地选择上，通常会经过认真考量和仔细权衡，对其进行抽象化概括总结，提炼路径模式、形成优化建议并不容易。章文光教授的研究根据区域自主创新系统和跨国公司在本区域研发状况的不同，提出了具有区域特色的三种互动发展模型，分别是东部地区对应的全球研发示范模式、西部地区的本地应用互动模式以及中部地区的产业关联互动模式，并结合各自升级路径给出相应建议。应当说，这些分析很有价值，不仅对跨国公司在华研发投资，对国内企业研发区域布局和“走出去”也有一定的借鉴和启发。

第三，国内创新模式多元的现状给创新政策的制定增加了难度。作为一个经济和体制双重转型的大国，中国创新模式多元并存。以企业间充分竞争为基础的市场竞争型创新模式是推动创新发展的重要动力；在一些重大基础设施、国家战略需求、公益性较强的领域由政府组织和引导，发挥集中力量办大事的优势，推动重大创新成果的取得，形成了具有中国特色的战略导向型创新模式。多元的创新模式，造成一些其他国家对中国科技政策认识的扭曲，对后续创新引导政策的出台制造了认知障碍。例如，中美贸易战背景下，美国对中国科技创新领域有很多指责，包括强迫技术转移、产业政策扭曲市场等。

这些问题的存在，一方面因为外界对中国科技创新政策的认识有偏差，另一方面也表明我们涉及跨国公司在华研发的一些政策在制定或操作过程中可能存在某些问题。本书基于逻辑推演和定量分析，在促进跨国公司在华研发投资与区域自主创新互动之间政策体系完善方面提出了个性化解决方案，包括高度重视知识产权保护、完善科技中介服务、培育以企业为主体的国际合作能力，培养市场化导向的科技人才等，具有一定的前瞻性和实操性，也有助于帮助外界厘清中国吸引跨国公司在华研发投资的政策。

最后，有学者认为“跨国公司在华研发投资”这一研究领域正在淡出。个人认为：近些年，伴随宏观经济环境持续向好，企业发展基础不断夯实，一大批国内企业迈入国际知名跨国公司之列。例如，华为等领军企业率先进入跨国研发阶段，开始深度融入全球研发网络。与此同时，受土地、人力成本高企等影响，也有跨国公司研发机构撤出中国，这是否意味着中国吸引跨国公司在华研发已告别黄金期？跨国公司在华研发投资是否还要被重视？

如各界所期望的那样，国内越来越多的企业对研发投入高度重视，快步迈入创新型领跑企业之列，这是中国创新领域进步的见证。但我们必须看到，个别行业领军企业的“领跑”，不能掩盖国内诸多科技创新领域“跟跑”及“被卡脖子”的事实，整体上中国仍处在全球价值链的中低端，参与国际竞争的多数国内企业，在关键领域和核心环节上的创新短板依然明显，提升空间巨大。无论是内资还是外资主导的研发投资，都有必要积极倡导和努力争取，这既符合国际趋势，也是追求高质量发展的必要手段。中国万万不能搞夜郎自大，故步自封，还要继续学习西方发达国家的经验，始终做一个学习者和探索者。

中美贸易战的冲击和洗礼对我们的一个重要启示是，对于跨国公司在华研发投资的重视和引导应当成为长期政策取向。2020 年将要实施的新《外商投资法》明确规定“国家对外商投资实行准入前国民待遇”和“负面清单管理制度”，取消逐案审批制管理模式等，将把对外开放引向更高水平。

在这样的环境下，我相信“跨国公司研发”这一主题仍然具有强大的生命力，本书的出版也恰逢其时，我很乐意将本书推荐给大家。希望更多的包括“引进来”和“走出去”的跨国公司以及相关领域的学者，都能从本书中汲取有益观点，成为播撒创新的种子，推动创新引领，为中国与世界的发展做出有益贡献。

薛　澜

2019 年 3 月

前 言

继市场、生产和资本国际化等全球化战略之后，跨国公司为适应国际市场复杂性、产品多样性、消费者偏好差异性等要求，开始逐渐显现出研发国际化的新趋势。改革开放40年来，中国已经成为世界上引进跨国公司研发投资规模最大的国家之一。对于跨国公司在华研发投资的效应存有不同看法：一些研究显示，跨国公司在华研发投资通过示范、竞争、合作和人才等路径提升了本土创新能力，对区域创新系统的创新资源供给、创新价值实现、创新流程优化乃至产业结构升级产生了积极作用；另外一些研究则认为，跨国公司在华研发投资可能会阻碍本土创新能力的提升，跨国公司在华研发投资具有技术锁定、产业控制、人才争夺和创新资源挤占等天然属性，使中国自主创新处于“技术研发链”和“生产价值链”的低端，陷入“技术垄断—技术锁定—技术依赖”的恶性循环。此外，中国区域创新能力的分布不均衡，跨国公司在华研发投资的区域差异，在促进某些地区区域自主创新提升的同时，也可能进一步加剧中国创新资源贫乏区域的边缘化，阻碍中国区域自主创新的整体协调发展。

正如国家创新系统和区域创新系统的提出者弗里曼曾发出的感慨那样：“从发展中国家的角度来看，国家在技术追赶方面的政策仍然是首要的。然而，国家系统与‘国内系统’和跨国公司的相互作用越来越重要。同时，跨国公司在使得全球治理模式更有利技术追赶和发展的方面也变得越来越重要。这个同时具备矛盾性和一致性的趋势必然会成为下个世纪最令人激动的创新研究领域之一。”本书从跨国公司在华研发投资和中国区域创新系统互动视角出发，运用产业经济学、计量经济学、国际贸易学、管理学等相关学科的理论，构建跨国公司在华研发投资与中国区域自主创新互动发展模式，寻求跨国公司研发投资和区域自主创新等新的学理解释，丰富跨国公司理论和发展经济学理论；并在此基础上全面评估和实证研究跨国公司在华研发投资对中国区域自主创新的正负效应，科学总结具有中国特色的“跨国公司在华研发投资——中国区域自主创新”互动发展一般规律，探讨更加完善的中国区域自主创新政策，促进跨国公司在华研发投资良性发展和中国区域自主创新能力的全面提升。

本书探究的问题主要有三个：第一，跨国公司在华研发投资与区域创新系统是如何进行联系和互动的？第二，基于区域创新系统和跨国公司在本区域研发状况的不同，是否存在具有区域特色的互动发展模型？第三，如何促进有效互动构建相关政策体系？对于第一个问题，通过对现状和机理的分析，本书提出跨国公司在华研发投资与区域自主创新主要在技术创新层面、知识创新层面、人力资本层面、政府政策层面、中介组织层面五个层面存在互动。对于第二个问题，本书指出中国东、中、西部地区不仅在引进跨国公司研发投资和区域自主创新现状上呈现出不同的特点，而且在二者互动关系上也呈现出不同模式：东部地区“全球示范集聚模式”、西部地区“本地应用互动模式”、中部地区“产业关联互动模式”。对于第三个问题，本书基于对现有跨国公司在华研发政策详细深入的分析，厘清政策体系存在的主要问题，认为构建跨国公司在华研发投资与区域自主创新互动的政策体系非常必要。

为此，本书构建了包括环境优化政策、投资促进政策、合作溢出政策等在内促进跨国公司在华研发投资与中国区域自主创新互动的三级政策体系。尤为重要的是，跨国公司在华研发投资相关政策向来仅作为中国外资政策的组成部分被提出和实践，从未上升至区域创新战略乃至国家创新战略的层面，本书明确将跨国公司在华研发政策置于国家整体创新战略中，把跨国公司在华研发政策和科技人才培养、知识产权保护、国际科技合作、科技中介服务、企业创新培育等国家创新战略和科技发展规划的各个模块结合起来，真正发挥跨国公司在华研发政策实效，切实利用跨国公司在华研发投资实现中国本土技术水平进步和创新能力的提升。

目　录

第一章 跨国公司在华研发投资与中国区域自主创新互动发展的基本现状

20世纪90年代之前，大多数跨国公司仅仅将中国作为他们的制造中心，只在华投资建厂，而将主要的研究开发和管理职能保留在母国。从20世纪90年代开始，为了整合全球范围内的优势资源、实现经营战略的全球化，跨国公司逐步开始将研发职能转移到海外，在东道国设立各种形式的研究机构及研发中心。中国作为迅速崛起的重要经济体，以其巨大的市场规模、良好的基础设施和廉价优质的研发人力资源，成了跨国公司海外研发投资的重地。

跨国公司在华研发机构和研发活动作为中国区域创新系统的重要组成部分，与中国区域创新系统协调共生，极大地促进了中国区域自主创新的升级和发展。本章主要对跨国公司在华研发投资和中国区域自主创新的整体状况进行描述性总结，在此基础上分析跨国公司在华研发投资动因和中国区域创新系统引进跨国公司研发动因之间的契合性，得出二者之间的协调共生关系，为后文研究奠定基础。

一、跨国公司在华研发投资的整体状况

1. 跨国公司的研发全球化

20世纪70年代末80年代初，全球经济环境开始发生重大变化，随着各国关税的大幅降低、通信技术的突飞猛进和交通运输条件的大力改善，经济全球化迅猛发展。跨国公司为了获得全球性的竞争优势，优先开始了

全球一体化经营战略，开始在海外设立工厂，利用发展中国家和地区的廉价劳动力和巨大市场获取竞争优势。然而，由于担心技术泄露可能危及跨国公司自身的技术垄断优势，跨国公司通常将研发部门保留在母国，并通过股权投资方式进行技术的内部化转移，以保持对创新技术的垄断和控制。

20 世纪 90 年代，随着经济全球化的日益加深，在全球各地对跨国公司产品需求量不断增长的同时，对产品开发的个性化要求也逐步加深。与之同步的是，在跨国公司的资本培育和东道国的自身发展下，发展中国家的研发环境不断优化。更加便利的基础设施条件、更高素质的高等院校毕业生、更加优惠的研发扶持政策等，都成为不断吸引跨国公司在发展中国家加大研发投入、提升研发战略层次的因素。在此背景下，跨国公司逐步调整以往高度围绕母国核心的研发全球布局，根据不同国家在人力资源、科技基础、科研设施上的比较竞争优势，在全球范围内选择在人才、技术、资金等方面具有区位比较优势的国家，有组织地安排新产品、新技术的研发活动，并将这些分散的研发机构进行有机组合，形成全球一体化的研发网络。

表 1-1　1995—2003 年德国对外研发的 FDI 增长

年份	国外研发分支机构的 FDI 存量（百万美元）	国外研发分支机构的数量（家）	国外研发分支机构的雇员人数（千人）
1995	43.2	20	2
1996	83.8	25	2
1997	133.8	31	3
1998	199.6	55	5
1999	467.7	59	6
2000	467.7	89	9
2001	630.0	105	10
2002	934.3	73	11
2003	891.4	75	11

资料来源：UNCTAD，根据德国联邦银行公布的数据整理。

以德国为例，1995—2003 年，德国的海外研发机构从 20 家增加到 75 家，雇员人数从 2000 人增加到 11000 人。联合国贸发会议 2004 年的调查统计显示，69%的跨国公司将会在 2005—2009 年增加海外研发投资，29%的跨国公司表示海外研发投资资本将保持不变，只有 2%的跨国公司表示将会减少海外研发投资。这种转变不仅大幅提升了跨国公司的研发实力和产品适应性，也开辟了发达国家向发展中国家进行技术转移和技术溢出的新途径，促进了发展中国家创新系统的形成和升级。据普华永道战略咨询部门思略特咨询公司《2015 年全球创新 1000 强》研究报告显示，亚洲已成为企业研发支出最高地区，2007—2015 年，中国和印度境外企业研发支出增长分别为 79%、116%，成为仅次于美国的全球第二、第三大研发投资目标国，新兴国家和地区正日益成为研发全球化的重要参与者。

2. 跨国公司在华研发投资的发展历程

跨国公司全球化战略的本质就是价值链上的各个环节分散到具有区位比较优势的不同国家和地区，从而实现价值创造的成本最小化和经营模式最优化。中国作为世界上最大的发展中国家，自 20 世纪 80 年代中期以来，以其强大的区位优势——巨大的消费市场规模、丰富的廉价劳动力、优质的基础设施等，吸引了大量的跨国公司来华投资。跨国公司在华研发投资发展与跨国公司在华投资历程存在直接关系。

表 1-2　跨国公司在中国市场的发展阶段

	阶段Ⅰ市场探索	阶段Ⅱ战略进取	阶段Ⅲ市场主导
首要目标	①建立小代表处 ②了解市场 ③学习在华经营管理 ④评估风险和投资报酬	①建立地区性或全国办事处 ②比竞争对手先行一步取得先入者优势 ③培育地区分支机构的管理能力	①设立生产点而占据市场主要份额 ②形成部门连锁结构并引导每个点提高效益

续表

	阶段Ⅰ市场探索	阶段Ⅱ战略进取	阶段Ⅲ市场主导
经营关键	①几个小经营点，有限覆盖面，以贸易为基础 ②以低的资金暴露为特征的简单经营 ③在当地化、商务制度设计、合作者关系方面进行试验	①在不同地域或不同产品上有多项经营并进行伞状管理 ②在中国的销售和资金有较大数量 ③对关键对手在中国的进展高度重视	①以完善的管理控制较大的经营 ②努力在消费者和供应商中树立市场领导者的形象 ③在政府中树立帮助中国经济发展的长期合作伙伴形象 ④成为总公司的重要利润源
技术要求	低	较高	高
发展状况	试验性发展	成长性发展	成熟性发展

资料来源：薛求知. 跨国公司与中国市场［M］. 上海：上海人民出版社，2000：103. 有改动。

研发国际化浪潮发轫于20世纪70年代，在80年代初具规模，此时的中国处于改革开放初期，跨国公司在华直接投资尚且不多，更谈不上设立“研发中心”了。20世纪90年代初期，部分跨国公司开始试探性地在华进行R&D投资，但多以项目委托、人才培训为主，投资水平低下、发展速度缓慢。从1992年开始，跨国公司在中国进行大规模的合资或独资企业的兴办以实现生产本地化。这个时期跨国公司开始在合资或独资企业内部设立技术支持或开发部门，辅助产品本地化，主要进行技术消化，这成了跨国公司在华投资“研发中心”的雏形。随着企业规模和市场份额的逐步扩大，合资或独资企业内部的研发部门地位日趋重要，并逐步由“技术消化”阶段走向“技术创新”阶段①。这时，跨国公司开始涉及一些基础性研究，将某些非核心的研发工作委托中国的大学、研究机构来解决，出现了跨国公司与中国科研单位合作的R&D项目。自1993年起，中国允许跨国公司在中国成立控股公司，跨国公司通过将在华的合资或独资企业的股份转让给控股公司，把分散的单个企业统一为一个集团，实现集团内部经营管理一体化，使资金、人员、技术等生产要素在更大范围内流动和优化

① 长城企业战略研究所. 跨国公司在华R&D投资分析［J］. 中国软科学，1998（8）.

配置，达到投资管理本地化的目的①。此后，跨国公司在华投资逐步成熟，根据其对中国市场潜力的判断、对中国研发环境的分析以及全球化研发策略的综合考虑，有些跨国公司开始在华设立独资的 R&D 机构②。

大体来看，中国吸引跨国公司 R&D 投资大致经历了以下四个阶段：起步期、成长期、发展期、提高期。

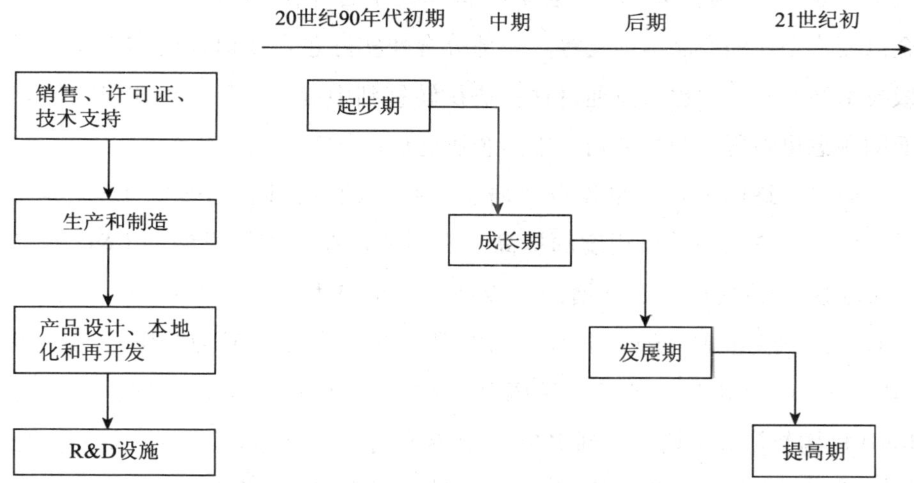

图 1-1　跨国公司在华投资“研发中心”的发展阶段

资料来源：章文光．跨国公司在华投资“研发中心”的现状与对策建议［M］．北京：北京师范大学出版社．

第一，跨国公司在华投资“研发中心”的起步期（1978—1993 年）：1992 年起，跨国公司开始在中国大规模兴办合资或独资企业，并在企业内部设立技术开发部门，这是跨国公司在华投资“研发中心”的雏形。

这一阶段的 R&D 投资以探索性的战略投资为特征，一些在中国有生产设施的中外合资企业开始从事一些 R&D 工作，主要目的是形成或促进与中国政府及企业的正式伙伴关系，帮助跨国公司在全球战略上获得中国

① 长城企业战略研究所．跨国公司在华 R&D 投资分析［J］．中国软科学，1998（8）．

② 周立群，祝茂．跨国公司研发中心向中国转移的特点及其影响［J］．学术探索，2004（4）．

这个至关重要市场的立足点。基于这样的动机，这个阶段跨国公司设立的许多 R&D 项目仅仅是名义上的，实际并未从事技术研发工作。他们的主要工作是本地化，以及从事一些最基本的与技术相关的工作，例如，将公共领域的技术和专有知识做适应性改动以避免知识产权问题和出口控制问题，向中国当地组织捐赠一些用于培训目的的高级设备（如计算机），在大学建立 R&D 实验室，或为合资机构和大学合作伙伴的开发工作提供资金以便将企业的产品本地化等。大部分合作实际包含的研发内容极少，高级技术和专有技术也很少通过这些协议转移到中国。而且，对知识产权方面的顾虑也阻碍了跨国公司与中国企业进行更复杂的技术合作[①]。

第二，跨国公司在华投资“研发中心”的成长期（1994—1996 年）：随着中国经济社会开放程度的提高，跨国公司在华直接投资和 R&D 投资发展较快，R&D 机构迅速增加。1994 年，加拿大北方电讯公司与中国北京邮电大学合作成立的“北邮—北电研究开发中心”成为跨国公司在华 R&D 投资的分水岭。此后，跨国公司在华 R&D 投资迅猛发展，设立的 R&D 机构数量大幅增加。到 1996 年，有来自 10 多个国家和地区的跨国公司在北京、上海、深圳、广州和苏州等地设立了 34 个研发中心。

在这个阶段，很多跨国公司已经在华投资经营多年，需要将投资活动引向价值链的高端。他们开始建立培训中心，与合作伙伴进行研发合作将其产品本地化以适应中国市场的标准；开始与中国的行业领先企业如联想、华为等合作，或将一些产品开发和设计工作交给科研院所的研究者，进行一些系统集成工作。然而，所有这些活动包含更多的是“开发”而非“研究”。北京、上海和广州等政治、经济、金融中心城市成为跨国公司在华从事研发活动的区位首选。与前一阶段不同，中国一些著名大学开始意识到市场的价值和跨国公司战略的转变，逐步发展和完善了一套与跨国公司合作研发的程序；跨国公司也开始重视中国一些著名大学并积极建立战略合作关系。

① 王志乐 . 2001 跨国公司在中国投资报告［M］. 北京：中国经济出版社，2001.

第三，跨国公司在华投资“研发中心”的发展期（1997—2001 年）：1997 年，国家科委出台了《鼓励设立中外合作合资研发中心暂行方法》，掀起了跨国公司在华投资“研发中心”的热潮，跨国公司在华 R&D 机构增长空前迅速。宝洁、杜邦、联合利华、微软、诺基亚、爱立信、诺和诺得、松下等全球知名的大型跨国公司纷纷在中国成立“研发中心”，公布和启动大型研发投资计划：有跨国公司开始在中国建设“技术园”；微软公司将其研究开发中心由 70 人扩编至 140 人；英特尔公司宣布投资 5000 万美元在华建立一个“研发中心”，等等。

随着研发事业的全面展开，跨国公司研发机构在华职能也进一步扩展，开始摆脱生产或产品辅助的地位，逐渐成为母公司在华投资经营战略的一个重要组成部分。出于长远发展的战略考虑，跨国公司在华 R&D 机构开展了各种技术攻关活动，如对中国技术人员进行培训、对中国教育进行投资（设立奖学金、教学金）等。这一阶段跨国公司研发机构仍高度集中在少数大中城市，但为充分利用地方政府的优惠政策，也有跨国公司选择在北京、上海、广州以外的其他中心城市建立研发机构。各大中城市的高新技术产业开发区和科技园区是吸引跨国公司建立 R&D 中心的重点区域，这些园区能给跨国公司提供完善的基础设施、便利的高新技术研发设施和公用设施以及大量的土地使用、金融和财税激励措施。与前两个阶段不同的是，许多跨国公司既增加了在华研发项目数量，又提高了在华研发项目层次。尽管这一阶段 R&D 活动中的“开发”成分依然超过“研究”，但技术开发活动的复杂性大大增加，个别跨国公司在华 R&D 机构正向全球“研发中心”过渡，此阶段的研发投资更具有全局性和战略性。

第四，跨国公司在华投资“研发中心”的提高期（2002 年至今）：2001 年，中国正式加入世界贸易组织，扩大了开放的地域和领域①，使跨国公司在中国的研发本地化进入了一个崭新的发展阶段。

---

① 根据《与贸易有关的投资措施协议》和《服务贸易总协定》，中国按照“四个禁用”原则，即禁用当地经济成分要求、贸易平衡要求、内销比例限制和外汇使用限制，对违背国民待遇和公平贸易原则的投资措施作出了调整。

跨国公司在华 R&D 投资呈现出一系列新动向：R&D 机构的本地化水平显著提升；独资化倾向迅速增强；R&D 投入的主动性稳步提高；投资项目巨型化趋势不断加剧。2002 年，爱立信公司在已有 6 家“研发中心”的基础上又成立了中国研发总院；摩托罗拉公司在已有 18 家“研发中心”的基础上又在北京、上海整合建立全球研发基地；通用、SK 等也相继加快在华投资“研发中心”的速度。仅 2001 年和 2002 年，跨国公司在中国就新建了 150 家“研发中心”，遍布 25 个城市。① 信息产业、生物化学等高科技领域的跨国公司都在中国建立了自己的研发机构。

2008 年以来，伴随着全球创新呈现出多元化特点，开放创新成为促进全球知识生产与技术扩散、加速创新全球化的重要趋势②。中国作为世界上最大的新兴经济体，创新的国际化、多元化程度不断提升。国内优秀企业如华为等，率先进入跨国研发阶段，开始深度融入全球研发网络。对于跨国公司在华 R&D 研发而言：

一方面，伴随中国本土研发企业的崛起，部分外资研发机构退出中国，转而与中国本土研发企业签署协议等形式予以替代。例如，2014 年，Adobe 关闭了中国研发中心，裁员 400 人；2017 年，CA Technologies 裁撤了中国研发中心，约 300 人的研发团队彻底解散；GE（中国）、GSK 和礼来等跨国企业均爆出关闭或调整国内研发中心；多家大型跨国制药企业削减在华研发投入，裁掉技术人员甚至关闭研发中心，与此同时，各大跨国制药企业纷纷与中国本土药物研发企业签订合作协议。辉瑞与本土企业派格生物医药曾达成合作，开发葡萄糖激酶激活剂（GKA）类药物；礼来与信达生物、药明康德等中国本土中小型制药企业和药物研发企业合作研发创新药物③。

另一方面，基于对中国市场、人才资源和投资环境的坚定信心，以及中国在人工智能领域和移动互联网上的优势，更多跨国公司持续加大对中

① 刘丽琴，刘文秀．跨国公司在中国研发本地化的地域分异［J］．经济地理，2007（2）．
② 熊鸿儒．加快形成深度融合的国家开放创新体系［N］．中国经济时报．2018-05-19
③ 梁正，李代天，徐伯宏．外资企业在华研发新趋势［N］．中国经济时报．2019-02-15

国的研发投入。例如，西门子多年来一直在不断追加在中国的研发投入。2016年以来，西门子在中国青岛、苏州、无锡、成都等地设立多个创新中心、实验室，并在苏州设立西门子中国研究院苏州分院。从2017年9月起，西门子中国主导西门子全球自主机器人的研发。西门子中国区业绩增长领先全球，研发投入也不断提高①。2017年，苹果宣布在上海和苏州再建立两个研发中心。此前，苹果已在北京、深圳设立了研发中心。

综上，随着近年来中国本土创新研发实力的不断提升，对外资研发产生了一定的“挤出”，但中国营商环境的持续完善，对更多的外资研发产生了更大吸引力。应当看到，中国已经成为全球第二大跨国研发投资目的国，是世界上重要的科研合作伙伴，也逐步成为具有全球影响力的国际科研合作中心，在可预见的一段时期内，着力吸引世界领先企业在华投资与研发创新，推动产业转型升级、经济社会高质量发展，依然是中国吸引外资关注的重点。

3. 跨国公司在华研发投资的特点

经过改革开放40年的发展，跨国公司在华研发投资规模不断增加、研发层次不断升级，已经成了中国国家创新体系和区域创新体系的重要组成部分，对中国的创新培育起着至关重要的作用。总体上看，跨国公司在华研发投资具有以下特点：

第一，数量上逐年增长。自1994年首个跨国公司在华研发中心出现，跨国公司在中国设立的研发中心快速增加：2000年前成立的有155家；2004年总数超过600家；到2006年年底，跨国公司在华设立的研发中心已超过700家；到2009年底，跨国公司在华设立各类研发中心超过1200家；到2012年，该数字上升为1600家；到2015年底，跨国公司在华设立的研发中心总数超过2400家，其中超过470家隶属于全球500强企业。与此同时，同一家跨国公司在中国多地布局研发中心，一些大型跨国公司不

① 梁正，李代天，徐伯宏. 外资企业在华研发新趋势［N］. 中国经济时报. 2019-02-15

仅在中国设立了研发中心，而且开始进行研发体系在中国市场不同区域的战略布局。

第二，规模上不断扩大。跨国公司在华“研发中心”数量增加的同时，金额和规模也不断增大。2004 年，跨国公司在华直接投资于科学研究、技术服务（包括地质勘查业）的金额为 2.9384 亿美元，2005 年为 3.4041 亿美元，年增长金额 4657 万美元，平均每月增额达 388 万美元；2006 年，中国高技术产业实际使用外资金额 101.4249 亿美元，同比增长 3.81%，尤其是通信设备制造业、光电子器件制造业、电子计算机制造业，实际使用外资金额同比增幅高达 61.40%、50.97%、48.63%[①]；2016 年，中国实际使用外资 1260 亿美元，其中高技术服务业实际使用外资金额达到 143.9 亿美元，同比增长 86.1%，高技术制造业实际使用外资金额 90 亿美元，同比增长 2.5%。[②]

第三，战略上不断升级。首先，在研发层次方面，跨国公司在华研发中心早期多以技术支持型和产品本土化型为主，主要负责为本地生产或销售提供技术指导、维修服务和产品测试，或在母国核心技术的基础上进行面对中国本土市场的产品应用开发。近期跨国公司在华研发中心的角色开始向技术跟踪型和全球研发中心转换，关注本土市场新技术发展动向并参与其中，不仅如此，还把中国作为基础研发的基地，把在中国进行的研发成果推向全球。其次，在研发模式方面，跨国公司开始注意利用中国本土逐渐丰富和完善的研发资源，从独立研发逐步走向战略性研发外包和创新合作。近年来，随着中国本土创新环境的改善和科技水平的提升，跨国公司开始实施一系列加强与本地研发资源联系的举措，以实现最大效率地利用本土已有的研发成果。这些举措包括积极招聘和培养本地优秀人才；与本土产学研单位进行合作；跟踪当地新技术，加强对中国优势技术的应用；利用其在中国取得的创新成果影响和推动中国相关政策和技术标准体系的制定，获取战略收益等。

---

① 张仁开，杜德斌．跨国公司在华 R&D 投资的态势及效应分析［J］．亚太经济，2005（3）．

② 根据商务部网站整理。

第四，区位上较为集聚。从中国东中西三大地域的分布来看，跨国公司在华研发机构的地理集中程度十分突出。2009 年全国 1223 家跨国公司研发机构中有 1169 家位于东部沿海地区，占到全部跨国公司研发机构的 95%以上。中西部地区总共 54 家，其中西部 42 家，陕西和四川分别占 22 家和 15 家；中部地区比西部地区更少，仅 7 家，其中 6 家在湖北①。

进一步考察东部沿海地区跨国公司研发机构的分布，可以发现：跨国公司研发机构在空间上形成了三大鲜明的地理集中区。以上海为中心的长三角地区集中了全国 40%以上的跨国公司研发机构，以北京为中心的环渤海地区占 34%，珠三角地区相对较少，为 18%。东部地区 96%的跨国公司研发机构聚集在以上三大地区。

第五，行业上较为集中。跨国公司在华研发活动主要集中于信息技术、商务技术、化工、医药、汽车、家电等技术和资金密集型行业。根据李安方（2004）的实地调查发现：IT 行业、通信与计算机行业是跨国公司在华投资“研发中心”的热点，比例高达 56%，其他依次是电子设备 18%、化工 11%、生物制药 6%、汽车、摩托车 4%②。根据商务部投资促进事务局的《跨国公司在华设立“研发中心”调查报告》（2007），跨国公司在华“研发中心”多集中在高端技术产业。设立“研发中心”最多的 10 个行业依次为通信设备、计算机及其他电子设备，医药，软件，电气机械及器材，化学原料及化学制品，研究与试验发展，交通运输设备，专用设备，专业技术服务业以及通用设备。其中最多的通信设备、计算机及其他电子设备行业有 265 家，医药行业有 128 家，软件行业有 99 家，其他主要行业也都在 40 家以上。

---

① 盛垒．外资在华研发空间集聚及知识溢出效应研究［D］．华东师范大学，2009.

② 李安方．跨国公司 R&D 全球化——理论、效应与中国的对策研究［M］．北京：人民出版社，2004.

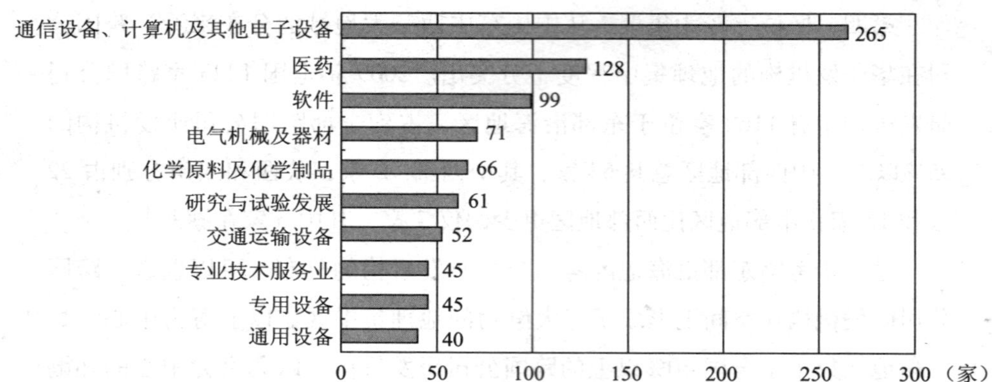

图 1–2 跨国公司在华“研发中心”数量排名前十位的行业

资料来源：根据商务部投资促进事务局（CIPA）的问卷调查结果绘制。

二、中国区域自主创新的发展现状

1. 区域创新系统的由来

1997 年，弗里曼提出了国家创新体系的概念，弗里曼、纳尔逊等学者通过对日本、美国和其他国家的研究提出，这些国家在创新的组织体制和文化上的根本不同，导致了不同国家创新绩效的不同[①]，这些异质性是与国家特点密切相关的。OECD、欧盟和 UNCTAD 等组织纷纷采用国家创新体系作为分析国家竞争力的重要框架，国家创新体系成为研究国家创新能力的重要领域。

近年来，国家创新体系研究在总体方向上呈现微观、中观和宏观三个层次并进的发展趋势，微观层次是企业创新体系研究的兴起，中观层次是对部门和区域创新体系的关注，宏观层次是在全球化背景下对国家创新系统的运行机制及全球化与国家创新系统之间相互关系的研究[②]。区域创新

① R Nelson. National innovation system: a comparative analysis [M]. Oxford University Press, 1993.

② 尚勇，朱传柏．区域创新系统的理论与实践［M］．北京：中国经济出版社，1999.

系统对创新能力的重要意义逐渐凸显，正如弗里曼所说：“一国政府、国家经济和国家创新体系仍是经济和政策分析必不可少的领域，……，从发展中国家的角度来看，国家在技术追赶方面的政策仍然是首要的。然而，国家体系与‘国内体系’和跨国公司的相互作用越来越重要。同时，跨国公司在使得全球治理模式更有利技术追赶和发展的方面也变得越来越重要。这个同时具备矛盾性和一致性的趋势必然会成为下个世纪最令人激动的创新研究领域之一。对作用于特定产业或产业集团，有时比国家创新体系更为有效的‘区域创新体系’的研究将是振奋人心的研究领略……”①

自 20 世纪 90 年代以来，以城市与区域发展规划专业为主的学者们开始关注创新系统的建设与区域经济和社会发展之间的紧密关系，区域创新系统（Regional Innovation System，简称 RIS）作为国家创新体系研究的一个重要内容被正式提出。许多学者逐渐开始认为，区域创新系统相对于国家创新体系是一个更合适的研究范畴。1996 年，库克（Cook）等在《区域创新系统：全球化背景下区域政府管理的作用》一书中，对区域创新系统的概念进行了较为详细的阐述：区域创新体系主要是由在地理上相互分工与关联的生产企业、研究机构和高等教育机构等构成的区域性组织体系，这种体系支持并产生创新②③。魏格（Wiig，1995）在探讨区域创新系统时，指出广义的区域创新系统应该包括：进行创新产品生产供应的生产企业群；进行创新人才培养的教育机构；进行创新知识与技术生产的研究机构；对创新活动进行金融、政策法规约束与支持的政策机构；金融、商业等创新服务机构④。

中国对区域创新的研究从 1997 年开始，在当时国家科委工业司的支持下，中国学者柳卸林等人在进行国家创新体系研究的同时，就开始了区域创

① C Freeman. Technology policy and economic performance: lessons from Japan [M]. London: Pinter, 1987.

② P Cook. Regional innovation systems: an evolutionary approach [A]. H Baraczyk, P Cook, R Heidenriech. Regional innovation systems [C]. London: London University Press, 1996.

③ 刘曙光，田丽琴．区域创新发展的模式与国际案例研究［J］．世界地理研究，2001（3）.

④ 刘曙光，田丽琴．区域创新发展的模式与国际案例研究［J］．世界地理研究，2001（3）.

新系统的研究。这一工作是与澳大利亚学者托宾（Turpin）等学者联合完成的。他们选择中国福建的泉州，宁夏和广西的柳州三个地方与澳大利亚的三个地区进行了对比分析，其目的是探讨区域经济发展与科学技术发展的联系。中国科技发展战略小组在1999年对地区科技竞争力进行了研究，尚勇、朱传柏等对区域创新系统理论进行了介绍，柳卸林、胡志坚等中国科技发展战略小组的成员从2000年开始了对中国区域创新能力的研究，从创新的角度发现中国区域经济增长多样性以及经济快速增长地区与创新能力的关系。

总体来看，区域创新系统是根植于一定地域和空间的政治、经济、社会、文化和生态环境中的，以企业、高校、科研机构、政府和中介服务机构为主要创新主体，按照知识生产、孵化技术、技术扩散、技术使用为主线，不同创新主体之间在制度因素和治理安排的作用下，依靠各种创新资源（如资金、人才等），借助各种创新条件（如基础设施、政策、法律等），利用各种创新手段（如制度、组织、管理等），依据一定的秩序和内部联系组合而成的，具有一定的组织和空间结构并有助于推动知识创新、技术创新、制度创新和服务创新的开放的、复杂的社会经济网络系统①。在区域创新系统的整个运行机制中，企业是最主要的创新主体，科技研发机构和高等院校是最重要的创新源头，教育和培训是知识与技术生产、应用和传播的关键环节，中介机构是沟通知识和技术流动的必要桥梁。只有当私营企业、大学、科研机构、政府组织以及各种科技中介服务组织形成聚集合力，构成一个完整的区域创新系统时，区域自主创新能力才能真正得到显著提高。

2. 中国区域自主创新的变迁和演化

中国各地区的历史、文化、政治、经济基础各不相同，加之政府宏观调控（在改革开放前为计划经济）对各区域发展的影响重大，导致各个地区的自主创新能力发展和分布很不均匀。这一分布与政府对各区域的生产

---

① 陈光，唐福国．我国技术创新能力的地区差异分析［J］．中外科技信息，2001，（11）．

和科技发展布局有紧密联系。

（1）中国区域自主创新的整体变迁

首先，从20世纪90年代末以来，中国各地区的创新活动明显加强。以衡量高水平创新成果的指标——技术含量比较高的发明专利授权量为例，自1985年统计以来，中国国内发明专利申请授权量从1998年累积16477件到2016年累积达到1464115件，十八年间增加约88.8倍。

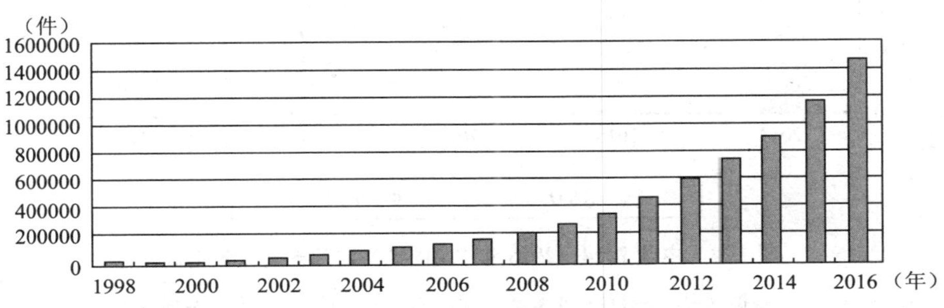

图1-3　中国1998—2016年国内发明专利申请授权量数量

资料来源：根据《中国科技统计年鉴》《中国专利统计年报》相关数据整理。

从创新活动的资源和资金投入来看，1995年中国R&D投入总额为349亿元人民币，2005年这一数字跃升至近2450亿元，到2013年上升至10298亿元，十年时间增加了28倍。自党的十八大以来，中国高度重视科技创新工作，持续加大研发资金投入，2016年，全国投入（R&D）经费达15677亿元。2017年中国研发经费投入总量为17606亿元，2018年为19657亿元，已仅次于美国居世界第二位。研发经费投入强度（研发经费与国内生产总值之比）是衡量一国研发投入情况的重要指标，2014年中国研发经费投入强度达到2.02%，首次突破2%，2016年为2.11%，2017年上升至2.12%，2018年继续上升至2.18%，比2014年提高了0.16个百分点。

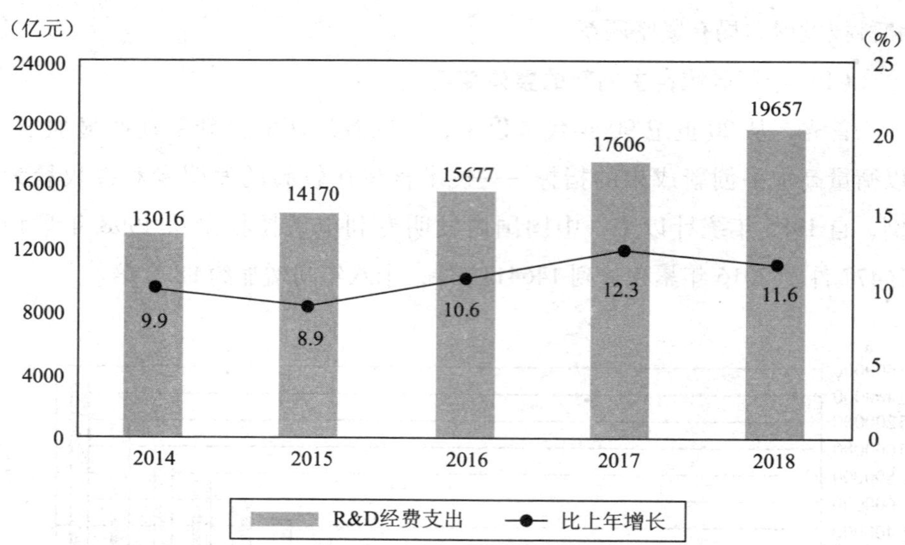

图 1-4　中国 2014—2018 年 R&D 经费内部支出增长情况

资料来源：根据《中国科技统计年鉴》《全国科技经费统计公报》相关数据整理。

其次，中国的区域创新系统的创新主体呈现出更加多元化的趋势。一般认为区域创新主体包括大学、科技机构和私营企业三种主要类型。在中国创新活动崛起的初期，中国区域创新系统的创新主体特征与西方发达国家创新系统中企业作为主体的特征是不相同的，中国企业参与创新活动的程度相对于高等学校和科研机构而言，并不处于绝对的主导地位。如果从投入研究开发的人力资源来看，企业的投入甚至不如高校和科研机构①。随着市场经济的逐步深化和私营企业创新意识的不断提高，企业创新活动占区域创新活动的比重不断上升，逐渐成为区域创新体系最重要的创新主体。不过，在较长一段时间内创新主体的角色多元化仍然是中国创新系统的一个主要特征②。

① 李习保．中国区域创新能力变迁的分析：基于创新系统的观点［J］．管理世界，2007（12）．

② 李习保．中国区域创新能力变迁的分析：基于创新系统的观点［J］．管理世界，2007（12）．

表 1-3　中国 1995—2017 年企业 R&D 经费在全部经费中的比重变化

（单位：亿元，%）

年份	国内 R&D 经费内部支出	工业企业 R&D 经费内部支出	企业所占比重
1995	349	142	40.64
2005	2450	1250	51.03
2008	4616	3073	66.57
2009	5802	3776	65.07
2010	7063	4015	56.85
2011	8687	5994	69.00
2012	10298	7201	69.92
2013	11846	9075	76.60
2014	13016	10060	77.28
2015	14170	10881	76.78
2016	15500	12144	78.34
2017	17500	13733	78.47

资料来源：根据《中国科技统计年鉴》相关数据整理。

多元化主体的存在，促成了跨界整合平台的形成。从 1987 年中国的第一个孵化器建设开始，政府就扮演了重要角色，公益属性较强，这对后期创新平台影响深远。在之后的 30 多年里，中国孵化器一般以企业创新中心、科技园、高新技术创业服务中心、大学科技园、创业园等形式存在，归属科技部高新技术火炬中心和各地区科技部门、高新园区等机构管理。

经过改革开放 40 年的不断建设累积，中国的创新平台生态系统，不管是从创新平台数量上看，还是从创新汇聚能力上看，都取得了巨大成绩。特别是近些年来，以众创空间为代表的开放式创业载体作为新成员进入创新系统，推动中国创新平台发展驶入快车道。据统计，截至 2016 年末，全国众创空间已有 4298 家，企业孵化器 3255 家，企业加速器超过 4000 家。创业主体更加多元化，其中技术人员和连续创业者分别占到创业者总体的 22%和 16%。偏重科技要素、以行业领军企业需求为导向、多元化主体参与的开放式创新平台，正在中国创新创业战略中发挥更为重要的作用①。

最后，中国区域创新系统存在高低不同的两个层次。Tylecote（2006）曾指出，许多在转轨或转型的国家都存在着双技术体系。高层次的创新体系往往模仿发达国家，以高新技术和先进技术为主；低层次的创新体系植根于当地的科技体系，以传统的农业和工业为主，往往对当地的实际贡献更加突出。转型国家的经济状况和创新绩效高度依赖于如何协调较高和较低两个层次创新系统的发展和演化。双技术体系共存的现象在中国也存在。下图统计了中国第一产业占 GDP 比例和高技术产业占工业总产值比例的区域情况，部分地区的第一产业比例高达 30%；而另外一些地区的高技术产业比例也有超过 30%的情况。因此，整体上中国存在两种不同类型的创新体系。

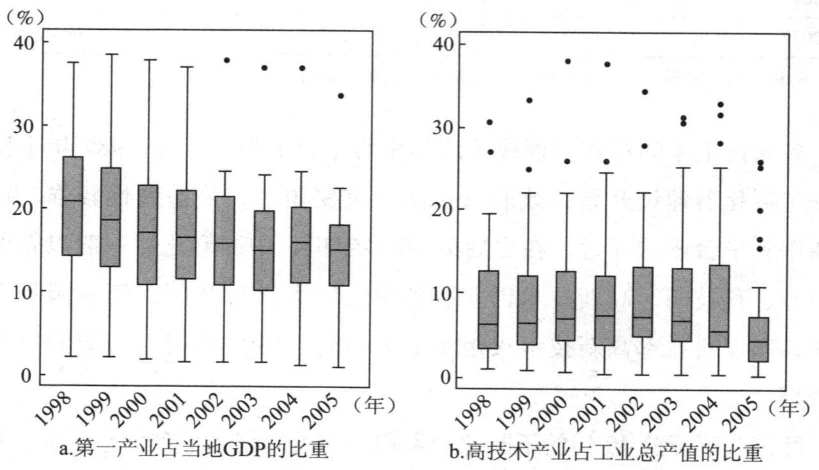

图 1-5　第一产业和高新技术产业在各地区的分布特征

资料来源：李习保．中国区域创新能力变迁的分析：基于创新系统的观点［J］．管理世界，2007（12）．

① 李广宇，吕文博，王祎枫，刘明明．中国创新平台的过去与未来［EB/OL］．麦肯锡季刊 https：//www. Mckinsey com. cn. 2017-08-07.

（2）中国区域自主创新的区域变迁

改革开放前，中国生产和科技的布局是：新中国成立初期，为了国防建设的需要，中央政府通过行政计划的手段，将多种资源集中到东北和内地工业基础较好的地区，科技和经济发展的重点是东北地区，其次是华东和华北地区。“三线建设”实现了工业和科技发展的战略转移，使西部“三线”地区的科技能力迅速提高。但“三线”建设的一个后果是，国防的科技能力与当地的经济发展没有直接联系，出现了国防科技与地方经济发展“两张皮”的现象；此外，由于中国长期实施发展重工业战略，使重工业主要集中在东北部，一些资源密集型地区成为国家的重工业基地，如大庆，山西等；华东地区由于有较好的工业基地，也成为国家投资建设的重心，上海是典型代表。而在东部沿海地区，由于靠近中国台湾，国家投资非常少，造成福建、浙江、广东等地国有大型企业少、工业基础设施薄弱和科技落后的局面①。可以说，在改革开放前，区域创新能力的分布是：南方沿海地区普遍落后于北方地区。

改革开放后，沿海地区开始了经济起飞的历程。邓小平“让一部分人和一部分地区先富起来”的战略，使各区域进入一个非均衡发展的时期。沿海地区的经济追赶和超越，得益于以下六个原因：其一，通过建立经济特区和开放沿海港口城市等政策，沿海地区成为吸引外资的重要窗口，成为国际技术转移最为活跃的地区；其二，沿海地区重工业少、包袱小，成为轻工业发展的重要基地；其三，沿海地区历史上的贸易文化，为沿海地区创业奠定了坚实基础；其四，沿海地区国有大型企业少，为后来的乡镇企业、私有企业的发展提供了机遇，他们的发展为当地经济注入了活力；其五，广泛的海外联系使南方形成生产在国内、销售在全球的发展模式；其六，南方远离政治中心，有利于市场经济观念的发展。因此，改革开放后，中国区域发展的大致走势是：南方的经济起飞与北方的发展下沉并

① 柳卸林，胡志坚．中国区域创新能力的分布与成因［J］．科学性研究，2002（10）．

行，经济的区域极化在发展①，南方沿海地区的区域创新能力比北方地区走得更快。

当然，由于每个地区在接收新知识上速度的差异，地理位置的不同，经济资源条件的差别，区域自主创新发展也呈现出多样性的特点。加拿大学者 Debresson 的研究指出，中国出现以广州、深圳为主的珠江三角洲，上海、江苏、浙江为主的长江三角洲和以北京、天津为主的京津地区三大创新极。他们的核心能力不同，经济发展模式不同：如珠江三角洲创新极的推动力是电力、机械设备、电子和信息设备等；长江三角洲创新极的特点是创新得到了产业部门专业化的推动；而以天津和北京为主的创新极则表现出了科技密集的特点。其他区域的创新极也在发展，主要是四川、重庆和湖北。他还指出，与创新极对应的是周边地区的创新空洞化，因为极所在的地点从周边吸纳了资金、人才和其他资源②。

另外，值得注意的是，尽管中国各区域的创新能力在整体上都呈现上升趋势，但中国各区域间的创新能力差距并没有呈现出均衡和缩小的趋势。随着国内经济的迅速发展，各区域创新能力的差异正在不断变大，创新逐步集中在少数区域。魏守华等（2010）运用基尼系数和塞尔指数对比区域经济和创新能力的空间差异时，发现创新能力的地区差距较经济差距更大且呈现出扩大化趋势，这是由地区间创新规模和创新效率综合决定的，创新能力的地区差距通过影响全要素生产率和高技术产业发展，加大了区域经济的差距③。

桂黄宝（2015）基于改进 TOPSIS-Theil 法的省域面板数据分析，构建了创新能力指数，对中国创新能力区域空间差异与变化趋势进行了探索。研究发现，我国区域创新能力表现出较大的空间差异性，区域差距显著且

① 柳卸林，胡志坚．中国区域创新能力的分布与成因［J］．科学性研究，2002（10）．

② C. Debresson, 2001, Estimating gaps disparities, Seminar on the measurement of innovation activities in OECD and non-OECD countries, Pretoria, South Africa, March 29-29.

③ 魏守华，吴贵生，吕新雷．区域创新能力的影响因素——兼评我国创新能力的地区差异［J］．中国软科学，2010（09）．

呈扩大趋势，尤其是西北和东南地区区域内部各省份之间创新能力差距较大①。

近年来，伴随各地区对创新发展的重视，创新能力区域差异呈现新的轮动。对于地区差异的关注慢慢被淡化。《中国区域创新能力评价报告2018》显示，以北京为核心的京津冀区域凭借深厚底蕴，尤其是强大的基础科研能力，依然维持在第一集团；珠三角地区作为中国改革开放的前沿阵地，宽松的创业环境，创新创业活跃，成为最具活力的创新地带；长三角区域凭借以投资和出口拉动经济增长的模式曾经领跑全国，但随着这一经济模式的终结，传统产业难以为继，依靠科技创新占据价值链微笑曲线两端，驱动经济转型升级，成为其必然选择；广大中西部地区，尽管创新能力依然较弱，但追赶势头明显，湖北、陕西和四川等省份开始崛起；相对而言，东北地区的区域创新能力显得停滞不前，急需改革创新。

事实证明，区域创新能力变局与区域发展水平是息息相关的，未来的中国区域创新能力会随之发生新的变化。随着“雄安新区”“京津冀”“一带一路”“粤港澳大湾区”和“长江经济带”等国家战略的实施，中国的区域创新能力将形成新的格局②。

3. 中国各区域自主创新的评价

21 世纪以来，更多学者开始对区域创新能力开展定量研究。其中，美国的国家创新能力指数、经合组织（OECD）的“科学、技术和产业计分表”、欧盟的创新记分牌是最受到关注和引用的。国家创新能力指数（美国）由公共创新基础设施、特定企业群的创新环境、联系的质量、关于政策等的评价项目 4 个一级指标、共 10 个二级指标组成；科学、技术和产业

---

① 桂黄宝. 中国区域创新能力空间差异与变化趋势——基于改进 TOPSIS-Theil 法的省域面板数据分析［J］. 经济经纬. 2015. 32（6）

② 王静. 中国哪个区域最具发展动力?《中国区域创新能力评价报告 2018》发布［EB/OL］. 科学网 www. sciencenet. cn。2018-11-26.

计分表（OECD）由知识对经济发展影响、知识对经济全球化和科技国际化影响、知识对经济增长与国际竞争力影响3个一级指标、共29个二级指标构成；创新记分牌（欧盟）从创新驱动、知识创造、技术应用、知识产权等五方面，构建25个具体指标，自2000年以来，欧盟对其25个成员以及美国和日本进行创新能力评价，根据评价结果，一般将欧盟成员国分为四类：领先国家、中间国家、追赶国家和落后国家①。

国内相关研究最有代表意义的是中国科技发展战略研究小组，他们提出，区域自主创新能力包括五个方面要素：知识创造能力，知识流动能力，技术创新能力，创新的环境和创新的经济绩效。从2001年开始，中国科技发展战略研究小组对中国区域创新能力进行了连续的分析，每年出版发行《中国区域创新能力报告》，对中国31个省市的区域创新能力进行量化分析。

表1-4 中国区域创新能力指标体系

一级指标	二级指标	一级指标	二级指标
1. 知识创造	1.1 研究开发投入综合指标	4. 创新环境	4.1 创新基础设施综合指标
	1.2 专利综合指标		4.2 市场环境综合指标
	1.3 科研论文综合指标		4.3 劳动者素质综合指标
2. 知识获取	2.1 科技合作综合指标		4.4 金融环境综合指标
	2.2 技术转移综合指标		4.5 创业水平综合指标
	2.3 外资企业投资综合指标	5. 创新绩效	5.1 宏观经济综合指标
3. 企业创新	3.1 企业研究开发投入综合指标		5.2 产业结构综合指标
	3.2 设计能力综合指标		5.3 产业国际竞争力综合指标
	3.3 技术合作与改造投入综合指标		5.4 就业综合指标
	3.4 新产品销售收入综合指标		5.5 可持续发展与环保综合指标

资料来源：柳卸林，高太山，等．中国区域创新能力报告（2012）［M］．北京：科学出版社．

① OECD. Up-grading knowledge and diffusing technology in a regional context [R]. DT/TDPC (99) 8. 1999.

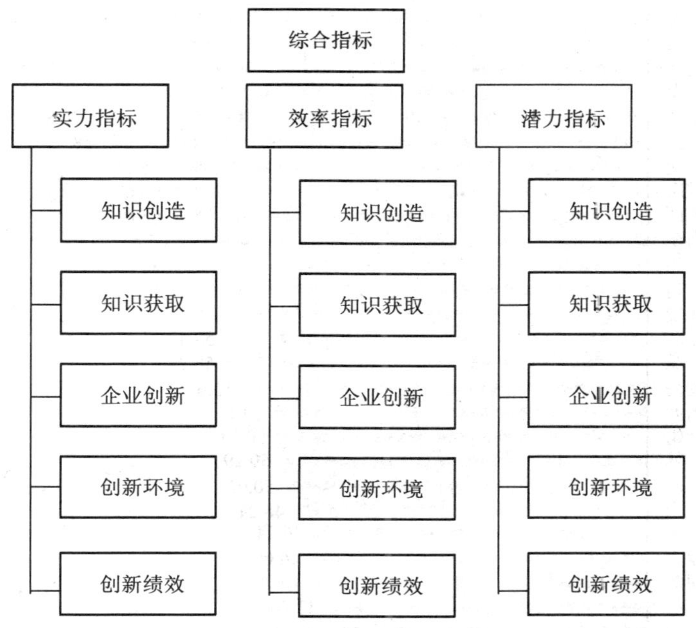

图 1-6　中国区域创新能力分析框架

资料来源：柳卸林，高太山，等. 中国区域创新能力报告（2012）［M］. 北京：科学出版社.

根据中国科技发展战略研究小组 2012 年的研究结果显示，中国区域创新能力呈现出明显的地区差异：东部沿海地区最强，西部内陆地区较弱，从东到西由高到低梯次分布、创新能力各要素在不同地区的分布不均衡。其中，东部地区的区域创新能力最强，其次是中部地区，最弱的是西部地区，而且三个区域的创新能力差距比较大。从各个地区创新能力的排名情况来看，排除海南在外的东部绝大多数省市排名都比较靠前，而且综合排名位居前列的基本上都是东部省份；西部省市除四川、陕西外，其余排名都比较靠后；中部省市的排名大多处于中间水平。

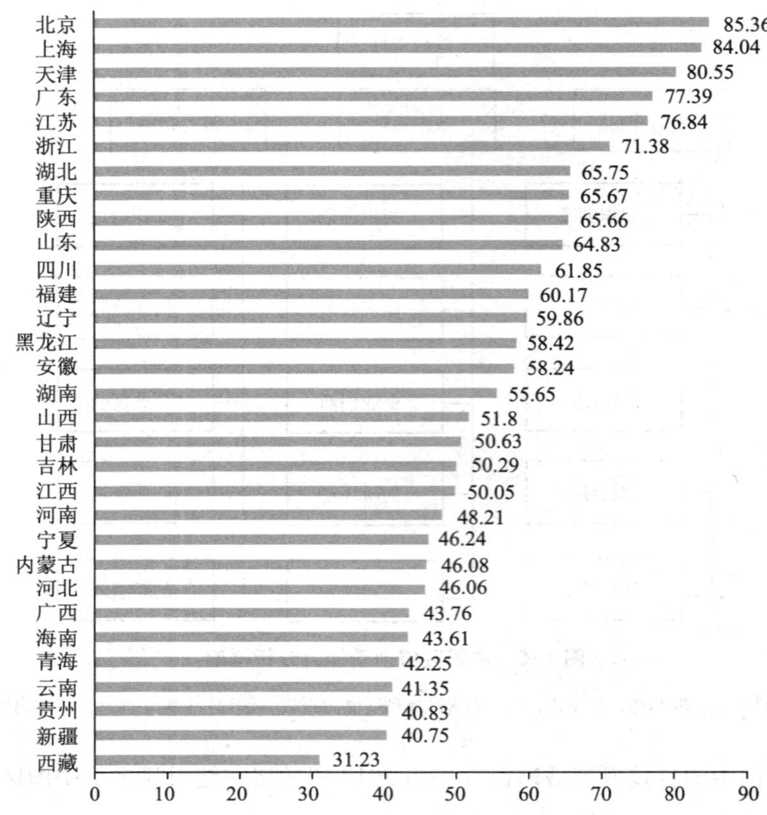

图 1-7 2016—2017 年中国各区域能力自主创新能力水平指数排名

资料来源：《中国区域创新能力监测报告（2016—2017）》《中国区域科技创新评价报告（2016—2017）》。

根据中国科技发展战略研究院最新监测数据显示，党的十八大以来，全国区域创新能力相比之前有显著增强，区域创新格局进一步优化。创新资源投入和科技成果转化由东部一枝独秀向东中西协同发展转变，北京和上海的科技创新中心建设取得明显成效。中西部的湖北、陕西和四川等省份实力强劲，迅速崛起。西部地区创新发展也体现出自身特色，亮点纷呈。我国已经形成各具特色的区域科技创新总体格局。评价报告结果显示，2016 年全国综合科技创新水平指数得分为 67.57 分，比上年提高了 1.08 分。从综合科技创新水平指数看，北京、上海、天津、广东、江苏和浙江的综合指数得分高于全国平均水平（67.57分），处于第一梯队。湖北、重庆、陕西、山东、四川、福建、辽宁、黑龙江、安徽、湖南、山西、甘肃、吉林和江西综合科技创新水平指数在全国平均水平（67.57分）和50分之间，处于第二梯队。其他地区综合科技创新水平指数在50分以下。

三、跨国公司在华研发投资与中国区域自主创新的协调共生

继市场国际化、生产国际化、资本国际化等全球化战略之后，跨国公司为适应国际市场复杂性、产品多样性、消费者偏好差异性等要求，开始逐渐表现出研发国际化的新趋势。随着中国经济的腾飞，中国日益扩大的市场需求、巨大的市场潜力和某些科学技术领域杰出的研究能力，引起了跨国公司高度重视。他们纷纷开始在中国设立研发中心、与本土研发机构展开合作、进行多种多样的研发投资。为了利用跨国公司先进的市场开拓能力和前沿技术，中国的对外开放政策也格外重视引进跨国公司的研发投资。跨国公司在华研发投资与中国区域自主创新呈现出相互促进、协调共生的发展关系。

对跨国公司在华研发的内在动因和区域自主创新引进跨国公司研发的内在动因进行分析至关重要。正是由于中国区域自主创新发展与跨国公司在华研发的动因相互契合，才使得双方不断促进和加强研发投资，并利用跨国公司研发来保障自身发展战略和最大利益的实现。这种动因契合决定了二者在总体上呈现出协调共生的发展关系，也决定了在长期内，跨国公司在华研发投资和中国区域自主创新整体上呈现“共赢”的趋势。一方面，跨国公司利用中国区域创新系统的创新资源实现全球化战略的推进和发展，进一步开拓和巩固在中国的市场，获取丰厚的经济利润；另一方面，中国区域创新系统也利用跨国公司在华研发投资，获得丰裕的研发资金和先进的研发经验，促进中国区域创新系统的科技进步和自主创新能力提升。

1. 跨国公司在华研发投资的动因

改革开放初期的中国市场具有明显的转轨过渡性质，属于刚刚起步的新兴市场，既蕴藏着难得的市场机遇，也孕育着巨大的政治和市场风险。跨国公司在华投资的历程一方面是跨国公司对中国市场观察、试探、进入的过程；另一方面也是其投资信心逐渐增强、投入资源逐渐增多的过程。目前，跨国公司对中国市场存在知识和经验已经有较为丰富的积累，随着中国经济改革市场化取向的明确化，跨国公司坚信中国市场的巨大潜力，投资额和投资规模不断加大。跨国公司更加积极地使用高新技术，从最初的“试探性”发展阶段进入到当前的“成长性”发展阶段，积极在华设立多个研究开发中心，希望建立完整的研发价值链网络。

具体而言，跨国公司在华研发投资，主要基于以下动因：

第一，需求驱动。巨大的市场潜力是鼓励和促使跨国公司在华建立研发机构的首要因素。跨国公司的战略本质是逐利的，将研发环节转移到东道国也是希望通过更贴近本土的产品研发占领市场、销售产品并获得利润。不仅如此，随着中国经济的迅速发展，占领中国市场将是未来跨国公司在国际竞争中获胜的关键。可以说，满足当地市场的需求、占领当地市场是跨国公司研发进入中国的首要战略目标。

中国是世界上人口最多的国家，拥有全球五分之一的消费者群体。这些消费者的消费能力正以非常快的速度增长：1978 年中国居民人均可支配收入仅为 343 元，到 2017 年中国居民人均可支配收入达到了 25974 元，40 年增长了约 75. 7 倍。

中国市场不仅拥有巨大的消费能力，而且随着经济、文化和社会的进步，消费者的消费需求也在逐步升级和趋向多样化，跨国公司依靠简单复制和改装母国产品的研发模式已经无法满足中国消费者的要求。

为了适应中国市场的巨大容量、消费者需求结构的多元化以及需求层次的升级，跨国公司在华技术转移和研发活动逐渐增多，东道国的研发链条逐渐拓展和深化。通过将研发环节延伸至中国，跨国公司可以最直接地了解和探索当地巨大的消费群体，对当地需求做出迅速回应，支持本地化生产与营销运作，更好地占领本地市场。

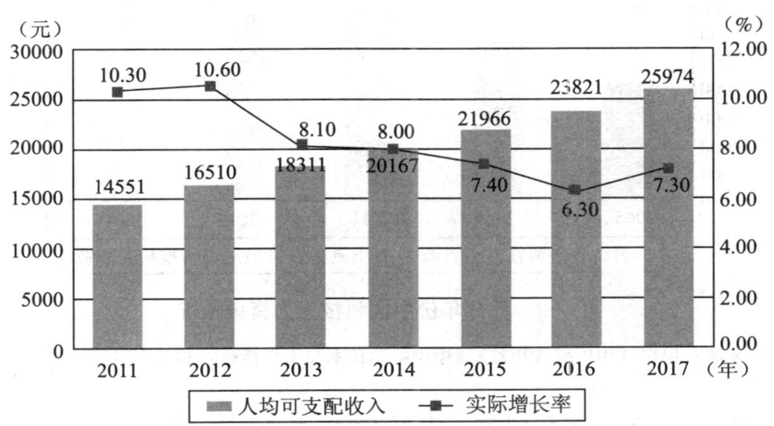

图 1-8　中国人均可支配收入及实际增长率（2011—2017 年）

资料来源：根据《中国统计年鉴（2011—2017 年）》整理。

第二，供给驱动。供给驱动指跨国公司选择在中国境内进行研发，可以获得具有比较优势的资源。对于跨国公司来说，相比其他发展中国家更为便利的基础设施、更为丰富的技术资源和相对宽松稳定的政治环境都是中国可以提供的研发优势，特别是相对廉价和丰富的科技人力资源对跨国公司在华研发布局来说尤为重要。

自 20 世纪 80 年代以来，中国高等教育规模稳步扩大，科技人力资源的供给能力不断增强；与此同时，科教兴国成为中国的基本国策，全社会的创新意识不断增强，对研发人才的培养和投入力度不断加大。2005 年中国科技人力资源总量约为 3500 万人，其中大学本科及以上学历约为 1450 万人。2011 年中国科技人力资源总量达到 6760 万人，超越美国成为科技人力资源规模最大的国家。根据《中国科技人力资源发展报告》，截至 2016 年，中国科技人力资源总量已达 8327 万人。随着创新型国家建设的推进，预计这一数据仍将呈现上涨趋势。

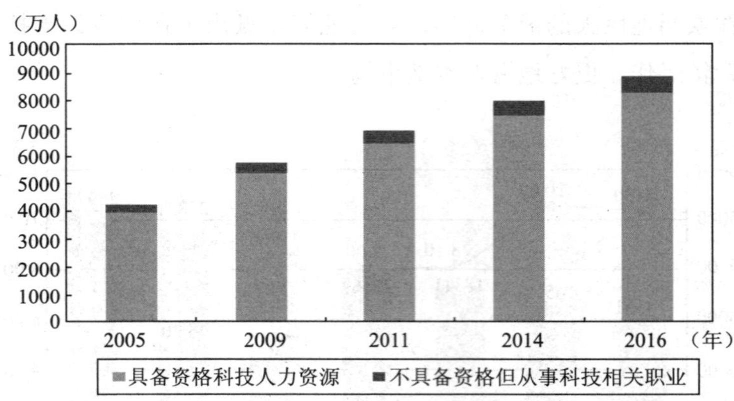

图 1-9　部分年份中国科技人力资源情况

资料来源：根据《中国统计年鉴》《中国科学技术与工程指标》相关资料整理。

同时，相较于大多数国家，中国 R&D 人力资源成本较低。发达国家 R&D 活动的劳务成本在 R&D 总经费中所占比重一般在 45%左右，其中意大利和德国较高，分别高达 58.3%和 57.9%；根据国家统计局的数据显示，2005 年中国劳务费在 R&D 总经费中所占比重只有 23.5%，远低于发达国家的平均水平；中国 R&D 人员人均劳务成本为 0.5 万美元/人/年，仅为日本的 1/12、韩国的 1/6①。人力成本是跨国公司进行研发活动的主要支出，相对廉价的 R&D 人员对于跨国公司来说，意味着更低的研发成本，这是跨国公司积极在中国进行研发投资的重要原因。在华跨国公司研发机构凭借丰厚的薪酬待遇、先进的科研条件和人性化管理，吸收了大量的中国本土人才。较低的研发成本，不断夯实着跨国公司在技术领域的领先优势。

① 宋卫国，杨起全，高昌林．正确认识我国研发人力资源［J］．科技管理研究，2008（3）．

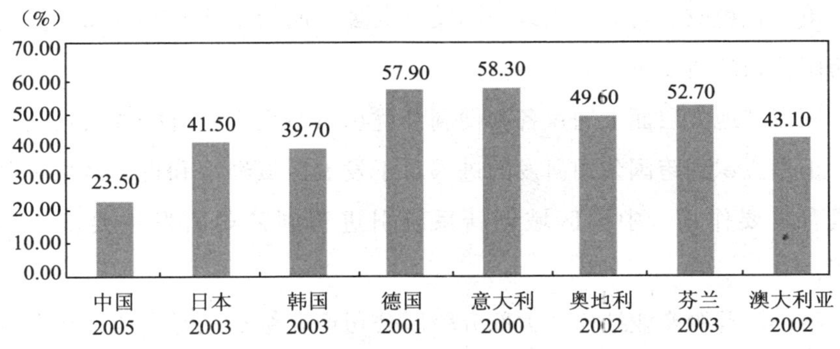

图 1-10 部分国家 R&D 经费中劳务费所占比重

资料来源：宋卫国，杨起全，高昌林．正确认识我国研发人力资源［J］. 科技管理研究. 2008（3）.

第三，产业关联。跨国公司在华研发投资的区位选择与各区域的主导产业有很强的相关性。跨国公司之所以在行业关联度大的区域进行投资，主要是为了充分利用当地较为出色的产业制造能力，降低国内供应商的物流成本。在产业进入初期，由于转移产业在承接国发展程度不够，跨国公司基本采取直接设厂的转移模式，将相关的技术、设备或者管理分步骤整体移入。而研发机构的设立，则有助于对中国供应商进行技术指导，并在这种指导过程中实现互动发展。特别是在产品生命周期很短的高科技领域，跨国公司会要求供应商直接介入到产品开发流程中。这种情景下，在中国当地设立研发分支机构或研发中心就变得尤为必要。

2. 中国区域自主创新引进跨国公司研发投资的动因

原国家计划委员会早在 1997 年出台的《外商投资产业指导目录》中就将“高新技术、新产品开发中心的建设与企业孵化”列为外商投资鼓励类项目，享受鼓励投资类项目的优惠待遇。2000 年 4 月 18 日，原国家外经贸部发布了第一个真正意义上专门针对跨国公司在华研发投资的政策文件——《对外贸易经济合作部关于外商投资设立研发中心有关问题的通知》，文件明确了外商在中国投资设立研发中心的设立要求、审批程序和优惠政策等。随后，北京、上海、深圳、江苏、天津等地纷纷出台相关优惠政策，在税收、财政、土地、海关等众多方面给予便利和优惠，大力鼓励跨国公司的研发进入。

国家和地方层面上通过各种便利和优惠政策大力引进跨国公司研发投资，正是意识到跨国公司研发的进入对于发展区域经济和提升区域创新能力具有重要作用。中国区域创新系统引进跨国公司研发主要基于以下动因：

第一，升级产业结构。大部分跨国公司产业结构已经完成了从劳动密集型向资本密集型再向技术密集型的产业升级的进程，而中国区域创新系统基本都处在工业化发展的初期和中期阶段，产业结构迫切需要升级。随着国际产业结构的调整和优化，要实现本地产业结构的转型升级，仅依赖本土经济主体的自主创新和自主转化是不够的，需要引进跨国公司的研发投入，植入新理念、新技术、新渠道，加速本土企业转型升级的进程①。跨国公司通过横向产业结构转移，将先进的技术、良好的设备和科学的管理经验移植过来，符合中国区域产业结构升级的需要。与此同时促进中国产业结构优化和升级，有利于中国区域产业从劳动密集向资本密集向技术密集递进，增强区域创新系统的创新能力和绩效。实践表明跨国公司通过设立新企业可以形成高质量的新增资产，提升东道国关联产业存量的质量。当跨国公司向国内企业购买相关零部件时，会对其质量、技术和性能提出较高要求，还有可能向当地企业提供相应技术标准和技术援助，从而提升中国关联产业的技术和产品水平②。

第二，获取先进技术。据《世界投资报告 1998》显示，跨国公司控制了全世界科技研究及开发的 90%、国际技术转让的 80%，技术创新是跨国公司的生命源泉所在。中国各区域引进跨国公司研发机构，最直接动因是希望获得技术转移和技术溢出。跨国公司在华开展经济活动和研发活动，

---

① 韩娇．跨国公司在浙 R&D 布局及对浙江产业升级的机制研究［D］．浙江师范大学，2012.

② 吴进红．对外贸易与工业结构升级——以扬州市为例的分析［J］．上海经济研究，2007（7）.

既会利用当地的先进技术，也会产出新技术，而这些新技术必然会与区域创新系统发生一定程度的联系。这些技术关联成为中国区域创新系统从跨国公司获得先进技术的重要方式。

在直接层面上，中国区域创新系统希望通过技术转让和技术关联获取跨国公司先进技术。首先，中国区域创新系统可以通过与跨国公司进行适度技术转让直接获取先进技术，如发生技术交易、与中国企业合资合作；其次，为了与当地企业建立稳定的业务关系，跨国公司会向关联企业提供技术方面的支持与援助；最后，产业链条越长，跨国公司与当地企业的经济关系就越紧密，从而发生技术关联效应的可能性就越高①。在间接层面上，中国区域创新系统也希望通过跨国公司的示范和竞争，刺激区域内的其他创新主体更有效地利用已有技术和资源积极进行研发。跨国公司是先进技术的载体，在进入中国市场时其技术很大程度上优于中国本土企业。跨国公司采用先进的生产技术和管理知识，为中国本土企业树立追赶和模仿的目标。在经济联系中，跨国公司所使用的器械、聘请的人员、生产的新产品等，都会通过有形或无形的形式对中国同类企业或技术产生示范和竞争效应，而中国本土企业通过“干中学”的方式学习和模仿跨国公司的产品与技术，提升自身的技术水平②。

第三，优化创新管理。随着资本筹措成本趋同、技术标准化发展，创新组织和管理能力在增强区域竞争力方面的作用日益重要，这也是中国区域创新系统格外欠缺的重要能力。跨国公司具有丰富的研发和管理经验，随着跨国公司对华研发投资的增多，中国区域创新系统有望习得和复制这些先进的管理制度和方法。

能源利用效率是一国技术水平的重要体现，2012 年中国单位 GDP 能耗是世界平均水平的 2.5 倍、美国的 3.3 倍、日本的 7 倍，同时高于巴西、

---

① 姜志美．跨国公司在我国的产业关联与技术溢出效应分析［J］．湖北经济学院学报，2008（5）．

② 宋娜．跨国公司在华研发投资对我国本土企业技术创新效应影响的分析［D］．上海师范大学，2013．

墨西哥等发展中国家。单位能耗的产出较低，很大程度上是由于中国企业的创新水平和技术水平较低。在相当长的一段时期内，中国本土创新机构的创新能力和创新效率较跨国公司来说具有较大差距，原因一方面在于自身技术基础较为薄弱，另一方面在于本土创新机构的研发管理水平较为落后。这不仅体现在对于研发活动本身的管理能力上，也体现在对市场需求的感知和对研发成果的营销推广上。跨国公司有一整套从研发、生产到营销的管理手段，能够使研发活动紧密贴合市场信息和市场需求，保证研发活动的高效率和高产出，为中国运转效率较低的本土创新主体和区域创新系统提供模仿和学习的机会。

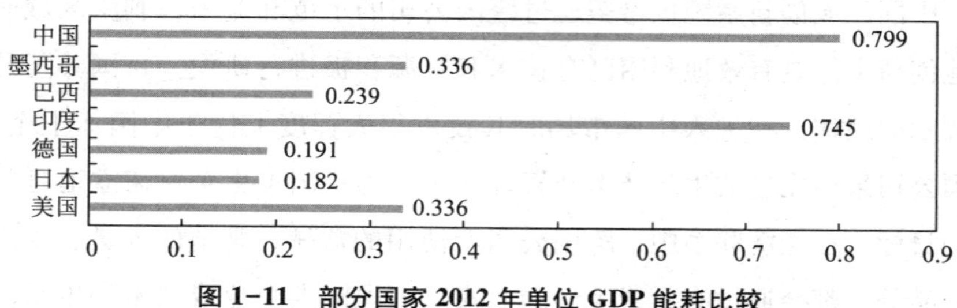

图 1-11　部分国家 2012 年单位 GDP 能耗比较

资料来源：根据世界银行相关数据整理。

3. 跨国公司在华研发投资与中国区域自主创新的协调共生

通过梳理跨国公司在华研发投资的动因和中国区域创新系统吸引跨国公司研发的动因可以看出，两者之间具有一定的对应性：跨国公司希望进入广阔的需求市场，中国区域创新系统需要跨国公司研发来开拓市场潜力；跨国公司希望利用中国区域创新系统的科技人才和技术资源，中国区域创新系统希望在此过程中跨国公司带来先进技术并为区域创新系统培育人才、转移技术；跨国公司希望通过研发转移实现产业结构的转移价值和产业链条的重塑，中国区域创新系统希望通过跨国公司研发机构进入实现当地产业结构的升级。

从本质上讲，跨国公司在华研发是中国区域创新系统的一个组成部分，其本身就是对中国各个地区的区域创新系统创新资源巨大而有益的补充，包括大量的研发资金、充裕的技术资源和先进的管理经验，其进入本身就提升了中国区域创新系统的水准。在跨国公司的研发机构进入后，由于在利益需求上存在一定的契合，跨国公司在华研发机构与中国区域创新系统在区域创新系统创新活动的各个环节，如人力培育、技术开发、创新环境优化等方面均呈现出相互辅助和相互促进的关系。因而在整体上，跨国公司在华研发投资与中国区域自主创新呈现出协调共生的互动关系。主要体现在以下几个方面。

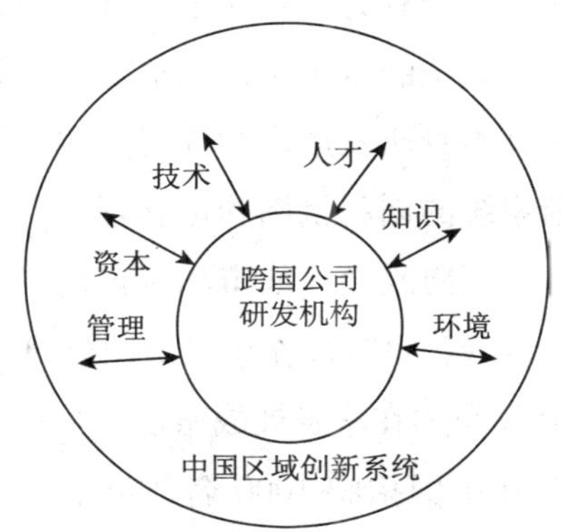

图 1-12　跨国公司在华研发机构与区域自主创新的协调共生关系

（1）跨国公司在华研发机构是中国区域创新系统的重要组成部分

在华跨国公司本身就是中国区域创新系统的重要主体，通过设立研发机构，跨国公司得以进入中国区域创新系统，利用区域创新系统的人才、技术和知识；而其带来的资本投入、先进技术和管理经验，直接增加了中国区域创新体系的创新投入，提升了区域创新体系的技术水平和管理水平。与此同时，跨国公司在华研发机构通过与中国本土创新主体的合作、竞争和示范，产生技术、人才、管理、知识的外溢，进一步提高了中国区域创新系统的自主创新能力。

北京、上海、深圳、广州、西安等地是中国较为发达的创新区域，而这些地区的跨国公司研发占比也处于全国最高水平。由此可见，在较为成熟的创新区域，跨国公司是区域创新系统的重要主体，和其他区域创新主体一起共同促进区域创新系统的稳定发展。

（2）跨国公司在华研发机构与中国区域创新系统的资本投入与产出共享

跨国公司在区域创新系统进行研发投资，首先带来的是大量的研发资金。研发资金匮乏是区域创新系统、特别是较不成熟的区域创新系统发展所面临的首要障碍。在整体创新水平较低的情况下，本土机构既缺少进行大量研发投资的资本和基础，也缺少进行大量研发投资的动机和意识。而跨国公司研发资本的进入，既有力地补充了当地的研发投入，又通过示范和竞争效应刺激区域创新系统的本土主体相应加大研发投入。跨国公司在华研发投资，在作用于其本身研发产出的同时，也作用于中国区域创新系统，提升中国区域创新系统的创新氛围和创新环境。中国区域创新系统由于创新投入增多而发生的正向改变，如市场规模的增加、知识产权保护意识的增强、创新环境的改善，也将反作用于跨国公司研发机构。

例如，2012 年微软发布的在华发展战略承诺将进一步加大和加速在中国市场的投入，2013 年在中国招聘 1000 名新员工，其中 50%来自高校毕业生，年度研发投入超过 5 亿美金。这些研发投入不仅用于研发微软面向全球和面向中国本土市场的新技术和新产品，也用于与中国本土高等院校、科研院所、企业展开技术合作，用于培养具有潜力的科技人才、提升中国的创新环境。跨国公司巨大的研发投入无疑是中国区域创新系统研发投入的重要来源，也是跨国公司和中国区域创新系统共同发展的重要基础。

（3）跨国公司在华研发机构对中国区域创新系统人才利用与人才培育并存

跨国公司雇佣中国各区域的科技人才，一方面使用了质优价廉的区域创新人力资源；另一方面也对人力资源进行培育和提升，提高了中国区域创新系统的人力资源水平。跨国公司以较为成熟的研发环境和较为优厚的职业待遇，吸引区域创新系统的科技人才就业。在利用这些人才创新能力的同时，跨国公司通过先进的管理经验、成熟的培训机制、完善的研发条件进一步提升科技人才的知识水平，培育和增强其技术能力和管理经验，一定程度上为中国区域创新系统的人才培育做出了重要贡献。

例如，IBM 作为以研发著称的 IT 巨头，自 1995 年以来，已向中国教育机构直接提供了超过 15.6 亿元的研发和培育资金，有 8000 多人次教师参加了 IBM 组织的不同形式的师资培训，80 多万人次学生参加了 IBM 相关课程的学习和培训，超过 30 多万人次学生参与了 IBM 定期举办的系列讲座和校园竞赛，数万名学生获得 IBM 全球专业技术认证证书或 IBM 专业课程结业证书，数千名学生获得在 IBM 的学习和就业机会①；此外，IBM 还投入大量的资金用于加大对中青年学科带头人和学术骨干的培养力度，通过“创新资助计划”“访问学者计划”“博士生联合培养计划”“博士生英才计划”支持对高层次人才的培养。这些研发投入，不仅为 IBM 在本土市场赢得了巨大的品牌号召力、吸引了最顶尖的本土技术人才，也为区域创新系统培育了人力资源，充分体现了跨国公司在华研发机构与中国区域创新系统的共赢共生。

（4）跨国公司在华研发机构对中国区域创新系统的技术资源获取与技术溢出

跨国公司进入中国区域创新系统，既利用了当地的生产技术，又将这些技术转化为研发投入，产出新技术。而这些新技术通过产品或其他方式进入区域创新系统，成为中国区域创新系统实现螺旋式演进、发展的基础。

以合资企业中的技术获取和技术溢出为例，由瑞士迅达公司投资、成立于 1980 年的中国迅达电梯公司，就以北京电梯厂、上海电梯厂、浦东制造厂为核心，以合资的生产厂和合资的技术检测公司为主要企业，以中国国内的 411 家配套生产厂为定点协作单位，利用自身的先进技术和本土企业的原有技术资源作为基础，在完成企业升级的同时，提升产业整体的技术水平和生产效率。

---

① IBM 中国高校合作项目 —— IBM 中国高校合作项目综述．http：//ibmur. hust. edu. cn/introduce/introcn. php.

（5）跨国公司在华研发机构对中国区域创新系统的管理优化和政策改善

跨国公司在华研发有助于提升中国政府的管理能力和服务水平。跨国公司研发往往具有更高的基础设施和政策服务要求，一方面可以促进中国政府改善区域内交通、通信等基础设施；另一方面可以促使中国政府在制定制度、计划和法规等政策的过程中，由直接的干预者转变为市场环境、政策环境的服务者，为中国区域创新系统的构建和完善，营造更好的基础设施环境和制度环境。

以海关通关服务为例，关税高、通关程序复杂、流程拖沓曾是跨国公司在进口研发设备、开展研发活动时面临的重大操作难题，成为跨国公司在华研发投资的一大障碍。在此背景下，北京、天津、广东等地纷纷采取一系列有效措施，对符合条件的跨国公司研发中心在投资总额内进口自用的研发设备免征关税和进口环节增值税，实施提前报关、联网报关、快速转关、上门验放、加急通关、担保验放、先放后税等便捷的通关措施。这些促进跨国公司在华研发投资的措施，对区域创新系统的管理优化和政策改善都产生了正向的促进作用。

（6）跨国公司在华研发机构与中国区域创新系统的知识创造与知识分享

跨国公司在中国本土开展研发活动，自然会产生知识创新。跨国公司研发的新知识，可以通过很多渠道在中国区域创新系统内共享，使得中国区域创新系统的其他主体有机会学习到。知识分享促进中国区域创新系统的提升，进而又回馈跨国公司在华研发机构。

以跨国公司聚集的上海为例，根据《上海科技年鉴》的统计，2010年、2014年、2015年、2016年上海市规模以上工业企业公开发表科技论文的数量分别为2215篇、3395篇、2946篇、2945篇，其中外资企业发表论文数量分别为443篇、616篇、564篇、500篇。通过发表科技论文，跨国公司和区域创新系统进行了知识共享。而发表科技论文只是跨国公司在华研发机构和中国区域创新系统知识分享的一种显性形式，相关的产业展会、企业座谈会甚至行业内的各种交流都会形成同样宝贵的隐性知识的互相传播。将知识创造的成果在区域创新系统内进行各种形式的共享，对跨国公司在华研发和中国区域创新系统的发展同样重要。

（7）跨国公司在华研发机构对中国区域创新系统的创新环境要求与升级

跨国公司在华研发需要使用大量创新环境要素，如中介服务机构提供的科技中介服务，能有效促进中国区域创新系统中介服务的进步和创新。而中介服务机构作为企业间网络联系、官产学研结合的纽带，通过更高水平、更符合要求的服务，使得跨国公司在华研发机构和中国区域创新系统的其他主体能开展更多的联系、合作与互动，有效提升区域创新系统的创新能力。

以上海市的知识产权保护发展情况为例。近年来，上海市的知识产权保护在全国各省（市、区）中脱颖而出，很大一部分原因是上海跨国公司研发比例在全国范围内是最高的，跨国公司研发对知识产权保护提出了较高的要求。2012 年上海颁布了未来 10 年知识产权战略纲要，与国家知识产权局签订了新一轮的合作会商议定书，提出到 2020 年实现上海建设“创新要素聚集、保护制度完备、服务体系健全、高端人才汇聚”的亚太知识产权中心城市的目标。2013 年，上海 30 余家产学研界单位、社会团体与服务机构等共同发起的上海知识产权保护发展联盟正式成立。联盟成立后将有效聚集上海社会各界知识产权资源，促进长江三角洲地区乃至国内外知识产权领域的事务融合、技术对接、权益交换和资源重整。知识产权环境的改善，既是跨国公司在华研发投资对中国区域创新系统提出的发展要求，也是跨国公司在华研发机构和中国区域自主创新共同发展的重要基础。

第二章　跨国公司在华研发投资与中国区域自主创新互动发展的作用机理

区域创新系统是一个层次化、结构化、网络化的复杂社会经济系统，整个系统的运行涉及政府、高校和科研机构、企业、中介机构等多个部门[①]。跨国公司要对区域创新体系产生影响，必须通过影响创新主体来实现。一般认为，企业是技术创新的主体，高校及科研机构是知识（包括部分技术）创新的主体，政府提供政策支持，中介机构则发挥了“产学研”有效结合的辅助作用，而所有作用的发挥都离不开人力资源的支撑。遵循这一结构，跨国公司在华研发投资与中国区域自主创新的互动发展，主要通过技术创新、知识创新、人力资本、政府政策和中介组织五个因素来实现，并形成一个有机互动的整体。考察和了解跨国公司通过各因素与中国区域自主创新互动发展的作用机理，并分析其现状和主要问题，能够为进一步研究互动发展的区域模式、升级路径、评价体系和政策建议提供基础。

本章从五个层面对跨国公司在华研发投资与中国区域自主创新互动发展的作用机理进行分类梳理和系统研究，构建基本分析框架：一是考察技术创新互动发展的内涵与表现，指出“技术扩散”与“技术制约”并存；二是从作用特征、障碍识别和实现路径方面分析知识创新互动；三是揭示人力资本层面的互动发展通过人才吸引、人力资本培育、人才流动和人力市场“四种效应”实现；四是从作用路径、总体特征、障碍误区三方面阐释政府政策层面的互动；五是在中介组织层面互动发展上，分析其作用机

① 冯根尧．区域创新体系的运行机制及构成要素分析［J］．广西社会科学，2006（7）．

理、障碍突破与保障机制。

一、技术创新层面的互动发展

跨国公司研发投资与中国区域自主创新在技术层面的互动发展，主要通过企业主体实现。一方面，跨国公司对中国区域自主创新主体进行了技术转移，存在技术合作的需要，能够产生“技术扩散”效应①；另一方面，跨国公司“技术制约”本性，使中国区域自主创新主体面临技术非适应性、技术依赖甚至技术陷阱的困境，运用专利战略制造“高科技孤岛”，弱化了中国区域技术研发参与世界技术分工的能力。但总体趋势是，激烈的研发竞争正迫使中国企业和研发机构加大研发力度，增强区域自主创新能力。

1. 技术扩散

技术扩散是指跨国公司在东道国的 R&D 行为，导致技术向东道国企业扩散，从而促使东道国区域自主创新能力提高②。这其中包括有意识的技术转移和无意识的技术外溢。跨国公司向东道国进行技术转移可以采取不同的方式：一是内部化方式，通过直接投资成立独资公司的方式，在公司内部实现技术转让；二是外部化方式，主要通过建立非控股合资公司、进行技术许可和授权、资本品输出、分包和 OEM 合同，以及技术援助等方式实现技术转让③。而技术外溢是一种由于跨国公司在东道国设立子公司，从而引起东道国技术或生产的进步，但跨国公司又无法获取全部收益的现象（Kokko，1994）④。

---

① 张玉路．跨国公司在华技术战略及中国的对策［D］．河北师范大学，2005.

② 杜群阳．跨国公司 R&D 资源转移与中国对接研究［D］．浙江大学，2006.

③ 颜凌芳．跨国公司技术转移及其影响：一个综述［J］．金融经济，2007（10）.

④ Kokko. Technology, Market Characteristics and Spillovers. Journal of Development Economics, 1994.

人们对技术扩散的认识是一个逐步深入的过程[①]。Smith（1980）认为技术扩散就是技术从一地到另一地，从一个领域转向另一个领域，从一家企业传播到另一家企业，从一个使用者手中传到另一个使用者手中[②]。Glinow 和 Teagarden（1988）认为技术扩散包括三个阶段：技术文件的传播阶段、将文件转化为产品的专有技术转移阶段和设备以及部件等硬件的转移阶段[③]。Komoda（1986）则认为技术扩散是对理解和开发所引进技术能力的一种转移，技术扩散概念的界定必须与技术转移的过程紧密联系在一起[④]。判断一项技术是否成功转移的标志是：技术引进方在无外资的帮助下，能完全独立地吸收、操作和维修所引进的技术，并具有一定改进、扩展和开发所引进技术的能力[⑤]。

随着经济全球化，知识、技术转移的渠道越来越多，技术生命周期逐渐变短，技术更新速度日新月异，跨国公司要维持其技术垄断地位变得越来越困难，这在一定程度上迫使跨国公司与具有丰富本土经验的中国企业进行联合，从而有针对性地开发出适合中国市场的产品与技术。随着跨国公司与中国企业技术合作的必要性和可能性的日益成熟，中国区域自主创新将能通过技术合作获得更多的技术转移效应[⑥]。毋庸置疑，拥有尖端科学技术的跨国公司来华进行研发投资，兴办合资、合作和独资“研发中心”，对中国区域自主创新能力的提升具有积极作用，这种积极作用主要通过跨国公司在华“研发中心”的溢出效应[⑦]来体现：

---

① 李平．技术扩散理论与实证研究［M］．太原：山西经济出版社，1999.

② Smith V L. Banking on the technology-choices and constraints［J］. International Journal of Information Management，1987，10（3）：56-78.

③ Glinow，M. A. V. and Mary B. Teagarden. The Transfer of Human Resource Management Technology in Sino－US Cooperative Ventures：Problems and solutions［J］. Human Resource Management，1998，27（2）：201-229.

④ 李平．技术扩散理论与实证研究［M］．太原：山西经济出版社，1999.

⑤ 张海洋．外资技术扩散与中国经济增长［D］．华中科技大学，2004.

⑥ 汪俊．外商直接投资（FDI）对制造业技术创新能力影响的实证研究［D］．中南大学，2010.

⑦ 溢出效应是指由于国际企业的进入或参与，使得东道国本地企业所获得的劳动生产率提高的效应。

（1）示范效应

Lall（1999）发现示范效应具有10个特征①：技术学习的重要性、替代技术的企业信息不完全性、学习过程的不确定性、学习过程的路径依赖性、学习能力的不可转移性、技术溢出效应的特定性、研发创新的局部性、技术层次的风险递增性、技术学习的外部与关联性、技术互动的跨国化②。跨国公司“研发中心”进入中国后，其采用的先进技术和管理方法，会对中国企业起到一定的示范效应，这种示范表现在多个方面，如体现在新产品、新工艺中；体现在消费需求变化上；体现在企业的盈利性上；或在雇佣员工中传播，促进劳动力素质的提高；或刺激中国企业通过各种方法对先进技术进行模仿，并由此产生学习效应。

（2）竞争效应

跨国公司由于其在华“研发中心”的技术支持，对中国市场构成强有力的争夺，打破了中国市场原有平衡，迫使中国企业更有效地利用已有技术和资源，并积极寻求和使用新技术，这就是竞争效应。跨国公司“研发中心”的进入使中国企业的竞争环境发生变化，企业亲身体验到与世界先进水平的差距，面对的不再是与自己水平相当的国内企业，而是拥有先进技术和雄厚经济实力的跨国公司，在竞争中免遭失败的关键是提高自身的技术水平，强烈市场生存意识会转化为加速技术进步的动力，以提高中国企业技术水平。

（3）合作效应

跨国公司在华设立“研发中心”，使国内企业能方便地与跨国公司建立起各种形式的合作与交流关系，促进当地企业或科研机构与国外跨国公司和研发机构建立联系，大大降低交易成本，为国内企业参与国际合作、加入跨国公司技术联盟提供有利条件。同时，随着经济一体化的发展、国际经济技术合作的进一步深化，国内企业要在竞争激烈的市场中生存和发

---

① Lall S. The International Allocation of Research Activity By U. S. Multinationals. Economic，1979（46）.

② 杜群阳．跨国公司 R&D 资源转移与中国对接研究［D］．浙江大学，2006.

展，必须积极参与国际经济技术合作①，尤其是通过与跨国公司合作，提高技术水平和创新能力。

根据合作主体的不同，跨国公司对中国区域自主创新所产生的“技术溢出”影响包括三类：第一种是跨国公司与中国企业的合作研发。主要原因不只是为了积极应用外部网络资源，更重要的是实现技术使用规模的最优化，这要求跨国公司积极向外转移技术，由此为中国企业提供良好的技术创新学习机会。如韩国三星、日本东芝和三洋等 8 家跨国公司依托长虹的技术设施建立联合实验室，共同进行技术创新；Oracle 与联想合作建立软件“研发中心”；通用与上汽合作成立泛亚汽车技术研究中心等。第二种是跨国公司与中国高校、科研机构的合作研发。其目的在于充分利用外部网络资源，以获得中国高水平的研发人才，使其研发效率最大化。在这类合作研发中，技术溢出主要通过默示知识的传递实现。跨国公司希望通过合作研发利用中国科研院所的技术优势，尤其是基础研究方面的优势，合作项目以产业关键技术的未来发展趋势为主，通过这种方式外溢的技术水平通常都较高。如微软与中国科学院下属的国家智能计算研究中心合作建立的“高级计算机及通讯科技实验室”、微软和清华大学合作成立的“微软—清华多媒体实验室”、微软和哈工大合作设立的“微软—哈工大机器翻译实验室”等。第三种是跨国公司与中国政府的合作研发。这是跨国公司在华技术战略的重要组成部分，这种合作研发的主要目的一般是影响中国政府部门对跨国公司所在产业技术标准的制订和选择，从而确保其技术利益可以得到保护。

2. 技术制约

跨国公司在华“研发中心”技术转移与技术溢出对中国区域自主创新体系影响的效果受到多方面因素的制约，归纳起来主要有来自跨国公司的

---

① 董书礼．跨国公司在华设立研发机构与我国产业技术进步［J］．中国科技论坛，2004（4）．

因素和来自中国国内的因素①。

（1）来自跨国公司的制约因素

表 2-1 跨国公司限制对华技术溢出的方式

措 施	作用与影响
“技术锁定”策略	严密控制核心技术的扩散
产权控制	减少监控成本，降低技术外溢的风险
技术内部转移	不但影响了跨国公司向中国转移国际先进技术的数量，同时也减慢了跨国公司向中国转移国际先进技术的进度
在华研发机构类型	调适性研发机构主要目的是本地化，不创造新知识
研发分工	提高技术之间的依赖性，控制技术研发的层次，降低技术外溢风险②

第一，技术锁定。是指跨国公司利用其技术垄断优势和内部化优势，在技术输出时，将关键部分封装，设置一些难以破解的障碍，使中国企业在本地化生产过程中难以破译，以严密控制核心技术的扩散③。跨国公司一般会在技术含量高的行业采取技术锁定策略。

第二，产权控制。强化在华“研发中心”的独资化倾向是跨国公司从产权角度控制技术外溢的重要手段之一。跨国公司日益强化其在华“研发中心”的独资化倾向，以减少监控成本，降低技术外溢的风险，因为局外企业很难获得足够有关特定技术的知识来掌握这种技术。

第三，技术内部转移。通常，技术转移只限于跨国公司内部母公司和子公司之间，即使这些技术经过较长时期的使用后，也会扩散到跨国公司体系外，但这种扩散不仅十分有限，而且非常缓慢。跨国公司技术转移方式的选择涉及经济、战略与政策等多方面的因素。技术进步的性质与速

① 值得注意的是，跨国公司母国政策也会在一定程度上限制跨国公司的国际技术转移。例如，2001 年美国著名的半导体制造商 SMIC 公司申请在上海投资 15 亿美元建立一个芯片生产厂，但是由于美国技术出口审查委员会对该项技术出口的竭力阻挠，导致 SMIC 公司不得不放弃技术转让申请。

② 杜群阳．跨国公司 R&D 资源转移与中国对接研究［D］．浙江大学，2006.

③ 张娇．跨国公司在华技术研发对我国产业技术进步的双重效应研究——“溢出效应”和“挤出效应”解析［J］．世界经济情况，2007（2）.

度、转移的成本与风险、公司对收益与风险的认识以及政府政策都起着重要作用。若不考虑跨国公司的战略与东道国政府的政策因素，那么，技术移动越复杂、速度越快，供应商的规模越大、跨国水平越高、越专业化，购买方的技术能力越弱，跨国公司就越倾向于内部化转移；而技术越稳定、越简单，供应商的规模越小、越缺乏国际经验，技术多样化程度越高，公司就越倾向于外部化转移。

第四，在华研发机构的本地化需求。大多数跨国公司在华“研发中心”从事调适性研发活动，其目的是实现产品和技术的本地化，以便占领中国市场，对于全面提高和深化中国自主研发能力的作用十分有限。

第五，通过研发分工减少技术溢出。跨国公司一般采取两种形式的研发分工：一是价值链环节的研发分工。Gereffi（2004）创建了“全球价值链”理论[①]，将研究视野扩展到全球范围内的整个行业，包括上游的研发与设计，中游的零部件制造与组装，下游的营销、品牌和服务。因此，不仅单个经济体内部存在价值链，多个经济体之间也可以存在相互关联的价值链，跨国公司则是这种多经济体价值链的核心纽带[②]。基于价值链环节的研发分工是一种更为细致的国际分工形态，这种分工形态要求“某个国家或某个公司具备价值链上特定环节的研发优势，从而形成在该特定环节的研发分工。”[③] 二是模块化的研发分工。如果价值链环节能够符合模块化的要求，进行相应的模块分解与集中，则可称为模块化的研发分工。“模块是半自律性的子系统，可以通过与其他同样的子系统按照一定的规则相互联系而构成更加复杂的系统”（青木，等，2003）[④]。跨国公司将研发活动分解为模块后，通过对全球环境的具体分析，将特定的研发模块分配到具有特定优势的国家或地区。这种模块化的研发分工可能导致跨国公司将

---

① Humphrey, J and Schillitz, H. Chain governance and upgrading: taking stoek [A]. jn Schlnitz, H (ed). Local enterprises in the global economy: issues of governance and upgrading [C]. Cheltenham: Elgar, 2004: 349-381.

② 杜群阳．跨国公司 R&D 资源转移与中国对接研究 [D]. 浙江大学，2006.

③ 杜群阳．跨国公司 R&D 资源转移与中国对接研究 [D]. 浙江大学，2006.

④ 杜群阳．跨国公司 R&D 资源转移与中国对接研究 [D]. 浙江大学，2006.

其在华研发活动限制在低技能水平上，而将核心技术研发模块保留在母国进行，进而减少其在华研发机构的技术溢出。另外，这种模块化的研发分工使得跨国公司海外研发机构的流动能力大幅提升，对跨国公司在华“研发中心”稳定性将产生影响。

（2）来自国内的制约因素

第一，技术基础薄弱。技术基础包括一个国家的技术教育情况、人力资源状况、技术开发与创新能力、技术转化能力等。中国国内的技术基础不仅决定着跨国公司所转移或所采用的技术，而且也在相当大的程度上影响着跨国公司的实际技术外溢水平。一国的科学与技术发展一般具有累积性的特征，即科技实力的增长是循序渐进的，需要长期的积累和渐进式的成长才可能达到较高的水平。因此，在类似经济条件下，一个国家技术基础条件越好，在研发国际化趋势中所获得的益处也就越大。跨国公司在进行全球技术活动布局时，非常重视对各国的技术基础设施和技术发展水平的考察。技术基础越好，技术吸收和消化能力越强，技术水平和创新能力越高，则跨国公司所转移的技术水平也就越高①。企业研发状况是总体技术水平最重要的反映，中国企业现有的规模、技术、管理水平、产权结构导致企业对新技术的学习能力低下，制约了其对跨国公司“研发中心”外溢技术的吸收。新技术采用一般具有规模报酬递增的特点，国内企业要想通过与跨国公司“研发中心”的合作达到吸收跨国公司新技术的目的，需要对原有的生产流程与设备进行较大规模改进并提高技术管理人员的素质，这就提高了国内企业吸引新技术的启动成本。而且“由于中外双方在规模、技术水平和管理等方面的实力差距，国内企业在与跨国公司合作过程中容易处于不平等的地位，很难通过合作体中的内在约束要求跨国公司加快技术进步扩散的速度。”②

第二，技术与市场具有不可交换性。跨国公司在华投资经营的实践表明，技术和市场具有不可交换性，“市场换技术”的战略设想与实际效果

① 丁珂．国际技术合作的态势、问题及对策研究［D］．郑州大学，2013.

② 李洪娟．提升外商直接投资对中国的技术溢出效应［J］．河北学刊，2007（5）.

相差甚远。跨国公司的技术输出和技术控制相依而生。[①] 从企业或产业层面而言，技术产权属于跨国公司，它不会因为技术的地域变化而改变；但市场对于进入中国的跨国公司和中国企业来讲是共同的，它不是也不应该是国内企业的专利。中国企业的技术水平进步，往往是通过打破原有的技术垄断，形成较合理的市场竞争结构来实现的。要获得某一产业的动态技术优势，则必须在技术消化之后，进行独立的技术开发和赶超，此时跨国公司是一种阻力而不是动力。因此，要发挥跨国公司推动技术进步的作用，正确的立足点是如何通过跨国公司改善市场结构，让国内企业形成更强烈的技术消化和开发动力，并把技术转让成本降到最低点。[②]

第三，国内企业在技术引进时存在认识误区。比如"利益错位"，外商不是慈善家，不具有技术转让的天然动机，其技术转让是为投资目的服务的，出于维护竞争优势考虑，外商不可能转让最新技术和关键技术。这类技术机密，应从满足国内不同消费需求层次的角度看待市场出让。许多跨国公司在华研发机构只进行适应性研究，不从事创新性研究，保证先进技术的垄断；从股权结构上采用独资或控股以防技术泄密；甚至运用法律手段进行技术保护。[③]

对华设置技术壁垒是跨国公司常用的技术保护手段。随着中国自主创新技术能力的提升，跨国公司对中国技术的钳制和打压愈演愈烈。例如，在加入世界贸易组织之前，中国已有 20 多年合资造车的经验，但未开发出一款自主研发的汽车，外资汽车企业技术"溢出效应"远远没有达到预期；此后，尽管中国汽车企业奋起直追，涌现出吉利、比亚迪等知名国产品牌，但至多是收购国外汽车企业，消化吸收旧技术，外资汽车企业的技术壁垒并没有减少；2018 年 7 月，特斯拉宣布在上海临港地区独资建设集研发、制造、销售等功能于一体的特斯拉超级工厂（Gigafactory 3），成了历史上第一家在中国建立独资汽车制造工厂的国际汽车品牌，合资方式的

---

① 傅利平，程义全．跨国公司进入与中国经济发展［J］．经济学家，2000（11）．
② 傅利平，程义全．跨国公司进入与中国经济发展［J］．经济学家，2000（11）．
③ 丁珂．国际技术合作的态势、问题及对策研究［D］．郑州大学，2013.

打破更有利于其实现技术封锁和壁垒。值得注意的是，中资企业在对外收购跨国公司中面临着西方国家越来越多的公共秩序或国家安全的审查。

3. 陷阱表现

（1）技术依赖

跨国公司在华“研发中心”的大量涌现，推动中国的研发资源被渐渐纳入跨国公司的全球研发系统中，由此形成的技术优势成为他们与中国企业在市场竞争中的基础。由于跨国公司处于技术专有权地位，中国区域自主创新体系被“锁定”在依赖于跨国公司技术的地位上。这种技术依赖一方面使中国企业在制定技术发展战略时丧失主动权；另一方面，由于使用跨国公司技术较为廉价而且迅速，国内企业的技术发展常被跨国公司的技术潮流所淹没。另外，在一些国内具有较强研发能力产业领域，由于产品市场被跨国公司所占领，国内研发失去市场份额依附而被取消或削弱，抑制了中国国内研发活动。

（2）技术逆向扩散

逆向技术扩散的实现主要有两个途径：一是通过人才获取，取得东道国的技术机密。跨国公司在华“研发中心”的设立，以优越条件吸引了中方大量高级科技人才，并且还从国有企业、科研院所挖掘人才和技术①，实际变成中国向跨国公司逆向扩散技术。二是通过与东道国企业合作，在合作过程中谋取东道国的技术成果。国有企业和科研院所的产权体制和科研机制问题是导致这种逆向扩散的重要原因，若不加以改革，这种逆向技术扩散状况会愈演愈烈②。

（3）技术陷阱

中国企业在技术引进过程中所面临的问题，与技术市场上信息不充分所导致的讨价还价能力有关、与对国外技术调整和吸收能力有关、与国内

① 罗访文，宣海林．跨国公司独立 R&D 机构利弊浅析［J］．湖北社会科学，2003（1）．

② 董书礼．跨国公司在华设立研发机构与我国产业技术进步［J］．中国科技论坛，2004（4）．

技术能力基础有关。有时良好的技术引进愿望会演变为技术陷阱，形成技术依赖恶性循环（见图 2-1）。

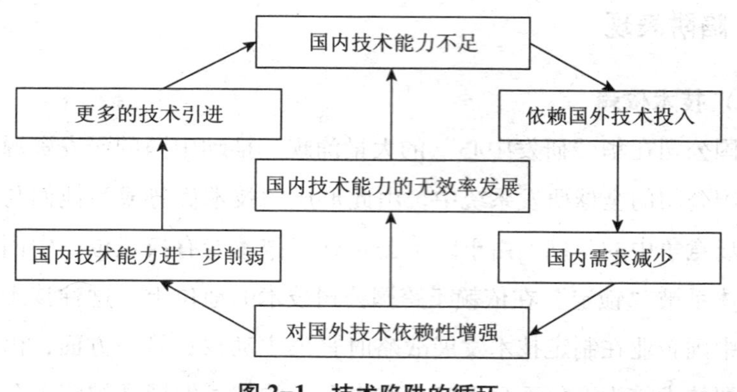

图 2-1　技术陷阱的循环

国内的低技术能力导致对跨国公司技术需求的增加，引起对国内企业提供技术的需求减少，致使国内技术水平难以提高。国内低技术水平通常导致更弱的国内技术能力，从而增强对跨国公司技术的依赖程度。由于将较多资源投入到引进跨国公司技术上，又进一步削弱了国内技术的发展机会。总之，一个弱的技术系统增强了对外部技术的依赖，而这种依赖又不断地侵蚀和制约国内技术力量的提高。长此以往，中国企业与跨国公司的技术差距将越来越大，最终沦为其技术“殖民地”。因此，中国在实现跨国公司在华研发投资与区域自主创新的互动发展中，一个重要的战略性选择是提高国内企业的技术能力，既要广泛开展与跨国公司的技术合作，又要摆脱对跨国公司的技术依赖。

二、知识创新层面的互动发展

在全球化背景下，随着知识经济的发展，地区乃至国家之间的竞争越来越表现为知识获取和知识创造能力上的竞争[①]，如何在“趋同化”和“超竞争”的环境中以比其他国家（地区）更快的速度创造知识和传播知识，已成为各界共同关心的问题（Maskell，2001）[②]。OECD 在 1997 年发布的《国家创新体系》报告中指出，对创新而言，重要的不仅仅是投入（研发支出），知识的流动以及技术开发中各行为者之间的相互作用也非常重要。知识在个体、企业和机构之间的流动是创新过程的关键所在，创新和技术发展是该系统中各个角色相互作用的结果。跨国公司在华研发投资过程中，不可避免地产生知识溢出。作为区域知识创新主体的中国企业，如何迅速识别并充分吸收溢出的知识，并与跨国公司在华研发机构形成互动发展机制，成为实现区域知识创新的关键。

1. 作用特征

知识创新对提升区域创新能力建设至关重要。但由于跨国公司在华研发投资与中国区域知识创新的发展诉求相异，互动双方呈现需求非对称特征，针对不同的需求，互动双方的获知难易程度差异巨大，从而导致区域知识创新主体常常处于被动地位，导致互动发展不充分，阻碍双方平等地开展互动合作。

（1）互动双方的作用过程

关于区域创新能力与知识流动扩散实施、进而产生互动关系的考察视角有两种：地理邻近和非地理邻近（Gertler，2003）。前者认为，隐性知识通过面对面互动学习进行传播，地理距离越近，知识流动越快，企业对新知识吸收和创造的效率也越高；后者强调关系临近或社会邻近性的重要意义，并明确指出具有组织关系亲密性和工作内容相似性的组织同样可以在

① 张刚，徐乾．知识集聚与区域创新能力：一个社会认知的视角［J］．自然辩证法通讯，2006（6）．

② Maskell，P1（2001），/Towards a knowledge-based theory of the geographic cluster，Industrial and Corporate Change：921-9431.

距离较远的情况下实现知识的传递与共享①。事实上，这些非地理临近的特征，通常也是通过一定区域内产业链上下游分工的方式来实现，因此，这两种视角都暗含着知识创新与区域创新体系间存在着巨大的互动关系。基于社会认知视角，研究发现，决定区域自主创新能力的根本因素之一是区域知识集聚。正是由于知识的集聚效应，区域内的不同创新主体得以通过差异化知识的互补以及互补知识的创造、传播、共享和运用获得区域内协同创新能力②。

（2）互动双方需求非对称

跨国公司在华投资研发中心的目的在于弥补自身的“战略缺口”，增强企业在华竞争力（包括支持在华生产和销售、适应中国市场消费特点、提高企业知名度等），充分利用中国的智力资源，实现全球研发联网等（章文光，汪哲伟，2011）。为达成此目的，跨国公司需获得所在国的市场情况（人口特征、需求和偏好等）、法律法规（投资政策、供应商和劳动法等）、文化传统（面子、关系）等知识。海外企业获取当地知识是他们在当地成功经营的关键③。与跨国公司不同，作为区域知识创新主体的中国企业更多地期望从跨国公司研发投资中获取先进技术和管理经验等知识，以此增强企业的核心竞争力，进而提升本土知识创新能力。由此可见，互动主体双方的学习内容是“非对称”的。这种需求非对称性特征，增加了双方互动发展的难度。如何调和两者需求，促使双方达成共识，是互动发展的前提条件和关键环节。

（3）互动双方获知不平等

在获知难易程度上，跨国公司在华研发投资更易获取其需求的知识。一是中国企业拥有的本土知识比跨国公司研发中心拥有的技术和管理知识

① Gertler，Meric S1（2003），Tacit knowledge and the economic geography of context，or The undefinable tacitness of being（there），Journal of Economic Geography，3：75-991.

② 张刚，徐乾．知识集聚与区域创新能力：一个社会认知的视角［J］．自然辩证法通讯，2006（6）．

③ Luo，Y. D. Structuring inter organizational cooperation：The role of economic integration in strategic alliances［J］. Strategic Management Journal，2008b，29（6）：617-637.

更容易转移。Hedlund（1994）将知识分为认知知识、技术知识以及实体知识。他认为，实体知识最容易转移，接下来是认知知识，技术知识最难转移①。本土知识（投资政策、供应商、劳动法、文化传统等）可以视为认知知识②。Hamel（1991）发现，市场信息的转移要比先进技术转移更为容易③。二是跨国公司在华研发中心知识保护更严格。中国企业在互动过程中表现出强烈的学习意愿，使得跨国公司感觉到合作中存在着严重的机会主义行为风险和“学习竞赛”，从而增强了他们的知识保护意识和力度。例如，跨国公司采取有效措施来保护其技术的透明性，尤其是那些被专家拥有的显性知识④。三是跨国公司在华研发中心可以获取本土化优势。隐性知识转移高度依赖于相互的密切接触，跨国公司研发中心在中国境内生产经营，通过积极投入当地活动，容易获取中国当地知识的隐性部分。正是存在知识本身差异、知识保护程度差异及跨国公司研发中心的本土化经营，随着跨国公司在华研发中心获取当地知识的增加，其对中国企业的依赖性逐步降低。依赖性的降低打破双方的议价权利平衡，跨国公司在华研发中心相对议价权利的增加导致中国区域创新主体处于不利位置。

2. 障碍识别

2003 年跨国公司在华设立的研发中心 400 多家，到 2015 年底，跨国公司在华设立的研发机构已达 2400 多家。这些研发中心绝大多数是跨国公司的独资机构，只有少数研发中心是与中国合资的。在中国官产学研用链条衔接不顺畅，尤其是国内企业创新研发能力不足的环境下，这些研发机构正成为全球研发网络与中国区域知识创新之间的接合点，成为中国区域

① Hedlund，G. A. Model of knowledge management and the N-form corporation［J］. Strategic Management Journal，1994，15：73-90.

② 陈柳，刘志彪．本土创新能力 FDI 技术外溢与经济增长［J］. 南开经济研究，2006（3）.

③ Hamel，G. Competition for competence and interpartner learning within international strategic alliances［J］. Strategic Management Journal，1991，12（1）：83-103.

④ Inkpen，A. C. Beamish，P. W. Knowledge，bargaining power，and the instability of international joint ventures［J］. Academyof Management Review，1997，22（1）：177-202.

知识创新的重要资源。然而，跨国公司在华研发投资的知识控制，加剧了中国创新资源贫乏区域的边缘化，阻碍了中国区域知识创新协调发展。总体来看，跨国公司在华研发投资与区域知识创新互动发展存在条件不足、途径不畅、战略不明等问题。

（1）企业层面：互动发展条件不足

第一，跨国公司在华研发投资施行了知识控制策略。跨国公司在华研发过程中主要产生两种知识溢出：一是简单的编码知识，如专利信息、科研论文、技术报告、产品信息等。跨国公司对于编码知识的保护越来越倾向于使用非法律保护手段，而研发流程控制是目前跨国公司最经常采用的非法律保护手段①。研发流程控制通过将研发过程分解，使不同组织和个人仅参与部分的研发流程，从而控制其对整体技术知识的掌握，增加了模仿成本，降低了技术流失的风险②。二是更具经济价值的缄默知识，如先进的研发管理经验、运作流程、实验技巧、研发技术秘密以及附着在研发人员和管理人员头脑中的各种诀窍。只有通过与跨国公司在华企业人员进行广泛接触、交流合作，协同互动，才能对知识溢出进行较好吸收。然而，出于自身全球战略考虑，跨国公司在华研发投资并不会为中国区域主动提供创新性知识，为保持所有权优势，甚至会想方设法实施专利战略，制造“高科技孤岛”，弱化中国区域的研发动力。

第二，中国区域知识吸收能力欠佳。跨国公司研发投资带来了知识溢出，东道国企业能在多大程度上学习、模仿跨国公司的先进知识，归根结底是取决于东道国自身的知识吸收能力。区域知识吸收能力很大程度上受当地企业学习能力、区域受教育水平、信息和交通便利程度、经济社会和政治等多方面因素影响。

其中，最重要的影响因素是区域人力资源的丰裕程度。东道国能否吸

① 潘铁，柳卸林．跨国公司在中国的研发独占性研究——基于非法律保护手段选择的实证分析［J］．科学学与科学技术管理，2009（8）．

② Hanel，P．Intellectual property rights business management practices：A survey of the literature［J］．Technovation，2006，26（8）：895-931．

引高效率的FDI取决于是否达到最低人力资本存量的“门槛”。目前，中国人力资本存量仍然处于相对较低的初始水平，尽管中国具有世界公认的高智力人群，科技人才具有扎实科研基础、良好研究素质和敬业精神。但人才结构失衡，高层次人才缺乏，人才资源市场化进程滞后于其他生产要素市场，管理体制无法适应市场经济和国际竞争的需要。虽然现阶段较低水平的人力资本能较好地吸收以劳动力密集型为主的外商直接投资技术外溢，但知识密集型外商直接投资的进入以及研发投资的知识外溢要求较高的人力资本增长速度和区域知识吸收能力。

（2）中介组织层面：互动发展途径不畅

第一，研发联盟发展迟缓。Kim和Inkpen（2006）认为研发联盟是双边技术转移模式，其目的在于技术互补及加速创新①。研发联盟实际上是一种合作关系，根据资源互补理论和交易成本理论，研发合作可以使联盟成员有效地分担研发风险、降低研发成本、提高研发效率、利用外部资源、促进知识和技术的交流与转移、加速新技术的商业化进程等。研发联盟在互动之间搭建了一条便捷的技术合作通道。目前，跨国公司与中国本土产学研之间的研发联盟发展相对迟缓，缺乏成熟的运行模式及健全的法律规范，互动主体间的信任难以达成。

第二，研发中介组织缺位。美国经济学家泰格通过对近30例典型技术转移的统计分析得出结论：技术转移双方的沟通交流就像无线电波传送信息，只有双方都具备足够功率的电波发送和接收设备，才能互通信息。这种“电波发送和接收设备”即技术转让双方的信息传播和接收能力。在一般情况下，双方不可能都具有“足够功率的电波发送和接收设备”，因此在技术转移的过程中，技术中介服务机构作为“中间人”传递信息的作用不可忽视②。

---

① Kim，Inkpen. Economics of Agglomeration：Cities，Industrial Location，and Regional Growth [M]. Cambridge，UK：Cambridge University Press，2006.

② Murray G. Management’s search for venture capital in smaller buy-outs：The role of intermediaries and industry marketing implications [J]. International Journal of Bank Marketing，1996，14（2）：14-25.

在促进科技资源的开放共享等方面，中国与发达国家相比存在差距：一方面，中国的各类科技信息资源严重缺乏，科技数据和信息产品集中在发达国家手中，如全世界数据库容量美国占63%，中国不到1%。国内可用信息资源更加贫乏，据统计，目前国内互联网的科研信息流量大约有95%是访问外国站点。另一方面，中国研发中介组织未能发挥其应有的作用，有限资源得不到充分利用。中国现有科学数据的利用率和共享程度极低，能为重大科技创新研究提供有效支撑的数据库不到现有数据库的10%。虽然中国研发中介组织经过10多年的发展已初具规模，但仍存在诸多问题，如研发中介市场法律法规不健全、缺乏统一的市场管理主体、内容经营管理多依靠政府、缺乏市场竞争意识、研发中介之间缺乏必要合作等。因此，研发中介组织缺位导致其未能有效发挥互通信息、及时转化研发成果等功能。

（3）政府层面：互动发展目标模糊

政府推动跨国公司在华研发投资与中国区域知识创新互动发展的作用主要表现为调控，通过法制建设和规范知识成果转化制度，推广知识成果并实施有效管理。其中，制定互动发展的战略目标是政府的首要职能，即在投入大量研发资金支持前，应设定科学合理的目标期望，针对每项政策设立监督机制，避免科技资源配置行政化。目前，由于缺乏明确的战略目标和科学合理的调控手段，大量知识创新项目重复投资，无法形成优势资源的集中和共享。例如，由于缺乏共建共享理念、缺乏政府层面的统筹规划以及共享政策和法规体系，使得中国的知识基础条件建设难度加大，资源共享不能有效施行。

政府推动跨国公司在华研发投资与区域创新互动发展缺乏宏观规划，容易造成外界对中国政府直接干预跨国公司在华研发投资的误解。在经济高速发展过程中，中国对技术转让的需求迫切且量大，由于目前还未形成具有实际意义和可操作性的国际技术转让多边规则，加上政府宏观规划的缺乏，导致跨国企业和中国政府在技术转让方面存在误解和争端。2018年以来，中美贸易战不断升级，一个重要诱因是美国发布的301调查报告，根据该报告，美方认为中国使用合资要求、股比限制和其他外商投资限制等强制美国企业转让技术；中国运用行政审批程序等要求美国企业转让技术，降低了美国企业投资和技术的价值，削弱了美国企业的全球竞争力。2018年，美国、欧盟和日本向WTO投诉中国“涉嫌歧视性的专利技术许可规定”。这就需要中国政府明确目标，做好宏观规划，给予外资企业确切预期，从而避免与跨国公司产生摩擦和争端。

3. 实现路径

由于知识创新具有互动双方需求非对称、获知不平等等特征，面对互动发展条件不足、途径不畅、战略不明等困境，需要从三方面探求互动发展的实现路径。

（1）寻求共同利益，达成合作意愿

由于互动发展双方需求的非对称性，有必要寻找两者合作的契合点。跨国公司不断在华增设研发中心，意味着其研发全球化战略的进一步加深。跨国公司的根本目的在于攫取利润，但为占有市场份额、保证长期竞争优势，跨国公司也不会置中国研发合作的意愿于不顾。可见，中国区域知识创新与跨国公司研发投资之间并非零和博弈，而是讨价还价的谈判关系。基于互动双方的需求及各自优势，跨国公司的谈判能力与其所具有的所有权优势、投资质量、第三国承诺的外资政策优惠相关，中国区域知识创新的谈判代表是政府，政府的谈判能力主要取决于中国区域的市场需求、外资政策的优惠程度、人力资本、基础环境状况、外资政策执行力度及引资声誉等因素。

（2）拓宽互动渠道，建立合作平台

针对跨国公司在华研发投资与中国区域知识创新互动发展途径不畅的困境，有必要寻找多样化的互动方式。OECD推荐使用联合研究活动、联合申请专利、引文分析和企业调查等方法来测度区域创新系统各主体间的联系和知识流动。除此之外，中国可以建立互动发展平台，如研发联盟、研发中介组织等，以此为互动发展拓宽渠道，创新路径。但是，研发联盟亦有风险，联盟不稳定往往伴随联盟风险而生。鉴于中国引入研发联盟的时间不长，在构建各类研发联盟时，需要审慎行事。

（3）明确战略目标，厘清评估路径

目前，中国区域知识创新面临着跨国公司在华研发中心知识“蓄势占优”的压力，只有明确战略目标并建立合理的评估机制，才能突破中国区域知识创新的瓶颈，促成区域知识创新与跨国公司在华研发投资互动发展。与此同时，互动发展的程度应配以测量方法，在沟通合作中不断磨合，达成最优的互动路径。这要求中国一要推动创新质量，如在国家有关计划、重大项目和工程中，努力提高研发工作的起点和水平，避免低水平重复研究，避免落入知识产权陷阱。具体说，就是要把获取专利的数量和质量、专利技术产业化的规模与效益作为检验技术开发成功与否的重要标准。二要完善创新机制，提高创新效率，促进区域创新水平的协调发展。创新效率对提高自主创新能力意义重大，若创新效率不高，即使增加研发投入，也难以促进自主创新的发展，还会造成创新资源投入的浪费。反之，若能提高创新效率，则较少投入便可获得较大创新成果。由于中国区域创新能力存在明显差别，应最大限度地使用好创新投入的物质资本和人力资本，更好地促进中国区域创新能力的协调发展①。

三、人力资本层面的互动发展

跨国公司在华研发投资主要有独资和合作两种模式。独资模式下，研发人员受跨国公司单方面直接管理，有利于跨国公司掌握研发方向和自主性以及充分利用中国高端人才，是大多数跨国公司的首选；合作模式下，研发人员主要是中国科研机构和企业的科研人员，常见形式有项目委托、联合研发、建立培训中心等，相对独资来说，这种模式有利于跨国公司了解和应用国内最新的研究成果并为未来发展储备人才。跨国公司在华研发

① 樊琦，韩民春．政府 R&D 补贴对国家及区域自主创新产出影响绩效研究——基于中国 28 个省域面板数据的实证分析［J］．管理工程学报，2011（3）．

投资在人力资本层面的互动发展主要通过人才吸引效应、人力资本培育效应、人才流动效应和人力市场效应四方面得以实现。

1. 人才吸引效应

跨国公司以其良好的薪资条件、优越的研究环境等吸引了众多研发人才，从一定程度上留住了中国的人才，体现了人才的价值、发挥了人才的作用。跨国公司在华研发投资，创造了大量研发岗位的就业机会。与此同时，跨国公司研发机构的大量进入在一定程度上增加了发展相对落后的本土企业和科研机构吸引优秀人才的难度，给本土企业和科研机构的人才招聘带来巨大压力。

（1）正面效应

跨国公司在华研发投资十分重视对应届毕业生的招聘和选拔，吸引了大批刚毕业甚至肄业的研发人才，在一定程度上挽留了一批原本希望出国深造的研发人才，阻止了中国优秀研发储备人才向海外流失。长期以来，高素质人才流失将成为中国建设创新型国家面临的重大问题之一。而跨国公司在华研发投资，创立了与国外相近的研究环境，吸引了大批研发人才在本国就业，为中国解决人才外流问题做出了有益尝试。跨国公司倾向于选择有跨国文化经验并对本土环境有一定了解的研发人员，这有助于吸引研发领域的海外中国留学生和华人学者回国从事科研工作，促进海外优秀人才回流。跨国公司在华研发投资给已经在本土就业的科研人才提供了更加优越的研发岗位、更好的工作平台、更大的发展空间和更多的学习机会，这对本土科研人才产生了巨大的吸引力。

跨国公司之所以能够产生如此巨大的人才吸引效应，与其优越的研发环境和先进的管理体制密不可分。在研发环境方面，跨国公司在华研发投资投入大，并拥有世界一流的先进设备和技术作为研发基础，能提供更多的培训和深造机会，研发的软硬件环境都明显优于本土科研机构。目前来看，虽然中国企业在 R&D 上的投入增长率已经为世界第一，但仍具有明显的发展中国家的特点，整体研发投入程度较低。根据《2016 年全国科技经费投入统计公报》，2016 年全国共投入研究与试验发展（R&D）经费 15676.7 亿元，比上年增加 1506.9 亿元，增长 10.6%，研究与试验发展（R&D）经费投入强度（与国内生产总值之比）为 2.11%。对比在华外资企业，早在 2004 年企业 R&D 经费强度就已经达到 4.51%。[①] 在管理体制方面，跨国公司在华研发机构的员工待遇明显优于本土企业，跨国公司不仅提供了更好的薪资福利条件，其企业文化和管理体制对研发人才也更有吸引力。

（2）负面效应

跨国公司以其优秀的研发环境、深厚的研发基础和先进的人才理念在中国形成了巨大的人才吸引力，从而相对降低了本土企业和科研机构的人才吸引力，给本土企业和科研机构的人才招聘带来了巨大压力。2016 年中国高校毕业生人数 765 万，从外商独资企业竞争指数（简历投递量÷职位量）达到 55，明显高于合资与民营企业。[②] 由此可见，外商企业仍旧是我国高校毕业生优先的就业选择之一。本土机构只有在人才招聘上付出更大成本，才能应对跨国公司的人才争夺。而从整体上看，本土企业和科研机构的人才吸引和培养体制方面与跨国公司有较大差距，整体实力远不如跨国公司，将更多的成本用于人才招聘，则意味着用于人才培养和机构发展的资源会减少，这在一定程度上进一步阻碍了本土机构人才吸引力的提升，可能使本土企业和科研机构人才吸引陷入恶性循环。与此同时，大量人才从本土企业和科研机构流动到跨国公司研发机构，造成了本土机构的成本损失。由于流出者和流入者人力资源的差异性，流失高质量的雇员或流失具有较大潜力的雇员对企业造成的损失将是长期的。在这种情况下，很容易导致企业对人力资源的投资受到限制，不利于企业的长远发展。而且，人才的流失容易造成团队工作绩效和企业凝聚力的下降，进一步给企业发展带来障碍。

---

① 玄兆辉．新时期我国外资企业研发投入特征研究［J］．科技统计报告，2007（9）．

② 麦可思研究院．2016 年中国大学生就业报告［M］．北京：社会科学文献出版社，2016．

2. 人力资本培育效应

跨国公司重视研发和员工培训，尤其是其研发机构具有完善的高级技术人才的培养机制，员工可以在科研开发、创新与管理过程中经受锻炼和积累学习经验。由于跨国公司研发机构的发展离不开与中国高等院校的合作，这也为中国高等教育的体制机制创新、专业人才培养等提供了新的发展契机。与此同时，跨国公司在华研发人员的待遇水平远低于发达国家同类研发人员，研发人才的技术绝大多数被跨国公司垄断，不利于本土技术人才整体人力资本的充分提升。

（1）正面效应

在独资模式下，跨国公司在华研发机构为中国研发人员提供了一流的研究设备、多样化的学习和培训机会、充足的资金支持和富有挑战性的工作内容，极大地提高和开发了研发人才的能力素质。尤其在培养科技人员市场开发能力方面，跨国公司在华研发机构为中国技术人才提供了大量到国外接受培训和参加合作研究的机会，提高了中国科技人员的市场化素质，改善了中国研发人才基础虽好但面向市场能力较弱的问题。当这部分研发人员离开跨国公司、回流到本土科研机构和企业时，他们在跨国公司积累的人力资本和技术经验就可以为本土研发注入新的活力。如中科信利语音实验室，是由原英特尔中国研究中心主任和首席研究员颜永红带领6名原英特尔研发人员辞职后于2002年创建的，该实验室研发的电信级语音识别产品已在国内20余个省级电信运营商中进行了商业化运营；桌面“平台”语音识别产品已成为英特尔数字家庭台式电脑的捆绑软件；嵌入式平台产品已集成于国内多家手机厂商和PDA厂商的产品内。

在合作模式下，跨国公司通过和本土研发机构的合作，将更多的资金、前沿的技术和先进的人才培养观念模式等带进了本土研发机构的人才培养体系中，有助于帮助本土企业培养高级人才，提高人才素质。跨国公司和中国高等院校等科研机构的合作，除了为高校人才培养提供了资金支持、技术支持外，还带来了高校人才培养体制的创新，促高校传统以理论知识为主的人才培养模式逐步转向理论知识与技术应用并重的人才培养模式。如2008年微软（中国）有限公司宣布在中国正式启动针对IT人才培养的“微软IT学院计划”，其宗旨就是搭建一座连接中国学生、教育者和社会的桥梁。

（2）负面效应

跨国公司在华研发机构研发人员的待遇水平大大低于发达国家同等研发人才的待遇水平，对研发人员的激励也多以奖金、休假等常规激励为主，研发人员的技术成果绝大多数都归跨国公司所有，不利于有效激发研发人员的技术创新热情，在一定程度上阻碍了人力资本的提升。研究显示，在被调查的跨国公司在华“研发中心”中，奖励研究开发人员使用最多的方式是奖金，占38.89%，其次是从转化或转让成果的收入中提取一部分资金奖励研发人员，占22.22%，学术休假占22.22%。[①] 跨国公司在京研发机构技术输出呈现“一九”的格局，近九成流向跨国公司总部。2001—2006年跨国公司在京研发机构输出技术合同成交额中，流向国内技术合同的成交额仅为11.91亿元，占总数的11.68%；流向国外技术合同的成交额高达90.05亿元，占总数的88.32%[②]。《2016年北京技术市场统计年报》显示，北京国际技术交易合同成交额共961亿元，流向国外的技术出口成交额达到812.3亿元，技术进口成交额仅为148.7亿元。在此状况下，中国优秀人才的科研成果多流向跨国公司总部，国内科研机构和本土企业很难共享跨国公司在华研发投资的技术成果，不利于本土人力资本的充分发掘和提升。

3. 人才流动效应

跨国公司在华研发投资的人才流动效应指发生在跨国公司研发机构和本土企业、研发机构间的人员流动，具有明显的双面性。一方面，在跨国公司研发实力占优的现状下，人才大都由本土企业、科研机构流向跨国公

① 张孟军．跨国公司研发人才流动趋势［N］．科技日报，2008-2-3.

② 李睿．跨国公司在华R&D投资独资化趋势研究［D］．北京交通大学，2008.

司，导致了本土企业、科研机构的人才流失和人才结构的失衡；另一方面，跨国公司与中国本土企业、科研机构间的人才竞争有利于形成激励效应，刺激本土企业、科研机构重视人才、提高研发投人、创新技术人才培养和完善管理体制，而一旦跨国公司的研发人员回流到本土企业和科研机构，必然带回在跨国公司学习到的先进技术和管理经验，提高本土的创新能力和管理能力。

（1）正面效应

跨国公司在华研发投资的人才流动正面效应主要体现在两个方面。其一，跨国公司与本土间的人才竞争有利于形成对本土的激励，刺激本土企业和科研机构重视人才、提高研发投人、创新技术人才培养和管理体制。其二，一旦跨国公司的研发人员回流到本土企业和科研机构，必然带回在跨国公司学习到的先进技术和管理经验，提高本土的创新能力和管理能力。这一效应在中国已初步显现，近年来，已有从摩托罗拉、英特尔、惠普、微软、IBM、朗讯、阿尔卡特、通用电气等跨国公司研发机构的研发人员回流到中国科研机构、高校或自创民营企业的案例。① 著名民营高科技企业创智信息科技股份有限公司有40%的中高层管理人员具有外企工作经验，每天收到的数十封求职信中，有三分之一以上来自外企。从长远来看，随着中国经济实力的不断增强，国内人才管理环境的改善和激励政策的完善，人才逐渐由单向流动转变为双向流动。

（2）负面效应

跨国公司在华研发投资的人才流动负面效应主要体现在人才单向流动上。从短期来看，跨国公司在华研发机构提供的岗位明显优于本土企业和科研机构，吸引了大批国内高等院校和研究机构的骨干。清华、北大等著名高校的毕业生中，许多优秀人才被跨国公司在华研发中心“一网打尽”，给国内企业的人才招聘和研发活动的开展带来了巨大压力。国有企业中，

---

① 张孟军．跨国公司研发人才流动趋势［N］．科技日报，2008-2-3.

44.7%的软件人才流向外资企业;[①] 微软亚洲研究院为增强手写输入技术方面研发实力，从汉王挖走了数位核心研发人员。国内研发人才向跨国公司在华研发机构的单向流动，使得本土企业和科研机构的研发能力降低，而且本国的研究积累也极有可能随人才流失流动到跨国公司中，对国内企业和科研机构形成巨大冲击。对于本土企业来说，技术人才流失不仅会带来巨大的成本损失，降低企业的工作绩效和创新能力，还对企业的组织文化和凝聚力产生消极影响。很多中小企业很有可能进入“成本提高—压缩需求—人才短缺—企业持续发展动力不足—经营效益下降—再次压缩需求”的恶性循环[②]。对于本土科研机构来说，付出了大量成本培养出来的优秀人才被跨国公司挖走，不仅浪费了教育资源，也降低了可持续发展的能力。

4. 人力市场效应

跨国公司在华研发投资的人力市场效应主要体现在两个方面：一方面，跨国公司在华研发投资带来了先进的技术和管理机制，改善了中国的人力资源结构；另一方面，由于跨国公司在华研发机构多分布于东部经济较发达地区，拉大了中国东部与西部间的人力资源差距。

（1）正面效应

跨国公司在华研发机构雇佣中国的技术人才，既利用了高素质的人才、充分体现了人才的价值，又节约了其人力成本、及时利用了东道国的技术发展成果。同时跨国公司给予优厚的报酬和良好的工作环境，增加了对其他优秀技术人员的吸引，使许多海外留学人员回国工作，中国的整体人力资源状况得到提升。而在人才的应用过程中，跨国公司通过完善的培训体系、优越的研发环境也促进了中国人才队伍的成长和壮大。在跨国公司研发机构的运作过程中，中国员工从事科学技术研究、开发、创新与管

① 樊增强．跨国公司 R&D 国际化及在华 R&D 投资研究［M］．北京：中国社会科学出版社，2008.

② 葛顺奇．激励措施及其对吸引外资的影响［J］．国际经济评论，2006（3）.

理，可积累大量经验和知识技能，成为未来的高素质知识工作者，从而使新人才不断产生，并被继续培养成高级人才，有利于中国整体人才素质的提高①。

（2）负面效应

研发人力资源地区分布不均衡因外资的介入愈发恶化。跨国公司在华的研发机构主要集中在北京、上海、广州、深圳、天津、苏州等人力资源较为优厚的经济中心城市及周围，北京和上海最为集中。跨国公司在华研发机构的分布状况在促进中心城市人才吸引力增强，人才向东部经济较发达地区聚集的同时，进一步加大了中国东部与西部人力资源差异，不利于中国人力资源市场的均衡发展，加剧了东西部的发展不平衡。

四、政府政策层面的互动发展

在跨国公司研发投资和区域自主创新的互动发展过程中，中国各级政府主要通过制定激励性和规制性的公共研发政策或制度，对区域内创新主体要素（企业、学校、科研机构和中介服务机构等）的经济活动进行监督和管理，保证区域经济的协调发展。其达到的理想互动状态是，国内完善的制度环境、良好的基础设施、规范的中介服务吸引跨国公司在华研发投资，促使研发活动高效运行；跨国公司在华研发投资对中国区域制度环境、基础设施和中介服务优化产生了积极影响。目前看，中国区域政策环境在研发创新方面的体制还不够完善，制约了跨国公司在华研发投资的进一步发展，也影响了区域自主创新的建设。

1. 实现路径

（1）激励性研发政策

主要是指中国各级政府向进行研发活动的跨国公司提供具有经济优势

① 齐玮．跨国公司研发本土化与我国技术创新对策研究［J］．黑龙江对外经贸，2010（8）．

的政策制度。这些政策有助于提高跨国公司的投资收益率，降低生产成本和市场风险，鼓励其按照中国政府所期望的方式进行经营，例如吸引新的外商研发投资到特定地区（区位激励），或促使当地的跨国公司承担相应的培训、研发和出口功能（行为激励）①。激励性研发政策主要有如下三种：

第一，财政激励。财政激励包括各种税收规定，总体目标是降低外商的税收负担，如对外商研发投资实行低税率，或者专门针对一些特定行业或特定厂商实行特殊税率。财政激励措施又可以按照不同的税收基础分类，如所得税、资本税、劳动力税、销售税、增值税、进出口税等②。对于跨国公司的研发活动来说，最具激励意义的税收措施包括关税、营业税和所得税减免及抵扣。根据原外经贸部《关于外商投资设立研发中心有关问题的通知》，关税减免主要包括对符合规定的进口自用设备及其配套技术、配件、备件免征关税和进口环节税，对符合规定的向境外支付的软件费免征关税和进口环节增值税，对符合规定的跨国公司研发机构常驻人员的自用设备免征关税和进口环节税；营业税减免主要是外商投资设立的研发中心自行研发技术的转让收入免征营业税；所得税抵扣主要是指跨国公司研发机构各项研究开发费用年实际增长幅度如果达到一定数目，可按相关规定抵扣一定额度的应纳税。

21 世纪初，上海市政府颁布了两部鼓励跨国公司设立研发机构的政策，即《关于外商投资设立研究开发机构的暂行规定》和《上海市关于鼓励外商投资设立研究开发机构的若干意见》，明确了免征地方税、增加研发费用由税前列支等举措，并提出政策补助，成立专有资金对跨国公司无偿补助等。③ 上海正借此吸引更多的外资研发中心落户，配置更多的全球创新资源，体现全球影响力。2017 年 10 月，上海市政府出台进一步支持

① 田贵明．跨国公司对外直接投资与东道国激励政策竞争［M］．北京：中国经济出版社，2003.

② 翟娟华．对外直接投资中跨国公司与东道国政府的关系分析［D］．山西大学，2004.

③ 杨晔，朱晨，谈毅．上海鼓励设立跨国公司研发机构政策研究：历程、理论与措施［J］．科技进步与对策．2017（1）

外资研发中心参与科创中心建设16条措施，鼓励外资研发中心参与中国重大项目研发、合作设立国家级技术中心和参与政府科技计划项目。

为鼓励跨国公司在京自建或共建研发机构，北京市出台了一系列优惠政策。例如外资研发机构在采购国产设备时可享受相关税收优惠，跨国公司在京设立的地区总部及其研发机构自建或购买办公用房可享受一次性补助等。同时，北京市还推动外资研发机构与国内科研机构进行产学研合作，力促其科研成果产业化。2018年发布的《北京市人民政府关于扩大对外开放提高利用外资水平的意见》提出，要落实好外商投资企业享受研发费用加计扣除等优惠政策，改进外商研发中心认定工作，被认定的外资研发中心采购中国生产的设备可享受全额退还增值税等优惠政策。

广东省2017年出台的“外资十条”涵盖市场准入、政府奖励、用地保障等十个方面，在财政支持上明确提出对投资20亿元以上、符合投资强度要求并完成供地手续的重大外资项目，将全额奖励用地指标；2017-2022年间，对被认定为省级新型研发机构的外资研发中心最高资助1000万元。

第二，金融激励。金融激励涉及优惠信贷和金融市场，包括对跨国公司研发活动以低于竞争性市场的利率提供贷款、提供金融担保以承担投资风险、以货币支付方式提供资助或补贴等。通常情况下，以货币支付方式提供的现金资助或补贴取决于投资的数额或性质、投资雇佣当地人数、使用工艺等①。例如，苏州市规定，对新建的研发机构，根据投资数额，给予30万~100万元的资金资助。

广东省的“外资十条”提出，广东省在自贸区内推出金融方面多项创新试点，支持外资企业在区内和境外发行债券。知识产权质押融资试点是最新亮点之一，广东省鼓励推广“贷款+保证保险/担保+财政风险补偿”专利权质押融资模式。事实上，在华进行研发投资的跨国公司大都实力雄厚，传统金融政策对这些企业整体吸引力有限，而随着对国内研发投资的

① 翟娟华. 对外直接投资中跨国公司与东道国政府的关系分析［D］. 山西大学，2004.

转向，很多针对跨国公司研发投资的金融激励政策停摆。例如，2009 年发布的《上海市鼓励跨国公司地区总部发展专项资金使用和管理试行办法》提出，不再对跨国公司研发总部实施大范围的资金支持计划，而是针对有利于本土经济发展、产业升级的重大民生工程与创新计划实施资助，并严格控制资助范围与力度①。广东省的一些创新金融激励政策，既能够提高研发机构积极性，也有助于发挥资金效率，提升金融支持有效性。

第三，其他激励。其他激励大多是通过实物或价格优惠实现，包括基础设施补贴、市场优先（授予垄断权、禁止后来者进入市场、优先政府合同、不引进进口竞争等）、服务补贴（向跨国公司提供融资服务、市场信息、原材料供应，为开发新技术或提高质量控制的培训或再培训提供帮助等）、外汇优惠待遇（准许外商在受外汇管制的外汇市场上购买外汇）等。② 例如，无锡市规定，对科技孵化期内企业购买高新区内厂房的，按照当年度高新区管委会标房售价或租金标准，给予相当于所支付房款的 10%支持；以科技资金专项补助、新增投资部分银行贴息等形式予以支持。土地资源、知识产权保护等举措也是跨国公司对华研发投资格外看重的因素。广东“外资十条”增加了“全额奖励用地”条目。上海在知识产权开发与保护方面走在全国前列，外资研发机构开发的高新技术成果，如果进行产业转化，经上海市高技术成果转化服务中心认定，与国内研究机构一样可享受有关优惠政策；外资研发机构在中国申请专利，可享受上海市有关资助政策，对知识产权开发有突出贡献的研究人员，和国内研究机构一样均可获得上海市政府的嘉奖③。

激励性的研发政策旨在鼓励跨国公司参与国家或地方的科技项目、与本土科研机构进行合作研发、与本地高校联合进行人才培养、在区域内转

① 杨晔，朱晨，谈毅. 上海鼓励设立跨国公司研发机构政策研究：历程、理论与措施［J］. 科技进步与对策. 2017（1）

② Streeten，P. The Theory of development policy，in Dunning，J. H，Economic Analysis and the Multinational Enterprise，London. 1974：252-279.

③ 王健. 国内外促进外资研发机构的技术溢出政策及其对北京的启示［J］. 科技智囊. 2008（5）

让技术成果，这些政策和措施有利于减少跨国公司的研发成本，提高研发效率和科技成果转化率，促进高技术人才的流动，对增强跨国公司的国际竞争力有重要意义。为进一步深化互动，提升企业知名度和企业形象，跨国公司加大了对中国区域的研发投资规模，扩大了技术溢出效应，增强了区域创新主体的创新能力，优化了产业结构，使区域创新体系整体水平得到大幅提升。

（2）规制性研发政策

主要指中国各级政府向外商研发投资企业提供的制约跨国公司进行负外部性研发活动的政策制度。这些政策旨在协调跨国公司和区域自主创新因为利益不一致而导致的互动发展不充分现象，将跨国公司跨国并购产生的对中国区域研发人力资本和环境的损害、市场结构的反竞争效应、市场支配权的滥用、恶性竞争局面的形成、资本流动和资源转移的净损失等负面影响降到最低，从而使互动的正效应大于负效应。政府针对跨国公司研发活动的规制政策主要包括：

第一，进入（退出）规制。包括对外国投资者设立进入及成立条件、进入部门限制、经营条件、经营年限等进行严格的审查认证，并承担相应的供给责任，不能自由退出。如商务部在2010年颁布的《关于下放外商投资审批权限有关问题的通知》，规定《外商投资产业指导目录》鼓励类产业、允许类产业（如农业综合开发、生物医药、电子设备、节能环保等项目）总投资不能超3亿美元，限制类产业（如农作物新品种选育生产、稀有金属的研究开发等项目）总投资不能超过5000万美元，而禁止类产业（如农林牧渔业珍贵优良品种、武器弹药制造等项目的研发），则不允许外商进行研发投资。另外，根据投资的不同行业和项目的具体情况，除国务院特殊批准外，跨国公司投资的经营期限一般为10~30年，最长不超过50年。

第二，所有权和控制权规制。指在研发活动中对跨国公司的所有权与控制权进行限制。对于允许外商进行研发投资的行业，政府会在一定程度上限制跨国公司的所有权和控制权。这种规制措施不仅可以减小跨国公司研发造成的挤出效应，而且能调节区域创新主体的恶性竞争效应，促使跨国公司研发机构尽快融入区域创新系统。根据不同行业重要性和行业特征差异，各级政府对跨国公司研发投资的所有权和控制权的限制程度也有所不同。比如，跨国公司在采掘矿产资源、稀有品种研发等经济活动上大多限于以合资和合作形式进行联合开发。

第三，对跨国公司研发行为的规制。主要包括对以下几个方面的研发活动进行规制：资金流动行为，如在当地采购、利润和资本外逃、投融资决策等；研发人力本土化行为，如聘用和训练本土研发人员的就业水平、授予劳工工会权利等；技术转移行为，如设立研发机构、区域主体获得技术的种类和途径等；此外，还有如竞争形式、股权结构、对研发基础设施的使用、环境保护、企业社会责任等行为。[①]

规制性的研发政策可让跨国公司研发机构随时接受政府监督，并将其纳入依法经营的范围，控制其进入自然垄断领域和存在明显信息不对称的部门（如金融、保险）的企业数量和研发行为的外部不经济效应，以保证区域研发环境的安全和便利，防止过度竞争，降低不确定性和风险。跨国公司研发活动在规制政策的限制下，更好地帮助区域创新主体加入全球化进程，获得更多的全球化利益，促进区域经济的发展和区域创新能力的提高。

2. 总体特征

（1）静态特点：支持互动的政策区域差异化

跨国公司的研发活动不仅通过技术转让、人才流动等方面使中国区域经济得到发展，也通过研发活动的知识溢出效应使区域自主创新能力得到改善。同时，区域研发政策也对跨国公司的研发行为进行了鼓励和规制，促使其尽快融入区域市场，全面带动跨国公司和本土创新主体的创新能力。然而，中国地幅辽阔，不同省市拥有不同的地理环境、经济文化和政策制度环境，使得跨国公司研发活动在不同区域呈现出不同的特征。区域

① 杜厚文．面向21世纪的中关村经济［M］．北京：人民出版社，2000.

研发政策是根据跨国公司研发战略调整、本地研发环境变化而调整的，区域研发政策的变化能反映出跨国公司研发和区域自主创新在不同地区互动发展的过程。1999年，财政部和税务总局出台了《关于贯彻落实〈中共中央国务院关于加强技术创新，发展高科技，实现产业化的决定〉有关税收问题的通知》①，明确规定外商投资企业和外商设立的研发中心可享受技术转让的营业税减免、自主研发经费支出享受所得税抵扣，享受《国家高新技术产品目录》规定的进出口设备关税优惠。此后，作为外商研发投资主要目标区域的北京、上海、江苏、广东、福建等省市及各开发区纷纷出台了相应的政策规定，对跨国公司的研发活动给予各方面的支持。

在已出台的研发政策文件中，不同区域既有相似点，也有差异点。相似点在于这些区域均接近区域总部和生产基地，区域内研发的关联性机构较多，对跨国公司在本地设立研发机构持鼓励态度，给予了税收减免（包括关税、营业税和所得税等）、研发人员引进及管理和知识产权保护等方面的优惠政策。差异点在于不同区域的地方政府结合本地情况，在国家颁布的跨国公司研发鼓励政策基础上进行创新和拓展，加大促进跨国公司和区域自主创新主体互动方面的政策力度。例如，北京作为中国的政治和文化中心，知识和信息获取的速度最高，外资政策相对完善，不仅对跨国公司的研发活动降低各项税费，也对相关研发人才福利待遇、科技项目承接、联合办学等事项予以鼓励性的规定；上海是中国的经济中心，由于地理位置临海，专门对与跨国公司研发机构运营密切相关的出入境、海关退税等行政服务做出具体规定；广州和福建作为对外开放的第一批省市，与跨国公司博弈经验丰富，对跨国公司研发项目的质量和数量要求较高，高度注重科研成果转化率和本地研发能力的提升，对外商独资化进行一定规制，鼓励区域创新主体与跨国公司合作研发；江苏省是长三角经济体的重要组成部分，经济水平较高，对跨国公司研发机构的财政激励措施力度很大，同时也在省内众多高新区内将跨国公司研发机构纳入公共财政计划，

---

① 武汉市国家税务总局课题组．税收政策支持高新技术产业发展的调查与思考——关于武汉市东湖高新技术产业发展的调查［J］．税收征纳，2002（12）．

鼓励高新区企业、科研机构等与跨国公司研发机构共同发展。这些地方政府出台的政策文件，对鼓励跨国公司研发投资的政策进行了更为具体和明确的拓展，使跨国公司在华研发投资和区域自主创新互动呈现出差异化的区域特点。

（2）动态特点：深化互动的政策成效扩大化

给跨国公司在华研发带来的主要成效：一是人才集聚效应得到增强。目前，跨国公司研发机构的研发人员主要由本地员工和留学归国员工组成，外籍员工所占比例很小。据杜德斌（2009）对在华跨国公司研发机构的人员配置分析表明，上海的跨国公司研发机构有95%以上的员工是从国内招聘，且在来自国内的研发人员中，有一半以上是来自上海以外的全国其他地方；浙江省、福建省和天津市跨国公司研发机构的国内研发人员分别是97.7%、99.2%和93%。① 二是创新效益得到扩增。各级政府对跨国公司研发机构给予了土地、税收等方面的财政补贴，使跨国公司增加了研发机构的数目和规模，根据规模经济效益，跨国公司研发创新活动的长期平均成本下降，导致经济效益提升。此外，政府对于中介服务和基础设施的改善措施也为跨国公司研发投资节约了交易成本和服务成本，为研发效率的提升营造良好的外部条件，间接促进了创新效益的提升。

给中国区域自主创新带来的主要成效：一是产业结构得到调整和升级。跨国公司研发机构通过针对区域市场的适应性开发和一些创新性研发加速了区域内产业流程升级和产品升级，也帮助产业职能由装配转向研发、设计等知识基础性活动。另外，除了吸引外商直接投资的区域内产业得到了发展，其他关联产业也获得了很大提升。跨国公司进行本地化研发的科技成果会带动上下游产品的开发，为产业和工艺的创新提供动力和条件，对区域内产业技术水平的提升和产业结构调整产生影响。二是国际竞争力得到提高。跨国公司在中国设立的研发机构大多是附属于企业的科研部门，科研活动的主要职能是开发区域内的消费市场。研发机构将母公司

① 杜德斌．跨国公司在华研发：发展、影响及对策研究［M］．北京：科学出版社，2009.

先进的技术、软件、管理经验等转移到中国，并基于区域研发政策对跨国公司使用本地研发人才、基础设施的比例要求以及跨国公司本地化研发战略的要求，在研发活动中加入本地的技术力量，使区域创新主体在与跨国公司研发机构的合作研发中得到与国际市场接触的机会，缩短与国际水平之间的差异。这个过程中中国政府也通过促进跨国公司研发机构与区域自主创新主体的合作及合资研发项目的支持，使区域市场得到更多先进理念和高新技术的学习机会，增强区域自主创新主体的国际竞争力①。

3. 障碍误区

政府在制定关于跨国公司研发政策时存在一些问题和误区，使跨国公司研发机构在与中国区域自主创新的互动发展中遇到阻碍。突出表现在：

（1）研发活动定位不明

研发活动和其他经济活动相比具有一定的特殊性、不确定性和风险性，集中表现形式就是研发活动的正反馈机制作用（多种平衡、可能的低效率、路径依赖和锁定）明显②，需要政府制定专门的产业政策和发展规划进行调控和引导。但长时期内这一引导机制并不完善，在很大程度上制约了跨国公司研发机构的发展。

（2）研发政策执行不力

除部分发达省市外，中国大部分省市针对跨国公司研发投资的政策不系统，散见于鼓励外商投资或促进高新技术产业发展的各项政策中。国家和地方政府的政策冲突时有发生，涉及管理跨国公司研发活动的文件和部门多而杂，在现行管理体制下很容易产生政出多门、分工不清的问题，缺乏协调性与严密性，难以发挥政策环境的整体支持作用。

（3）相关法律不透明

中国的法规复杂，很多没有英文对照，即使有也存在表述不够清楚的

① 夏光．校区、园区与社区“三区联动”自主技术创新的模式、机制及实证研究［D］．上海交通大学，2007.

② 杜厚文．面向21世纪的中关村经济［M］．北京：人民出版社，2000.

问题。根据世界贸易组织的要求，成员国须建立查询机构以便及时为企业提供各种法规、技术标准和合格评定程序等服务。然而中国很多地方仍然依靠政府提供此种服务，跨国公司对政策的查询和了解多有不便。另外，有些政府部门在办事效率和工作态度上也存在一定问题，降低了跨国公司研发活动的效率。

（4）重激励轻规制

表2-2中2006—2016年各国投资政策的统计数据显示，限制性措施较前几年所占比例增大，但由于世界经济持续不确定、金融市场动荡，增长趋势有所波动。发展中国家、转型经济体与发达国家相比，出台的新限制条件和监管措施的比例大致等同。这说明，各国除了继续将松绑和促进外国投资作为经济增长的手段之外，更着重加强对外资的监管。所以，为适应世界经济环境的变化，增强国际竞争力，推动本国经济和自主创新能力的长远发展，中国政府须将政策重心从重激励轻规制转移到激励与规制协调发展。

（5）不再将单纯的优惠政策作为投资刺激

跨国公司研发活动带来的外部经济效应引起了地方政府相关政策的激烈竞争，这种竞争意味着政府支付给跨国公司研发的成本越来越高。这种成本的增加不仅使区域经济效益减少，也为跨国公司研发区位选择带来困扰。跨国公司为加入全球价值链，更加重视对市场和所有权的追求，重视长期的战略回报，更多地要求区域研发环境的稳定性、市场容量和工业化程度等。而地方政府的各项优惠政策让外商产生选择困难，往往担心这些政策能否落实到位、是否在其他地区会有更优惠的政策，等等。所以，地方政府在调整研发政策时，不应盲目地“随大流”，而要针对跨国公司研发机构的真正需求和本地的经济文化特点来制定。

表 2-2　2006—2016 年各国规制措施数量调整　　（单位：项）

项目＼年份	2006	2007	2008	2009	2010	2011	2012	2013	2014	2015	2016
发生变化的国家数	70	49	40	46	54	51	57	60	41	49	58
规制调整数	126	79	68	80	116	87	92	88	74	99	124
利于投资的调整	104	58	51	61	77	63	65	64	52	74	84
不利于投资的调整	22	19	15	24	33	21	21	21	12	14	22
中性/不确定的规制调整	0	2	2	4	6	3	6	3	10	11	18

资料来源：联合国贸发会议，《2017 年世界投资报告》。

五、中介组织层面的互动发展

中介服务机构，是促成个人、企业、机构之间创新要素流动的载体，是实现区域创新主体与跨国公司在华研发机构互动发展的平台。中介服务机构已成为跨国公司在华研发投资与中国区域自主创新互动发展的重要结点，对于促进双方互动发展起着不可忽视的作用。随着跨国公司研发机构数量的不断增多，其知识外溢与技术扩散的可能性也不断增加，作为区域自主创新主体的当地企业，有必要克服自身研发水平较低，知识、技术吸收能力不足等缺陷，借力中介服务机构，实现与跨国公司研发机构的有效互动。

1. 作用机理

（1）集聚效应+互动平台

要素禀赋理论指出，利用自然资源优势发展区域经济是形成传统产业集聚的原始动力。而对科技产业来说，拥有技术知识信息等资源的地区更具吸引高技术产业的区位优势①。中介服务机构通过自身的专业化服务吸引外界的资金、技术、人才等资源，并促使其在集聚区内外自由合理地流动交换，从而使之拥有动态的核心竞争优势。一方面，中介服务具有产业集聚效应。中介服务机构，如高科技园区企业孵化器等，为技术创新活动提供场所、设备和公共服务区域，使高科技企业衍生出许多中小科技企业形成企业集群，从而为跨国公司研发与区域自主创新互动提供空间。这类中介机构是知识与技术供给方与需求方之间的桥梁，通过向双方提供信息、交易场所、融资服务、咨询服务等方式，促进知识和技术的转移和扩散。另一方面，中介服务具有人才汇聚功能。如科技人才市场可以迅速满足科技产业集聚对人才的需求，减少企业搜寻和招聘人才的成本，促进人才流动，有效解决区内科技人才流动与“流失”之间的两难矛盾，并为科技人才提供优越的创业环境，为其搭建发挥才干的舞台。再者，能够构建互动平台，依托高校、科研院所等研发能力突出的社会技术力量，帮助区域创新主体与跨国公司研发机构开展技术委托、技术合作、成果转让等技术创新合作，使区域创新主体更加有效地利用外部的技术、信息、资金和人才②，为区域创新主体与跨国公司研发机构之间的联系合作进行资源的整合与组织的协调，创建研发网络平台，改进研发平台服务。中介服务的网络化能够提升研发平台的服务质量。单个中介服务机构所涉足领域能够获得的有效信息是有限的，对于瞬息万变的信息，即便是由中介服务传导也会产生大的误差，从而使原来符合市场要求的科技成果错过了商品化有利时机。“中介服务机构之间没有联系就有可能出现重复投资、重复建设的现象，给整个中介服务业带来人力、物力、财力上的极大浪费，不利于中介服务业的整体发展。”③ 中介研发网络的形成不仅可以实现信息和资源的共享而且可以加强科研过程中各个环节之间、各个组织之间的联系，提

---

① 赵琨．科技中介与科技产业集聚互动作用的量化研究［D］．山东科技大学，2005.

② 丰志勇．基于科技中介服务机构的产业密集区技术扩散研究［D］．华东师范大学，2006.

③ 边伟军，罗公利．我国科技中介机构的影响因素与对策研究——基于山东省调查问卷的分析［J］．经济问题，2009（7）.

供更有深度和广度、时效性更强、准确性更高的科技服务。[①]

（2）合作路径+互动渠道

其一，通过建立研发联盟，实现区域自主创新需要各个主体之间的信息交流与合作[②]。利用中介服务机构，实现合作创新，整合研发中心与本土企业的资源，形成国际研发联盟。本土企业实现技术引进，需要与跨国公司研发中心取得联系。中介服务机构作为连接研发中心与本土企业的桥梁，是实现良性循环的基础。[③] 高科技园区就是一种中介服务形式，为本土研发企业与跨国公司研发机构联合研发提供空间。徐顽强和刘毅（2005）指出，高科技园区的各创新主体之间通过建立网络联系，可以突破自身组织的边界，利用彼此的互补性相互渗透，从而使蕴含先进技术的信息在网络上迅速扩散，使创新资源在流动中重新优化组合。即跨国公司研发机构与本土企业通过高科技园区，产生合作关系、形成研发联盟，通过双方的协同研发，产生大量的技术创新。网络联系渠道越密集，创新主体之间的资源共享机会就越多，创新信息交流和碰撞的机会就越多，创新平台运转的效率就越高。[④] 其二，形成战略生态系统。中介服务能够促进跨国公司研发机构与区域创新主体的良性互动关系，最终会使之形成一个共生共存、协调发展的战略生态系统。通过中介服务机构的有效运作，将需求与能量释放对接，以满足各方要求，从而构成互动合作的意愿。例如，中国的大学科技园区，集人、财、物三方面优势，为科技创新提供技术研发和转化的平台，并带动依托大学的发展。

（3）对接主体+传递信息

在跨国公司研发与区域创新主体的互动过程中，本土研发企业面临的首要问题是：引进什么样的技术，引进的技术是否合适，引进后能否消化吸收，引进技术会产生多大的效益。首先，中介服务机构在为本土企业选

---

① 徐顽强．区域创新与科技中介服务体系建设［M］．北京：人民出版社，2007.

② 丰志勇．基于科技中介服务机构的产业密集区技术扩散研究［D］．华东师范大学，2006.

③ 肖文，林高榜．跨国公司 R&D 国际化与中国自主创新［M］．杭州：浙江大学出版社，2011.

④ 徐顽强，刘毅．高科技园区创新平台的运作过程分析［J］．管理学报，2005（2）.

择合作对象时，会注意与本土企业现有技术条件相适应，使技术引进产生“共振效应”；其次，中介服务机构还可以从宏观层面综合考虑中国的资源条件，寻求与中国资源条件相“匹配”的适用技术，兼顾可持续引进；最后，为了提供可持续性服务，中介服务机构不仅为本土企业提供引进生产制造技术的平台，还引进包括组织管理技术和市场营销技术等复合式技术。

对于跨国公司研发机构而言，中介服务机构的专业化服务，能够为其成功匹配本土研发企业，从而节省成本；中介服务机构以其拥有的智力、知识和信息，协调各方利益关系，为供需双方提供各种形式的服务，减少各自的交易成本，最终达成交易来满足企业在技术创新过程中对降低信息成本和制度成本的需求①。跨国公司研发中心获取并传递技术信息的途径与方式有很多，科技中介服务机构作为新技术扩散的有效途径之一，具有其他途径所不具备的优势。一方面，可以克服新技术信息传播扩散失真的弊端；另一方面，可以克服新技术信息扩散中人际交往随意性的弊端②。

中介服务机构介入研发机构的市场交易，可以满足跨国公司在华研发机构对交易经济性的需求。交易经济性可分为直接与间接两种：直接的经济性包括避免重复活动所带来的交易成本节约；人力资源业务技能提高带来的交易成本降低；减少其他人对有关物质资源和人力资源的占用。间接的经济性包括促进技术进步和获得分工的好处等。正如新兴古典经济学比较静态分析所认为的，“市场上自利行为交互作用形成的最重要的两难冲突是分工与交易费用之间的矛盾。”而在市场分工的作用下，中介服务机构承担了研发机构创新的辅助业务，减轻了研发中心的业务负担，使其全心投入研发创新工作，既节约了成本，又提高了效率。

（4）提升实力+优化互动

一是提升跨国公司研发中心实力。中介服务机构可以通过提供信息、技术、管理、法律、融资等方面的有效服务和专业化支持，解决跨国公司

---

① 丰志勇．基于科技中介服务机构的产业密集区技术扩散研究［D］．华东师范大学，2006.

② 丰志勇．基于科技中介服务机构的产业密集区技术扩散研究［D］．华东师范大学，2006.

研发中心信息不对称、文化融合不畅等离岸研发困境，并形成区域创新网络，为其节约成本、提供便利，提升比较优势和竞争实力。二是促进跨国公司研发中心溢出效应。中介服务机构在信息、技术、管理、法律、融资等方面的有效服务和专业化支持，可以促使跨国公司研发机构实现技术扩散，从而为区域自主创新注入活力，同时给跨国公司带来收益。跨国公司在进入中国的早期，基本从事适应性研发，随着中国经济实力的增强、研发能力上升，跨国公司在华研发中心开始承担基础性或先导性研发活动，中国成为一些世界领先技术的策源地①。总的来看，技术能力的升级，对中介服务机构提供更加完备、全面服务的要求更为迫切②。三是增强吸收能力。一般而言，本土企业实现自主创新的规律即两个循环，一个是内向循环：技术引进→消化吸收→技术创新→生产运用→国内扩散→技术提高→再技术引进；另一个是外向循环：技术引进→消化吸收→技术创新→生产运用→出口创汇→再技术引进③。这两个循环过程相互影响、相互渗透，形成了技术引进交叉循环的动态过程。两个循环进展如何，起决定性作用的有三个环节，即技术引进、技术创新与技术扩散④。中介服务机构在本土企业自主创新过程中，起着产生集聚效应、提供合作交流平台、缩小技术差距、促进消化吸收的功能。技术创新要求创新者必须以市场需求作为技术创新的出发点，从市场中获取知识，给新产品定位，进行技术创新；通过技术创新开拓市场，改变和创造需求，通过市场实现良性循环。

2. 障碍突破

中国科技中介服务业始于20世纪70-80年代，伴随对科技创新的日

---

① 周立群，李伟华，李京晓．科技中介机构功能完善和体系构建研究［J］．天津社会科学，2012（1）．

② 李文元．科技中介机构功能完善和体系构建研究［D］．江苏大学，2008．

③ 肖洪钧，张薇．技术引进、创新和扩散的双向循环——论我国的“技术与市场联动”策略［J］．中国软科学，2001（5）．

④ 肖洪钧，张薇．技术引进、创新和扩散的双向循环——论我国的“技术与市场联动”策略［J］．中国软科学，2001（5）．

益重视，各类科技中介服务机构发展迅速，具备了一定规模和服务能力。近年来，由于“大众创业、万众创新”的社会氛围以及国家创新驱动发展战略的稳步推进，中国的生产力促进中心、各种类型企业孵化器的数量已超越美国，跃居世界首位，截至2016年，中国科技企业孵化器数量已达3255家，但总体上看，发展仍处于起步阶段，其业务范围有待扩展、业务水平有待提高、业务标准有待规范。由于中国科技中介服务的国际化程度较低、信用评估体系不健全，其与跨国公司研发中心的业务往来并不密切，科技中介服务机构与研发中心的互动效果并不明显，难以满足跨国公司研发机构了解本土市场、开展研发合作、实现研发全球化战略的目标；由于中国科技中介服务功能缺位，服务水平、服务质量和人员素质偏低，在与本土企业的业务往来中，发挥的作用有限，难以达到提供优质合作平台、提升本土企业研发水平、促进区域自主创新的目的。制约中国中介服务业发展的主要障碍表现在以下方面：

（1）互动机制不完善

章文光和王晨（2014）通过构建评价跨国公司研发投资与中国区域自主创新互动情况的指标体系，利用北京、上海、江苏、广东四地1999—2008年十年的面板数据，对跨国公司在华研发投资与中国区域创新系统互动进而提升区域创新能力的假设进行实证检验，检验结果显示：中介服务互动指数（外资企业研发经费中金融机构贷款金额占全部企业比重、外资企业科技中介服务支出占全部企业比重）的年度波动很大。这在一定程度上说明，虽然跨国公司研发投入的资金规模和人力资本在四个地区都较为稳定，但尚未与区域自主创新形成稳定的互动机制，跨国公司研发受随机因素的影响较大，如果某一年份一个或一些跨国公司得到了一笔大额银行贷款或政府拨款，或达成了一项大额技术交易，则该年份的互动得分会非常高，反之则非常低。这说明中国科技中介服务与跨国公司研发尚未形成稳定的互动发展机制，波动性、随机性较大。

（2）国际化程度低

中国科技中介服务机构的业务大都在国内开展，少有进入国际市场。

无论是中介服务机构的发展目标、规划，还是机构内的专业人才包括外语人才，以及与国际相关机构和人员的联系等，都比较欠缺；大多数科技中介服务机构对国际惯例不熟悉，难以与国际接轨①，跨国公司研发中心更偏向选择国外科技中介机构的服务。这一方面使得中国科技中介服务业在国际市场上难以占据一席之地，无法与国际同行形成有效竞争；另一方面使得中国科技中介服务机构业务范围狭窄、科技成果转化率不高、业务水平难以提升。

（3）信用评估体系不健全

中国在信用制度方面的建设非常薄弱，政府信用、商业信用以及个人信用都比较脆弱，致使跨国公司研发机构在同科技中介服务机构打交道时存在矛盾心理：一方面，跨国公司研发机构急需了解当地的市场状况，对科技中介服务机构有迫切需求；另一方面，由于中国信用体系不完备，跨国公司研发机构感到合作风险较大，持谨慎态度，这严重制约了科技中介服务机构的发展②。例如，经济鉴定类中介服务机构过多、过乱，一些主管部门自立门户，自定资格考核，形成“资格遍地，证出多门”的不规范格局，一些中介服务机构用回扣、好处费等方式骗取认证资格③，使得跨国公司研发中心难辨中介真伪，不敢贸然与之开展业务。

（4）功能缺位

肖文和林高榜（2011）通过对中国30个省份样本进行检验，分析各项溢出渠道对中国自主创新的影响。检测发现技术引进合同渠道的海外研发资本的知识溢出对TFP、技术效率转化和技术进步变化的作用不显著，不能构成对自主创新的溢出作用。④ 即跨国公司研发过程中的知识溢出，

---

① 邹樵，陈建洪．高新区科技中介发展的国内外比较与借鉴［J］．现代商业，2011（9）．

② 吴华，王超．我国科技中介服务体系建设中的制度障碍分析［J］．科技情报开发与经济，2005（4）．

③ 杨稣，贾明德．关于我国科技中介服务体系的创新与发展［J］．西安电子科技大学学报（社会科学版），2004（12）．

④ 肖文，林高榜．跨国公司R&D国际化与中国自主创新［M］．杭州：浙江大学出版社，2011.

未被本土企业有效吸收，主要原因在于科技中介服务机构的功能缺位，导致技术引进合同市场的成交金额较小，本土企业获取海外研发资本的知识溢出受合同限制，传播和扩散的范围有限，从中获取的知识溢出无法对自主创新、经济增长产生明显作用。由于中介服务的功能缺位，使得贯穿于科技成果推广始终的投资主体、研发主体和产业化主体之间出现职能断裂，直接阻碍了科技成果的推广和转化。截至2016年，中国科技成果转化率仍然不足30%，而发达国家的科技成果转化率达到50%以上，这种困境直接造成了国家前期资源投入得不到应有的收益，一些本来很有市场价值的科技成果，受诸多条件的限制而无法形成畅通的供求链条，不能形成产业化，无法有效应用到实践中。

（5）服务质量和人员素质偏低

由于中国的中介服务业起步较晚，而且一些科技中介服务机构是从政府部门中分离出来的，在运营方式上遗留有行政机关的烙印，存在着机制不活、人浮于事的弊病，对政府依赖性强，服务内容单一、系统服务能力不足。有些机构缺乏清晰的业务定位和核心竞争力，专业化水平低，无法满足跨国公司研发部门的综合要求，多数科技中介服务机构尚未创出品牌，没有形成专业化分工和网络化协作的服务体系①。此外，科技中介服务业人员数量不足、专业素质不高的问题也比较突出。由于科技中介服务人员大多是从研究所、设计院、大学、信息分析部门等转化来的，尽管其学历、技术职称层次较高，但是相当部分从业人员专业能力、知识背景比较单一，市场观念、系统观念和实战能力不强，服务经验不足②，很难满足跨国公司研发中心的高标准、高技能、前瞻性、创造性的需求。

3. 保障机制

依靠建立服务机构、完善市场机制、整合人才资源三方合力，共同实

① 杨稣，贾明德. 关于我国科技中介服务体系的创新与发展［J］. 西安电子科技大学学报（社会科学版），2004（12）.

② 程琦. 我国科技中介组织的管理模式研究［D］. 华中科技大学，2006.

现跨国公司在华研发投资与区域创新中介层面的互动发展。

（1）规范引导中介服务机构发展

首先，要营造有利的法制环境，实现“自律”与“他律”相结合，充分发挥政府和行业协会的双重作用。对社会和公众来说，行业协会是行业“自律”的主体，对中介组织来说，行业协会的约束是一种外在的“他律”。行业协会的基本功能是认定行业内执业机构和执业人员的资格、建立执业规范、监督中介机构运作、惩处损害行业声誉的行为，同时进行行业内部的组织协调、咨询、培训等工作①。其次，要重点建立由政府部门和民间机构组成的多渠道中介信用评价体系，强化信息披露环节。再次，要借助第三方认证方式，由独立的认证机构对市场中介服务机构信用进行评级；制定有利的政策，激发中介服务机构的积极性，引导各种社会力量投入到中介服务上来。最后，要建立对中介组织的资格认证制度，对中介服务从业人员加强培训、提高素质，在此基础上全面推行从业人员注册登记制度，建立中介服务机构的信用档案记录②。

（2）发挥市场机制的调节作用

中介服务是知识性强、技术含量高的行业，它的发展是与市场经济及现代科技相配套的。在发达市场经济中，政府、中介组织和企业以不同的功能定位促进经济的增长。科技越发达，服务业比重就越大，因此必须提高整个社会对科技中介机构作用的认识，必须把它们上升到与发展中国社会主义市场经济、增强国家综合实力的高度，转变思维方式，摆脱患得患失的消极心态，通过激发市场活力，把市场需求作为中介服务组织发展的根本动力，以面向中小企业（特别是科技型中小企业）技术创新和提高竞争力为主要目的，明确构建中介服务体系的重要任务：通过开展宣传培训，提升服务企业的创新意识，或者通过深度服务增加供给，提高需求与供给的匹配程度，提供适应服务企业需要的特色服务，引发更多的企业需求形成反馈回路，以便有效扩大中介服务体系的市场需求。

---

① 张卫东．区域性科技中介服务网络体系建设研究［D］．吉林大学，2011.

② 杨江婷．广州市科技中介机构发展对策研究［D］．华南理工大学，2010.

（3）培养高素质的中介服务人才

中介服务业是依靠人力资本制胜的产业，对中介服务从业人员的培养是行业发展的关键。一是引进和培育各种人才，可以通过与大学及科研机构互动合作，定制化培养科技中介专业人才和管理人才。科技中介组织既可以与大学及科研机构联合成立人才培养学校，专门培养科技中介组织的技术和管理人才；也可以有选择地与国内外大学科研机构及相关培训学校合作，联合举办各种培训班培养科技中介组织的技术和管理人才，支持在大学和职业院校建立实践基地。二是建立人才激励机制。完善全过程人力资源管理体系，从科技中介组织人才的人力资源规划、人才招聘、培训考核、薪酬中长期激励以及职业生涯规划等方面做好人力资源工作，制定好相应的奖惩标准及措施。三是制定人力资源规划。做好未来科技中介组织人才的需求和供给分析，制定出切实的人才资源规划体系，为未来的科技中介组织的人才政策提供基础。四是提升人才管理水平。一方面要建立科技中介组织人才公共服务体系，建立现代化的科技中介组织人才信息数据网络中心；另一方面，加强有利于培育科技中介组织人才创新的公共设施建设。

第三章　跨国公司在华研发投资与中国区域自主创新互动发展的区域模式

随着经济全球化的不断发展，海外研发投资已经成为跨国公司对外投资经营的重要方面。中国以其巨大的市场、稳定的社会环境、优良的基础设施条件和廉价优质的创新人力资源，吸引了大量跨国公司的进入和跨国公司研发机构的进驻。根据商务部的不完全统计，截至2015年，已经有超过2400家跨国公司在华设立研发中心，其中超过470家为全球500强企业。与初到中国时不同，现今的跨国公司在华研发中心，不再是简单的产品技术应用和本土化，其规模和职能都发生着质的飞越。与之相伴的是，跨国公司研发正在逐渐成为中国区域创新系统的重要组成部分，成为区域创新系统与跨国公司全球技术网络的关键节点。区域自主创新的本土创新主体通过与跨国公司的竞争、合作，进行知识、技术、人才等多方面的互动，改变了区域自主创新格局，提升了区域自主创新能力。

尽管人们认为现代通信技术不断发展正在消解组织和个人活动的地理限制，但与此观点相悖的是，越来越多的研究发现，技术和知识的生产具有很强的区域性，地理距离仍是影响知识的重要因素①。由于知识主要是意会性的，地理距离的增加会加大知识转移和吸收的难度，知识的溢出效应会随着地理距离的增大而递减。在企业技术分享和知识扩散的过程中，空间接近具有必要性，尤其是对越复杂、变化速度越快、越处于研究早期阶段的知识，面对面的交流就越重要。有研究以专利作为衡量知识溢出的指标，揭示了知识扩散与地理距离之间的关系，发现企业之间、企业与公共知识机构之间、专利引用与地理距离之间存在对应关系，也就是在空间

① 楚天骄，杜德斌．跨国公司研发机构与本土互动机制研究［J］．中国软科学，2002（2）．

上接近的机构之间，其知识溢出效应更为明显[①]。因此，从区域视角研究自主创新行为和跨国公司研发溢出效应具有重要意义。

长期以来，跨国公司研发在中国的东、中、西部地区呈现出不均衡的分布状态，不仅在数量和规模上存在区域差异，东、中、西部的跨国公司研发与区域自主创新的联动方式和互动效果也不尽相同。总结跨国公司在华研发与本土创新系统互动的区域模式，并探寻不同区域互动模式形成的机理，可以对中国东、中、西部地区更有针对性地吸引和利用跨国公司研发提供有益借鉴，对促进中国区域自主创新升级具有重要意义。

一、东、中、西部跨国公司研发的现状与特点

从地理分布情况来看，跨国公司在华研发投资活动具有很强的空间集聚性质，呈现出明显的地理梯度分异格局[②]。大多数跨国公司分布在中国东部沿海的大型城市和发达省份，特别是北京、上海、深圳、广州等一线城市，由于其拥有较为完善的商业环境、丰富的技术人才资源和强大的产业力量，吸引了大部分的跨国公司研发。中西部地区一方面自身基础设施和科技发展水平不高，另一方面又面临东部地区的强大竞争，跨国公司研发进入数量较少、层次较低。

2005 年，商务部对 750 余家跨国公司在华研发机构的调查显示，超过 85%的跨国公司研发机构集中在北京、上海、广东和江苏四个地区；有学者在 2009 年的研究显示，全国 1223 家跨国公司研发机构中，东部沿海发达地区占 96%，西部地区 42 家（其中陕西 22 家，四川 15 家），而中部地区仅有 7 家[③]。根据 2016 年的《工业企业科技统计年鉴》显示，中国东部

---

① Maurseth, P., Verspagen, B.. Knowledge Spillovers in Europe: A Patent Citations Analysis [J]. Scandinavian Journal of Economics. 2002 (4): 531-545.

② 张战仁，杜德斌，黄力韵．国际研发投资与我国城市经济发展的空间规律和关联分析 [J]. 经济地理，2010 (3).

③ 张战仁，杜德斌，黄力韵．国际研发投资与我国城市经济发展的空间规律和关联分析 [J]. 经济地理，2010 (3).

地区共有外商投资企业24663家，开办研发机构5777家；中部地区共有外商投资企业2269家，开办研发机构346家；西部地区共有外商投资企业1337家，开办研发机构仅为129家。这其中，上海、北京等经济发达地区又占据了最重要位置。截至2017年年底，外资在沪研发机构累计422家，其中全球研发中心40余家，投资1000万美元以上的占到了120家，研发人员超过40000名，占中国内地外资研发中心总量的四分之一，全国最多；在成果方面，创新类发明创造和实用新型专利占其专利总数的比例超92%。截止2016年，北京市已吸引79家外资研发机构落户，外商独资自建研发机构57家，中外合资共建研发机构22家；外资在京研发机构大多以单纯研发中心的形式存在，大都在跨国公司全球布局中占有重要地位；以往跨国公司在京研发机构的开设，多与生产企业或总部经济紧密联系在一起，近年来专门针对外资在京研发投资促进成为重点。

从研发活动类型来看，东、中、西部三地的跨国公司研发机构也各有侧重。中部地区主要是为跨国公司本土化提供技术支持的研发分支机构，西部地区主要是为西部本地市场进行产品研发和推广的研发分支机构或区域研发中心，东部地区已经出现了不少跨国公司研发中心升级为亚太区域乃至全球区域的重要研究中心，不仅从事面向本土市场或全球市场的新产品研发和试用，也从事重要的基础研究工作。

虽然目前东部地区在跨国公司研发规模和质量上都明显优于中西部地区，但近年来东部地区的商务成本和人力成本逐年上升，而中西部地区人才质量逐步上升，市场规模迅速扩大，且研发成本和商务成本较低，形成了一定的后发优势，吸引了大批跨国公司研发机构入驻和转移，已经入驻的跨国公司研发机构也在不断地扩建和升级。在进入时间、研发规模和研发层次上，东、中、西部具有鲜明的地域特征。东部地区是中国跨国公司研发机构进入最早、数量最多和层次最高的地区；西部地区起步较晚，但后发劲头显著，多围绕本地市场和优势产业展开；中部地区相较而言表现较为平庸，主要围绕本区域的汽车、光电等制造业展开。

表 3-1　中国东、中、西部 2011—2015 年外商投资企业开办研发机构数

（单位：家）

年份/地区	2011	2012	2013	2014	2015
东部	3199	5270	5251	5707	5777
中部	300	288	337	325	346
西部	127	140	153	170	129

注：另本表中数据统计为企业研发机构，指企业自办（或与外单位合办），在管理上同生产系统相对独立（或单独核算）的专门研发活动机构。既包括独立的企业研发中心，也包括企业内部研发分支机构和研发部门，与一般意义上较为独立的跨国公司研发中心的概念存在一定区别，统计口径更宽。

资料来源：根据 2012—2016 年的《工业企业科技活动统计年鉴》整理。

1. 东部地区

东部地区是中国跨国公司研发进入最早、分布最集中和层次最高的地区。

第一，进入最早。1994 年在北京成立的中加合资研发中心，北京邮电大学—北方电讯电信发展研究中心，被普遍认为是跨国公司在华设立的第一家研发机构。在跨国公司进行在华研发布局的初期，受益于地理位置和经济发展的先发态势，东部地区备受跨国公司青睐。绝大多数进入中国的跨国公司研发机构都选择在东部地区扎根。早在 1995 年，蓝色巨人 IBM 就在北京成立 IBM 中国研究中心；1998 年，微软斥资 8000 万美元在北京设立了微软中国研究院；1999 年，IBM 又在上海浦东建立了软件开发中心；1999 年，世界著名通信设备生产公司朗科技旗下的中国贝尔实验室在北京成立。北京作为中国的政治、经济和科技中心，尤其受到跨国公司在华研发投资的重视。2001 年跨国公司在中国设立的总计 30 余家研发机构中，仅北京一地就吸引了近 20 家。2017 年，北京高新技术产业占 GDP 比重提升，高新技术企业对北京财政收入增收贡献率持续保持在 30%，成为财政收入增长的重要支撑力量。

可以说，东部地区是跨国公司研发资本进入中国的第一站，也是跨国公司研发在初期进入中国的首选之地，这与东部率先实行开放战略、良好的经济基础和充沛的人力资本息息相关。20 世纪 80 年代，中国实行了先沿海、后内陆，先沿边、后内地的梯度发展战略，对东部地区采取了明显的政策倾斜和投资扶持。加之历史、地理等原因，东部地区原有的基础设施和经济发展条件较好，因此，东部地区成为跨国公司在华研发机构首批进入和发展最迅速的地区。当地研发型人力资源状况是跨国公司选择研发投资目的地最为重要的原因之一，长期以来，东部地区的教育资源和人力素质也明显优于中部和西部地区。例如，教育部批准的 134 所“211 工程”大学中，超过一半分布在东部地区（如下表所示）。

表 3-2 “211 工程”大学东部、中部、西部数量分布（截至 2011 年 3 月）

东部地区		中部地区		西部地区	
北京	26	山西	1	四川	5
上海	10	吉林	3	重庆	2
江苏	11	黑龙江	4	贵州	1
广东	4	安徽	3	云南	1
天津	3	江西	1	西藏	1
浙江	1	河南	1	陕西	8
河北	2	湖北	7	甘肃	1
辽宁	4	湖南	4	青海	1
福建	2			宁夏	1
山东	3			新疆	2
海南	1			广西	1
				内蒙古	1
总计	67	24		25	
省均	6.09	3		2.08	

注：“211 工程”是 1995 年中国国务院批准启动的面向 21 世纪重点建设 100 所左右的高等学校和一批重点学科的建设工程，是新中国成立以来由国家在高等教育领域进行的规模最大、层次最高的重点建设工作。

资料来源：根据教育部网站资料整理。

第二，分布最集中。东部地区集聚了超过 90% 的跨国公司研发机构，长三角、京津冀和珠三角城市群是跨国公司在华研发最为集中的区域，而北京和上海更是众多世界500强的全球研发中心和亚太研发中心。全球石油巨头皇家壳牌集团，全球汽车行业巨头通用，全球制药巨头拜耳、辉瑞、诺和诺德，曾经的全球电信业巨头西门子、摩托罗拉、爱立信、阿尔卡特，全球快速消费品行业巨头宝洁、强生、联合利华等，都在北京、上海、广州、深圳等地设立了研发中心。根据中国商务部的不完全统计，截至2005年，共有750余家跨国公司研发机构，主要集中于北京、上海、广东、江苏四个地区。其中，北京有200余家、上海有170余家、广东有150余家（其中广州80家，深圳70余家）、江苏有120余家（其中苏州近60家、南京近30家、无锡20余家）①，这四地占跨国公司在华研发机构总数的85%。余下的约100家主要分布在天津、杭州、成都、西安、大连等地。

第三，研发层次最高。跨国公司海外研发投资一般循着从本地技术支持、本地产品开发到全球产品开发、全球基础研究的路径升级和发展。研发层级越高，跨国公司研发与区域自主创新的融合就越为紧密。值得关注的一个趋势是，近年来，随着中国东部地区经济实力在全球范围内的不断增强和跨国公司在华研发战略的不断升级，许多布局在东部的外资研发机构正在从最初简单地为本土市场提供技术支持，到针对本土市场研发区域性产品，再到逐步靠近甚至已经达到了亚太研发中心乃至全球研发中心的级别，开展全球性的技术支持和研究开发活动。外商投资研发中心的基础型、创新型本地化研究所占比重不断上升。不少研发中心已经成了跨国公司在全球最大或最重要的研发中心。尤其是2008年以来，不少之前在中国东部设立了研发分支机构的跨国公司，纷纷将其研发机构的地位和功能进行升级，大批跨国公司在华研发机构开始占据全球研发前沿的位置。例如，宝洁2010年在北京设立的北京保洁技术有限公司注册资本7000多万美元，是宝洁目前全球最大的研发中心；丰田2011年在常熟成立的丰田汽车研发中心（中国）有限公司，是丰田全球研发体系中规模最大的研发中

① 吴凤菊．吸引跨国公司在华设立研发机构的政策因素研究［D］．河海大学，2007.

心；世界知名专业软件公司欧特克2008年在上海设立的研发中心是欧特克全球16个研究院中最大的一个；拜耳2009年在北京建立的全球研发中心是与拜耳在德国伍伯塔尔和美国伯克利的研究中心并列的三大研发中心。这些研发机构已经接近或达到了跨国公司全球研发布局的顶端位置，也使得北京、上海等地成为全球性的创新中心。

表3-3 上海外经贸委认证的部分世界500强研发中心及其全球研发地位

研发中心名称	所属地区总部	研发地位
霍尼韦尔上海研发中心	霍尼韦尔（中国）投资有限公司	全球三大研发中心
柯达产品研发中心	柯达（中国）投资有限公司	全球研发中心
伟世通中国技术中心	伟世通亚太有限公司	亚太研发中心
汽巴精化中国研发中心	汽巴精化（中国）有限公司	全球三大研发中心
陶氏化学研发中心	陶氏化学（中国）投资有限公司	全球第三大研发中心
强生亚太研发中心	强生（中国）投资有限公司	亚太研发中心
罗地亚上海研究与开发中心	罗地亚（中国）投资有限公司	全球第五大研发中心
欧莱雅中国研发中心	欧莱雅（中国）投资有限公司	亚洲第二大研发中心
飞利浦全球研发中心	飞利浦（中国）投资有限公司	全球研发中心
3M 中国研发中心	3M 中国有限公司	全球第四大研发中心
思科系统（中国）研发有限公司	思科系统（中国）研发有限公司	亚太第二个研发中心
联合利华全球研发中心	联合利华（中国）有限公司	全球第五大研发中心
百事中国研发中心	百事（中国）投资有限公司	海外首个饮料研发中心
可口可乐亚太研发中心	可口可乐（中国）饮料有限公司	全球第六大研发中心
开利全球研发中心	联合开利（中国）空调有限公司	全球研发中心
通用电气研究开发中心有限公司	通用电气研究开发中心有限公司	全球第三个研发中心
汉高中国研发中心	汉高（中国）投资有限公司	全球研发中心
GSK 中国研发中心	上海葛兰素史克中国投资有限公司	全球第三大研发中心
贝尔阿尔卡特上海研发中心	阿尔卡特（中国）投资有限公司	全球第三大研发中心
花旗银行亚太区研发中心	美国花旗投资中国有限公司	亚太研发中心
罗氏研发（中国）有限公司	罗氏（中国）有限公司	全球第五大研发中心
惠普中国研发中心	惠普（中国）有限公司	全球第四大研发机构
GE（中国）研发中心有限公司	通用电气照明有限公司	全球三大研发中心
杜邦（中国）研究开发有限公司	杜邦（中国）研发管理有限公司	海外第三大研发中心

续表

研发中心名称	所属地区总部	研发地位
英特尔亚太研发有限公司	英特尔（中国）有限公司	亚太研发中心
德尔福（中国）科技研发中心	德尔福汽车系统投资有限公司	全球第五大研发中心
美其林轮胎研究开发中心	米其林（中国）投资有限公司	全球四大研发中心
罗克韦尔自动化研究（上海）有限公司	罗克韦尔自动化控制系统（上海）有限公司	全球四大实验室

资料来源：根据上海市经贸委网站的名单和网络相关资料整理。

2. 西部地区

西部地区的跨国公司研发规模虽然还远远不及东部地区，但其后发劲头明显，跨国公司研发的产业集中度高、升级趋势显著。

第一，后发劲头明显。西部地区跨国公司研发机构的数量和规模呈现出较为迅速的增长态势，西部地区跨国公司研发的后发姿态强劲。根据中国科技统计年鉴对各地区大中型工业企业和规模以上工业企业的统计，2003 年西部地区三资企业的 R&D 经费投入为 26496 万元，到了 2007 年，这一数字攀升至 234045 万元，增长了约 773%，明显高于东部 372%和中部 633%的增长率。

如果说东部地区目前的经济地位与率先开放的经济政策密不可分，那么西部地区近年来在经济发展和科技研发上的崛起也在很大程度上得益于西部大开发战略，政府注入的大量资金和公共计划极大地改善了西部地区的基础设施、人力资本质量和政策环境，为跨国公司研发投资的进入奠定了基础。西部最为重要的几个城市，如西安、成都、重庆等在外资政策、科技人才等方面都位居全国城市的前列，成为跨国公司研发进入西部地区的首选和集中之地。与此同时，西部地区的巨大新兴市场还在不断扩大，从 2007—2016 年，中国西部地区的经济增长速度已经连续十年超过了东部地区，其中西部 12 个省份 2016 年的 GDP 增长速度均高于全国的平均水平 6.7%，西部省份贵州、西藏、云南占据增速前三位。巨大的市场潜力是跨国公司研发进驻的重要原因。

第二，产业集中度高。西部地区的跨国公司研发机构主要集中在四川、陕西和重庆三个地区。与东部地区跨国公司研发机构在各个行业都有分布的情况不同，跨国公司在西部地区设立的研发机构明显依托于西部省份或城市的优势或主导产业。例如，软件行业是四川省成都市重点发展的主导产业，自 1993 年摩托罗拉在成都设立软件研发机构开始，目前世界排名前 20 强的软件企业有一大半已在成都天府软件园设立了分支机构或研发中心；光电子行业是西安市重点发展的高新技术产业，英飞凌等全球领先的光电子、光通信或半导体领域的跨国公司也纷纷在西安成立研发中心或加大研发投资。

围绕优势产业开展研发活动对跨国公司来说具有天然优势。首先，优势产业往往在区域内的产业结构较为完整，上下游供应商和企业伙伴网络健全，可供使用的人力资源等研发资源充沛，有利于跨国公司的快速进入和适应；其次，优势产业受到政府的政策扶持多，这些产业的研发进入得到中国政府的支持和鼓励；最后，相较于东部自主创新和跨国公司研发全面开发的状况来说，进入西部地区的大型跨国公司在进行研发投资时，获得当地政府的关注更高。许多跨国公司与城市级或开发区级政府达成了战略性合作，这在中部或东部地区是比较少见的。跨国公司在政府鼓励发展的产业领域投入研发既可以得到更多的财政优惠、行政便利，也能更好地维系与当地政府的关系，更有利于本土化业务的开展。

第三，升级趋势显著。21 世纪以来，跨国公司在西部地区设立的研发机构明显经历了一股升级热潮，跨国公司研发机构纷纷从原来的企业分支部门升级为西部地区研发中心乃至中国和亚太地区研发中心。例如，英飞凌科技 2003 年在西安设立的研发中心仅经过两年时间就升级为英飞凌亚太区第一、全球第二大 IC 设计中心和全球第三大研发中心；摩托罗拉、爱立信、诺基亚、西门子等全球通信巨头公司在成都的研发中心也纷纷升级为亚太研发中心甚至全球研发中心。

支撑跨国公司西部研发机构升级的主要原因，除了不断扩大的市场规模、当地政府的高度支持之外，部分西部城市自改革开放以来不断发展和形成的优质科技人力资源也是重要原因。西部地区长期建设形成了国防科技工业企业和大专院校、科研院所较为集中的有利条件，集中了一批专门人才，在发展生物工程、航空航天、中药现代化、新能源、新材料、电子信息、先进制造等高新技术产业方面具有一定优势①。

表 3-4 近年来成都通信和 IT 产业部分跨国公司研发中心的发展和升级

年份	重要事件
1993	摩托罗拉在成都设立软件研发中心。
2000	爱立信成都研发中心成立，并正式定名为爱立信无线技术（成都）有限公司。
2004	成都市政府与微软合作的成都微软技术中心正式落成。
2005	全球最大的企业软件公司甲骨文在西部设立的首个研发基地，甲骨文—西南财大金融服务研究中心正式挂牌。
	诺基亚成都研发中心成立，同时，四川电信—诺基亚增值业务应用中心也在成都正式揭牌。
	西门子成都研发中心成立，并在 2008 年成为诺基亚西门子通信在全球最大的研发中心之一。
	全球知名 B2C 电子商务公司美国新蛋科技集团的全资子公司新蛋科技（成都）有限公司落户成都高新南区软件孵化园。为了有效支持未来新蛋科技全球化的发展计划，新蛋集团将把新蛋成都建成其在全球的最大规模研发支持中心。
	全球领先的移动电话与嵌入式设备软件开发及供应商 Esmertec 中国分公司 Esmertec（China）北京微迅科银技术有限公司设于成都的研发中心落成使用。
2006	国内首家电信业合资企业、全球电信巨头阿尔卡特在华合资公司——上海贝尔阿尔卡特成都研发中心正式落成。
	SAP 全球研发服务中心（成都）于 2006 年初成立，是 SAP 中国研究院最新成立的研发服务机构。该中心在为全球、亚太以及中国范围内的产品研发、服务支持以及合作交流方面发挥着关键作用。
	全球知名的独立软件供应商美国赛门铁克公司与成都高新区正式签订投资合作协议，把其在中国的第二个研发中心设在成都。

① 崔秀贤．西部地区产业结构调整与优化问题探讨［J］．行政与法（吉林省行政学院学报），2004（7）．

续表

年份	重要事件
2007	全球最大的电子合约制造服务商伟创力（中国）电子设备有限公司手机研发中心项目正式落户成都高新区，该公司是伟创力在中国西部设立的第一家手机研发中心。
	全球最大电子测量巨头、由美国惠普公司战略重组分离而成的安捷伦科技，为了建设新的安捷伦成都科技基地，追加投资 7000 万元，用于建设新的安捷伦科技成都基地。该基地建成后将和北京安捷伦软件研发基地和上海安捷伦化学分析仪器研发基地一起，成为安捷伦在中国最大的电子测量仪器研发及生产基地。
2009	全球最大的手机软件供应商敏锐德集团研发中心落户成都天府软件园。
2010	GE 中国创新中心（成都）成立，总面积达 3.3 万平方米，涵盖医疗、能源、航空、运输系统等 GE 所有业务 GE（通用电气），是 GE 在全球的首个创新中心。
2011	全球知名品牌手机制造商 TCL 通信成都研发中心在成都高新区天府软件园正式落成。
	全球知名的网络安全专家 WatchGuard（沃奇卫士）公司在成都高新区天府软件园成立 WatchGuard 成都研发中心。
	EMC 在中国的第三家全球卓越研发中心宣布选址成都。

资料来源：根据相关新闻报道整理。

3. 中部地区

相较于东部地区的成熟状态和西部地区的后发态势，中部地区虽然近年来跨国公司研发的发展也较快，但仍是跨国公司研发较为薄弱的地区，即使是武汉和长沙这种外资规模较大、经济整体水平较高、创新资源较丰富的城市，也只有少量的跨国公司研发机构。有学者在 2009 年的调查显示，在全国 1000 余家跨国公司研发机构中，中部地区仅占到了 7 家，不仅远远落后于东部地区，与西部地区的 42 家也存在较大差距①。

第一，中部整体凹陷态势。中部地区具有优良的产业传统，制造业实力雄厚，人才资源较为丰富，但跨国公司研发在华布局却呈现出“中部凹陷”的态势，中部地区是跨国公司研发在中国投资最少、层次最低的区

① 张战仁，杜德斌，黄力韵．国际研发投资与我国城市经济发展的空间规律和关联分析[J]．经济地理，2010（3）．

域。一方面，跨国公司在中部成立的独立型研发中心数量极少，专门从事研究开发与试验发展的分支机构数量也很少；另一方面，绝大多数跨国公司研发都是跨国公司支持本地生产的技术辅助投资，针对本土市场的独立产品开发和基础研究很少，研发层次较低。

造成此种态势的主要原因在于：一方面与跨国公司研发布局的自我强化效应有关，国际研发投资在东部沿海地区集聚会进一步增加该地区对其他投资者的吸引力，而欠发达地区由于历史上国际研发投资进入较少，引资环境更加恶化①，东部地区在经济发展和地理位置上的优越性使得其成为跨国公司研发进入中国的首选地，西部地区得益于西部大开发战略也出现了跨国公司研发投资集中进入的热潮；另一方面与中部地区的整体发展战略和政策导向有关，在国家经济发展的整体战略布局中，中部地区以传统制造业为重，对外来资本和企业研发的关注较少，而武汉等少数具有吸引跨国公司研发有利条件的城市，又因进行“两型社会”试点等政策需要，对外资引入构筑了较高准入条件和较多附加要求，阻碍了跨国公司研发的进入。

第二，围绕部分优势产业开展研发。与西部地区类似的是，跨国公司研发在中部地区的布局，也是围绕着部分中部地区或城市的主导产业展开，但其在产业上的丰富性体现得较为薄弱。中部地区是中国重要的老工业基地，也是中国传统制造业的重地，如江西省的有色金属产业、湖北省和湖南省的汽车产业、安徽省的家电产业、湖南省的机械产业在全国乃至世界都享有盛名。但这些产业大多是传统工业，本身正处于衰退趋势中，仅有汽车产业等受到较多跨国公司研发的青睐。如全球最大的汽车零部件企业——德国博世汽车有限公司在长沙和株洲投资设立了技术研发中心，即看重湖南汽车产业的雄厚实力。

部分城市近年来重点发展的高新技术产业也引起了跨国公司研发的关注。如武汉的光电子产业发展迅速，已经成为全球范围内重要的光电产业

① 张战仁，杜德斌，黄力韵．国际研发投资与我国城市经济发展的空间规律和关联分析［J］．经济地理，2010（3）．

基地。日本藤仓公司、德国蒂森克虏伯集团等世界知名的光电行业企业与武汉本土企业积极开展合资合作研发，既包括同一产业链条环节的合作研发和技术共享，也包括上下游产业链条的技术支持和配合。这些合作有力地促进了本土产业的发展和本土企业的创新成长。再如长沙作为中西部的窗口城市，其汽车工业吸引了大量外资企业研发机构的入驻。2012 年 10 月，德国博世汽车公司在长沙投资 7 亿元建设新的技术中心及新工厂，员工总数超过 5000 人，新研发中心作为德国博世全球研发基地之一，将容纳 350 名本土研发人员针对全球及本土市场进行研发创新。新研发中心也对博世电子驱动技术进行研发，并通过与上海研发团队协作，开发更适合本土市场的电子驱动产品。近年来，该中心研发人员及实验设备投资等方面将保持两位数以上的增长，2017 年博世公司年产值近 40 亿元，成为长沙一张亮眼的名片。博世在长沙拓展生产基地、进行战略投资与中西部经济崛起的大趋势契合。

二、东、中、西部跨国公司研发与区域自主创新的互动模式

综上分析，中国东、中、西部地区的跨国公司研发各具特色，三个地区的跨国公司研发机构和研发活动融入当地区域创新系统的角度和方式不尽相同，与本土创新主体进行知识、技术、人才、创新环境等多方面互动的方式和程度也各有特点。因此，考察不同区域跨国公司研发与区域自主创新的互动模式，对于深入理解跨国公司研发如何增进区域自主创新效率和能力、因地制宜制定引导跨国公司研发鼓励性政策具有重要的理论价值和现实意义。

需要说明的是，本书提出的典型模式和主要路径并不是以各种方式的规模或数量大小进行判断的，而是依据对区域自主创新具有重大作用的互动活动。以东部地区为例，若从跨国公司研发的类型特点和经费规模来看，本地应用型研发机构比例占多数，但也有不少已升级为全球研

发中心的跨国公司研发机构，对当地的人力资本和创新环境产生了重大的培育效果，对东部地区区域自主创新的贡献更显著，因此，全球研发示范模式是更能代表东部地区跨国公司研发与区域自主创新互动发展的典型模式。

表 3-5 东、中、西部跨国公司研发与区域自主创新的互动模式及主要路径

	互动模式	主要路径
东部	全球研发示范模式	①人力资本互动；②创新集聚示范
西部	本地应用互动模式	①与本地机构合作；②产业集聚示范竞争
中部	产业关联互动模式	①合资合作技术转移；②产业关联互动

1. 东部模式——全球研发示范模式

东部地区是中国跨国公司研发最成熟的区域，经历改革开放 40 年的发展，众多跨国公司研发机构已由最初的技术支持分支部门、本地应用研发机构发展成为跨国公司在亚太地区乃至全球的研发中心。这些全球研发中心是跨国公司投入最大、最成熟的研发部门，虽然它们高度服务于跨国公司自身利益、对知识产权和技术保护也极为严格，但这并不意味着全球性研发中心缺乏与区域自主创新的有效互动，一项对中国台湾 117 家跨国公司在台研发活动的调查显示，在不同的跨国公司研发机构类型中，针对全球市场研发设立的研发机构与中国台湾创新体系之间的互动最频繁，针对地方市场开发的研发机构次之，以支持地方生产为目的的研发机构最低[①][②]。事实上，在中国东部地区，跨国公司全球研发中心也正以其巨大的示范和培育效应，深刻地影响和塑造着本土区域的自主创新系统。

（1）人力资本互动

第一，创新人才培养和流动。跨国公司全球研发中心对于创新人才的培养是市场型科技人才能接受到的顶级培养模式，出于人才本土化战略，

① Fang S. C., Lin, J. L., et al., The relationship of foreign R&D units in Taiwan and the Taiwanese knowledge-flow system [J]. Echnovation, 2002, (22): 371-383.

② 楚天骄，杜德斌．跨国公司研发机构与本土互动机制研究 [J]．中国软科学，2006 (2).

跨国公司所聘用的科技人才和管理人才绝大多数都来自区域本地。人才是一切创新活动和创新资源的载体，这些人才在跨国公司全球研发中心接受最前沿的知识技术和最贴近市场的研发锻炼，当他们从跨国公司研发机构流动到本土研发机构或进行自主创业时，其对于区域自主创新系统的正面效应是巨大的。跨国公司研发机构为中国培养出一批具有国际水平的科技人才和创新管理人才，中国将拥有一批世界级的专家，可以参与国际科技竞争，参与国际交易规则的制定；这些人的“根”留在中国，有机会他们会为国效力，如北大方正、清华同方，都有从外企回到国企的职业经理人，他们为中国企业的改革发展、为中国与国际接轨做出了贡献①。

2002 年，英特尔中国研究中心 7 位核心技术人员集体跳槽到中科院声学所，创建中科信利语音实验室，这是国内首次出现的跨国公司研发团队集体回流；2005 年，面对众多国外厂家的竞争，中科信利力挫群雄，先后以各项指标最高分通过英特尔和应用软件厂商的评测，并最终以不低于国外一流大厂商的价格获得英特尔大订单，成为英特尔语音技术的战略合作伙伴，这标志着中国语音识别技术超越国外同行，开始进入国际竞争市场。

2011 年，谷歌原中国工程研究院副院长、谷歌中国上海研究院负责人的王劲加盟百度，担任技术副总裁，并于 2013 年 12 月晋升为百度高级副总裁；他领导并带领百度超过 4000 名工程师的核心技术团队，打造了中国最先进的搜索营销和在线广告系统，大幅提升了中国在线营销平台的效率，并在前沿的移动搜索营销领域取得技术与产品上的重大突破；建立了百度的基础架构及云计算体系，在节能服务器、在线大规模存储系统等多个关键技术领域冲击全球先进水平，建成中国规模最大、最先进的云计算平台。

微软中国研究院（现为微软亚洲研究院）的创建者李开复曾表示，跨国公司研发中心在中国每雇佣一个人才，就有可能培养 10 个人才，并正面

① 林耕，等．把脉北京的外资研发机构［J］．科技潮，2002（4）．

影响100个人才。李开复本人就是一个典型案例，2009年他从谷歌中国研发中心离职后创办了“创新工场”，对国内互联网领域的创业项目进行投资和整合，不仅对本土互联网创新创业的发展产生重大影响，也成为激励无数中国当代技术型人才的榜样，这些与他在跨国公司研发中心所接受的训练和培养不无关系。

除了在个人层面上的潜在培养之外，许多跨国公司已经在本土展开有计划的人力提升体系，既增强了企业自身的人力资源素质和创新、管理能力，也为国内人才培养提供了更加前沿和丰富的平台。例如，在摩托罗拉鼎盛时期，摩托罗拉大学是摩托罗拉公司的培训机构，总部在伊利诺伊州，全球有14个分校，每年教育经费在1.2亿美元以上，这不亚于国内名牌大学全年的教育经费投入。美国政府曾提出，企业用于教育的资金占工资总额的比例不应低于1.5%，摩托罗拉的比例更是高达3.6%①。摩托罗拉中国大学成立于1993年，为了向亚太地区包括中国的企业提供优质服务，以解决它们的实际问题，摩托罗拉大学与政府机构、非政府机构、行业协会、咨询机构、大学等联手，通过课堂授课、网络教学、电子教学、流媒体教学等各类先进手段，提供人力资源管理、组织变革管理、经理人强化培训、生产流程管理及改造、摩托罗拉全质量管理实践、MBA系列培训及学历教程、专项商业技能培训等课程和培训；摩托罗拉大学从21所大学（包括北京大学、清华大学、复旦大学、中国人民大学和南开大学）聘请了兼职讲师。在1997年摩托罗拉大学在中国提供了共27000学日的培训课程，包括170种不同的科目，其中150门课是用普通话讲授的；摩托罗拉要求所有员工每年最少接受40小时的职业培训。摩托罗拉中国本地化的经理得到的培训机会非常多，有些会有30天以上的培训，还会有一些海外培训；摩托罗拉将经理分为刚走上岗位的和更高级别的，针对不同的经理有不同培训，如初级经理的LEAD（Leadership Effectiveness Accelerated Development）培训、高级经理的CAMP（China Accelerated Management Pro-

① 郝伟利．摩托罗拉大学的特色培训［J］．企业改革与管理，2010（7）．

gram）培训。①

第二，人力资本培养合作和模式示范。除了对人才的顶尖培养之外，东部地区跨国公司研发与区域自主创新进行人力资本互动的另一个重要途径是与本土高等院校和科研院所开展人才培养合作。1995 年 3 月，以 IBM 与原国家教委（现教育部）签署合作谅解备忘录为标志，“IBM 中国高校合作项目”正式启动，这一长期全面合作关系的基本宗旨是致力于加强中国高校在信息科学技术领域的学科建设和人才培养②，具体包括教学平台共建、联合研究开发、校园科技活动、奖学奖教奖研等 10 个方面的内容。位于北京的贝尔实验室基础科学研究院（中国）先后与北京大学、清华大学、复旦大学及中国科学院建立了 6 个联合实验室，还与国家自然科学基金委签署联合资助协议共同资助部分重点和青年基金项目。根据清华大学研究中心对跨国公司与中国“211”工程高校建立联合研发机构的研究，到 2005 年底，共有来自 14 个国家和地区的 97 家跨国公司与中国 36 所“211”工程重点高校成立了 202 家联合研发机构，其中 2005 年底前已投入运行的有 190 家③；从时间分布上看，设立于 1993—2001 年的有 54 家，成立于 2002—2005 年的有 136 家，速度明显加快④。据统计，绝大多数在中国成立了独立研发机构的跨国公司，基本都通过项目委托研究、人才联合培养、设立奖学金、组织科技竞赛、建立联合实验室、开展学术研讨会、建立实习基地、展开长期战略合作等形式，与当地甚至全国的高等院校进行合作。

① 企业大学的成与败［N］．经理日报，2005-5-27.

② 康燕文．IBM：面向社区的开放［J］．软件世界，2006（7）.

③ 陶蕴芳，员智凯．研究型大学与跨国公司的合作创新模式研究［J］．西北工业大学学报（社会科学版），2012（6）.

④ 陈礼达．跨国公司与中国高校研发合作“透视”——访清华大学公共管理学院常务副院长薛澜教授［J］．中国高校科技与产业化，2006（7）.

表 3-6 研究型大学与跨国公司合作创新模式

	合作方式
人才交流联合培养	人才交流包括互派专家学者到对方去进行技术访问、考察、座谈，学习交流先进技术、先进管理经验等；联合培养是指研究型大学借助跨国公司研发机构高级技术人才和管理人才的良好机制，使研究生在跨国公司从事科研、开发过程中开阔视野，学习国际前沿的产业知识及其先进的管理经验、培养其创新科研能力。
项目委托研究	跨国公司委托与大学签署协议，由跨国公司委托研究型大学就一个或某个课题进行研究，在一定期限内，跨国公司提供研发经费和设备，大学负责具体研发活动开展，并最终按照委托研发协议提交研发成果。
项目联合研发	跨国公司利用研究型大学在技术、人力资源或实验设备等某一方面的优势一起进行研究，双方互相派遣研究人员共同参与研究，组成关系紧密的科研小组，合作研究与发展成果为双方共同享有。
科技成果转化基地	研究型大学与跨国公司协作建立科技成果转化基地，为研究型大学提供一个迅速将实验成果应用于第一线的平台，通过这种孵化，一方面利用跨国公司的市场经验，另一方面促进高校科技成果产业化、实现其向现实生产力的转化。
联合研究中心	构建研究型大学与跨国公司长期稳定、更加深入和高级的合作模式，通常由大学提供科研人员、设备、技术和场地，跨国公司提供资金、科研人员、学校不具备的设备及技术，双方共同就一些有价值的研究课题进行研究开发。
共建实验室	以建立公共的实验室为合作载体，双方互派人员参加基地管理，各方人员重新组织成为一个整体，科研人员、实验室的使用和维护服从统一安排，科研成果也由双方共享，是研究型大学和跨国公司把双方科研资源协调组织起来、共同攻克研究项目的比较紧密的合作模式。
虚拟合作	为了完成特定的科研任务或项目，不同国家或地区之间的科研机构、大学、企业和科学家等，通过网络技术和电子通信技术，把科学研究中的信息、资料、思想、方法等传输到网络上进行共享。

资料来源：陶蕴芳．研究型大学与跨国公司的合作创新模式研究［J］．西北工业大学学报（社会科学版），2012（6）：94-98.

随着合作的深入开展，建立联合实验室、技术中心等联合研发机构成为双方技术合作的主要形式：IBM 公司已经与国内多所高校联合成立了 IBM 技术中心、大型机教育中心、eServer 教育伙伴（PIE）实验室、联合实验室、解决方案中心、授权认证中心和软件人才实践基地等多种技术机构；微软公司在华主要研发机构——微软亚洲研究院与中国5所高校建立的5所“联合研究实验室”，自成立以来先后共开展了大量科研合作项目，在国际、国内学术会议及刊物共同发表了多篇高水平的学术论文，从而成为第一批纳入教育部重点实验室管理体系的跨国公司与中国大学联合实验室。

虽然跨国公司研发与本土研究机构的合作本意可能并非提高本土创新主体的创新能力，但这些合作项目确实为本土研究机构注入了更多的创新资金和技术。公开的研讨会、综合信息交流会、专项技术交流、公开发表的论文和报告等正式学术交流，人员流动、人员互访等人力资源流动，是高校和科研院所从跨国公司获益的主要途径。不仅如此，合作还有极大的示范效应，带来了高校人才培养模式的进阶，使高校从以理论知识为主的传统科技人才培养模式逐步转变为理论知识和技术应用并重的市场型人才培养模式，这对于区域自主创新的进步极具正面影响。

例如，微软亚洲研究院与清华大学联合开设了基础技术、商业文化、创业发展类课程共十余门，如《软件企业的管理与文化》《高等图形学》《未来企业家之路》《互联网信息搜索》等；其中《未来企业家之路》必修课程由微软亚洲研究院联合微软知识产权转让部门同清华大学为清华学生共同开设的，这一课程涵盖了如何进行自主创业等极具实用性的内容，为个人和企业把握新的发展契机提供了全新视角，广受好评。值得一提的是，为使课程更具实践性，微软亚洲研究院为课程提供了六项技术授权——摄像头条形码识别、交互式多视角视频、人脸探测、肖像技术、动画技术以及视频稳定技术。这一课程进一步深化了清华大学和微软亚洲研究院在人才培养方面的交流与合作，加强了大学生在科研进程中的产业化意识，使微软亚洲研究院的一流科研成果能够为中国IT产业创造全新价值①。

① 比尔·盖茨的清华情结：见证微软清华合作的13年．http：//blog.sina.com.cn/s/blog_6b8988220100rf7k.html.

（2）创新集聚示范

跨国公司研发的地理布局具有极强的自我强化效应。东部地区受益于率先开放的国家战略和地理沿海的区位优势，最先集聚了一批高水平的跨国公司及其研发中心，而国际研发资本集聚又进一步增强了东部地区的区域优势和对其他潜在投资者的吸引力，带来了更多跨国公司研发机构的进入。由于跨国公司高层次研发中心的集聚，为中国东部沿海地区，特别是北京、上海等城市，成为全球性创新中心提供了巨大推动力。这种由跨国公司研发创新集聚带来的示范效应对区域自主创新升级意义非凡。

在微观方面，跨国公司研发机构入驻后，其先进的技术和管理理念，对区域的本土企业和其他研发机构在多个方面发挥出示范效应：其一，跨国公司研发产出的新产品和新工艺进入市场后，会对本土机构产生示范效应，驱使其进行创新型的产品研发和技术研发，或通过各种方式对先进技术和产品进行模仿；其二，不仅生产商会学习跨国公司研发的新产品和新工艺，消费市场也会习得跨国公司研发带来的新需求，间接为本土企业扩大了市场，带来新的需求刺激；其三，跨国公司的示范效应还可以通过人力资源进行扩散，科技人才和管理人员在跨国公司研发和本土研发机构间的流动，会刺激雇佣单位提高劳动力素质。

在宏观方面，跨国公司全球研发中心在东部地区的集聚，使得东部地区成为全世界的创新中心，自我强化效应不断加强，来自全球范围更多的创新资源在这里整合、更多的科技人才向这里汇聚、更多的国际会议在这里召开、更多的专利成果在这里产出，而整个社会也在这种创新集聚的示范中，更加重视知识和创新，从而使得东部区域自主创新不断升级，进而成为以创新为主要特征的区域。创新区域的形成，不仅对本区域的经济发展形态和社会形态产生巨大而深远的影响，大幅提高区域的经济效益，转变区域的生产、生活、消费和文化模式；同时会对周边乃至全国产生巨大的辐射和示范作用，其潜在的正向效应巨大。

以北京为例，据统计显示，2009 年北京市高技术产业增加值达到 2300 亿元，占地区生产总值的比重超过 20%。2012 年中国社科院社科文献出版社和上海社科院城市与区域研究中心发布的首部国际城市蓝皮书《国际城市发展报告》中指出，在2050年，北京将成为世界级的创新中心。根据毕马威会计师事务所对超过650家IT企业高管的调查结果显示，有超过半数的受访者认为未来硅谷将不再是全球技术创新中心，有接近30%的受访者认为硅谷在全球科技创新市场的地位将被中国取代。这些与跨国公司在北京的研发投资所带来的全球方位的创新要素集聚不无关系。在跨国公司研发的助力下，北京正在向成为世界创新中心的道路上稳步前进。

表3-7 北京高新技术产业企业数量及主营业务收入规模

年份	2000	2005	2010	2011	2012	2013	2014	2015	2016
企业数（个）	582	1101	1103	737	760	782	805	805	795
主营业务收入（亿元）	1020	2168	3333	3326	3569	3826	4151	3997	4308

资料来源：《中国高技术产业统计年鉴》。

2. 西部模式——本地应用互动模式

西部地区驻扎的跨国公司研发机构主要是针对中国市场尤其是西部市场的研发中心，面向本土消费者和上下游企业开展研发活动，以便更有针对性地开拓市场。在西部地区，除了跨国公司研发入驻本身可以带来一定的竞争和示范效应、促使区域创新主体加大研发投资力度提高自主创新能力之外，为了更好地了解和深入本土市场、利用本土研发资源，跨国公司与本土机构展开合作与互动的行为也正在变得频繁，跨国公司研发在相关产业和园区所带来的集聚效应也在变得越来越明显。

第一，与本地机构合作。西部地区的跨国公司研发机构多着重于为西部市场开发具有针对性的产品，由于进入时间相对较晚，为了更好地了解当地需求、占领当地市场，与本土企业或研发机构进行合作和互动成为跨国公司研发机构的必然选择。与区域创新系统的本土主体展开知识或技术分享是跨国公司与区域创新系统进行互动进而产生创新溢出的重要途径，这种合作和分享越多，本土企业的学习机会也就越多，自主创新能力提升也就越大。跨国公司研发进驻的本身就赋予了区域创新要素与全球创新网络进行合作和交流的机会，通过合作研发、上下游关联等方式，区域创新系统得以与跨国公司全球研发网络共享技术成果、参与国际技术合作从而提高其技术和产品创新能力及国际化水平。

跨国公司研发机构与本土机构合作的途径包括联合研发、技术交易、人才共建、战略合作等多种方式，它们都使得区域创新系统得以更好地接触和利用跨国公司先进的研发经验和研发资源。联合研发和技术交易是最为重要的两种合作路径。

联合研发是指跨国公司与本土企业或科研院所针对具体的产品或技术开发项目展开合作，在项目合作中，区域创新系统得以通过信息交流、人才流动、技术分享等方式获得跨国公司先进知识、技术、管理理念和管理能力，从而提升区域整体的创新能力。值得一提的是，进入西部的很多跨国公司研发机构都与当地的大学或科研机构进行了深度合作。这种深度合作相较于企业之间的技术合作，可能在短期内无法收到明显的经济效应，但在长期内，对于整个区域的科技人才资源培育具有非凡意义。

技术交易是指企业或其他研发机构之间进行技术所有权或使用权的买卖行为。随着跨国公司进入本土市场的程度逐渐加深，其购买或出售相关技术来谋求与本土市场合作和盈利的行为越来越多。通过购买相关技术，区域创新主体得以直接习得跨国公司的创新成果。技术交易行为的频繁程度和互动效果与区域的知识产权保护和技术承接能力有着紧密联系。一般来说，区域的知识产权保护越强，跨国公司越愿意进行明确的技术开发和技术交易；区域的技术承接能力较强，区域创新主体越能从与跨国公司的技术交易中获益，习得核心技术。

以四川省通信行业为例，摩托罗拉、爱立信、诺基亚、西门子、阿尔卡特等全球通信行业跨国公司在设立研发中心后，积极与当地政府、通信运营商、内容提供商、其他企业和院校展开合作：诺基亚与四川电信共建增值业务应用中心，与本地内容提供商——成都数字娱乐软件园区结成战略伙伴关系；爱立信与四川省政府联合成立四川爱立信联合工作委员会，爱立信成都研发中心与四川本地大学积极开展多种多样的合作；西门子与四川移动在 GSM 网络扩容方面进行深度合作。这些合作都加深了跨国公司研发与区域创新系统的交流和融合，使得区域自主创新得以利用跨国公司研发的创新资源进行自我升级，这也是近年来西部地区创新地位突起的重要原因之一。

第二，产业集聚示范竞争。西部地区的跨国公司研发布局往往以当地优势产业为核心，如西安的太阳能光伏产业集群吸引了大量跨国公司研发机构，美国应用材料公司在西安建成中国乃至全球技术最先进、规模最大的太阳能研发中心，日本 InterAction 公司首期投资 220 万美元在西安成立以太阳能发电设备为主业的研发及制造基地；软件行业是成都的重点产业，成都天府软件园自 2005 年正式投入运营以来，已经吸引了包括 IBM、SAP、NEC、EMC、GE、Garmin、Philips、Maersk、Siemens、Ericsson、Dell、Wipro、DHL、PwC、NCS、华为、阿里巴巴、腾讯、宏利金融等 400 余家国内外知名企业入驻，其中外资企业占比 40%，33 家财富世界 500 强企业落户，68 家全球行业 100 强企业落户，排名世界前 20 强的软件企业有一大半都在成都天府软件园建立了分支机构或研发中心；2006 年继摩托罗拉、爱立信、诺基亚、西门子等原通信业巨头纷纷选址成都后，原全球电信巨头阿尔卡特的在华合资公司——上海阿尔卡特成都研发中心正式落成，原全球五大通信巨头研发中心聚首成都，这在国内乃至国际范围内都是极其罕见的。

跨国公司研发围绕优势产业布局并不断集聚，一方面与西安、成都等西部城市优质的人才资源、强大的政府支持和优良的产业传统有关；另一方面是跨国公司研发的进入使得这些区域的产业吸引力和研发吸引力不断增强，进而吸引更多的相关跨国公司及其研发机构进入，形成产业集聚的良性循环。产业集聚对于跨国公司的研发与区域自主创新间的互动具有重要意义，产业链和产业集群在某个区域越集聚，跨国公司研发的示范和竞争效应就越显著。由于跨国公司和本地企业存在技术水平的差异，本地企业通过观察模仿获得溢出效应；跨国公司进入导致市场竞争加剧，倒逼本地企业改进现有技术或引进新技术提高竞争力。

跨国公司研发的示范和竞争效应是近年来成都软件产业不断发展壮大的重要原因。天府软件园位于成都市高新区，是中国最大的专业软件园区，也是国家软件出口创新基地、中国10个软件产业基地之一、国家服务外包基地城市示范园区。天府软件园已经成为成都市发展软件与服务外包产业的重要载体和核心聚集区。作为国内目前发展最快的专业软件园区，天府软件园已形成行业软件、ITO、数娱、通信以及BPO/后台服务中心等几大产业集群，并成为国内外知名软件和服务外包企业在中国战略布局的首选地，以及国内外软件产业资源汇聚的焦点①。跨国公司和本土企业在同一园区内集聚，极大地放大了跨国公司研发的示范和竞争效应，使得技术的分享、产品的竞争和信息的流通更加迅速，跨国公司真正成了区域自主创新的重要组成部分。

跨国公司在中国西部地区的研发投资与利用西部地区传统技术优势及自身技术本地化应用密不可分。英飞凌科技与西部地区研发合作就是典型例证：作为全球领先的半导体企业，英飞凌科技在中国建立了涵盖研发、生产、销售、市场、技术支持等完整的产业链，选择在西安建立了研发中心，主要是基于西安拥有如西安交大、西安电子科技大学等一大批半导体领域具有深厚底蕴的大学及科研院所。而且，英飞凌科技的研发成果除应用到中国乃至全球市场外，格外关注西部市场，其与重庆力帆集团的合作、与新疆金凤科技的合作等，都是技术本地化应用的典范。

表 3-8　德国英飞凌科技与中国西部的研发事业合作

年份	重要事件
2003	英飞凌科技在西安高新区设立了在中国的首家研发中心，第一期投资额为420万美元，计划最终建成英飞凌全球第二大研发中心。

① 成都天府软件园．http：//www. ce. cn/culture/whtzgg/5/5－6/sc/201103/17/t20110317_22307391. shtml.

续表

年份	重要事件
2004	英飞凌半导体公司在西安高新区正式成立，业务主要集中在通信、自动化和工业电子领域开发创新应用业务。英飞凌表示将在5年之内为此IC设计中心投资1亿美元，招聘1000名左右的设计人员。成立当日，英飞凌还与西安地区的研究所签署了三份理解备忘录，支持工程人才培养、保护西安文化遗产，并与西安交通大学和西安电子科技大学达成合作意向。
2005	英飞凌科技的IC设计中心在西安高新区落成，正式与西安交通大学和西安电子科技大学共同设立了奖学金及16位单片机培训实验室，并与后者联合设立了集成电路人才库。西安研发中心成为英飞凌亚太区第一、全球第二大IC设计中心暨全球第三大研发中心。
2006	英飞凌科技亚太区总裁作为客座教授访问西安电子科技大学讲授组织管理学课程，并就双方进一步加强科研合作、加快专业人才培养步伐以及开展更多更高层次的合作与交流等事宜充分交换想法。
2007	英飞凌科技 Leo Lorenz 教授到西安电子科技大学微电子学院做《功率电子新技术及发展趋势》专题报告，重点讲述了功率半导体的发展历史、典型应用以及今后发展。
2008	英飞凌科技在中国高校举办了“英飞凌杯”第二届嵌入式处理器和功率电子设计应用大奖赛（太阳能应用设计大赛），以“太阳能逆变器设计”为主题，吸引了国内多所顶尖大学的关注，最终哈尔滨工业大学、南京航空航天大学、华中科技大学、西安交通大学和西安电子科技大学分获一、二、三等奖。英飞凌科技为参赛队伍提供相关的电子器件，帮助他们设计一套完整的太阳能光伏转换系统。
2009	英飞凌科技与中国民营企业力帆展开技术合作，力帆利用英飞凌提供的具有高技术含量的芯片优化其摩托车电喷应用平台。经过近一年的研发，该专用芯片达到了力帆的各项技术要求。
2010	英飞凌科技与中国新疆金风科技股份有限公司就核心风力涡轮机生产部件签署许可权协议，金风科技获权在华生产兆瓦级风力发电机组变流器所需核心模块。
2011	英飞凌科技与力帆集团在第十四届中国国际投资暨全球采购会开幕前夕联合宣布，集英飞凌芯片技术和力帆电喷技术，具有最小型化、最优化集成功能的摩托车电喷专用的芯片力帆电喷应用平台，成功迈出国门走向国际化市场；发布会上双方还签订了战略合作谅解备忘录，包括不定期组织摩托车电喷方面的研讨会，联合开发汽车、摩托车电喷技术应用平台，联手推广摩托车电喷业务等内容①。

① 信息快递［N］. 摩托车技术，2011-6-10.

续表

年份	重要事件
2013	英飞凌科技携其中国代理商晶川电子和安富利电子在深圳举办“英飞凌伺服技术研讨会”。活动邀请本土电机、编码器、控制器业内精英，为现场近百名工程师介绍了目前全球领先的伺服电机设计理念及编码器的应用与趋势。会上英飞凌还与国内知名编码器厂商禹衡光学联合发布了英飞凌 XMC4000 微控制器，凭借其创新的 USIC 单元在物理层上顺利支持 BISS 协议。

注：英飞凌科技公司总部位于德国慕尼黑，正式成立于 1999 年 4 月 1 日。英飞凌是全球领先的半导体公司，其前身是西门子的半导体部门，2011 年前三季度实现销售额 40 亿欧元，在全球拥有约 26000 名雇员，为全球第四大半导体制造商。

资料来源：根据相关新闻报道整理。

3. 中部模式——产业关联互动模式

中部地区跨国公司研发虽然进入较晚、整体力量较薄弱，但经过这些年的发展，在武汉、长沙等大型城市，围绕高新技术产业和中部支柱产业也形成了一定的跨国公司研发力量。这些跨国公司研发力量通过与本土企业的合资合作和产业链关联，与区域创新系统进行知识、技术、人才的共享，进而提升区域创新能力。

第一，合资合作技术转移。中部地区的合资企业数量众多，随着市场规模的高速增长，越来越多的跨国公司通过和中国企业组建紧密性战略联盟——跨国合资企业等方式进入中国市场，跨国公司为了迅速占领中国市场，要向合资企业进行必要的技术转移，以增强合资企业的竞争力①。合资模式中的技术转移成为中部地区跨国公司研发与区域自主创新互动的重要模式。

中外合资合作企业和研发机构相较于外商独资企业或研发机构更容易产生技术转移和创新溢出。尤其是在高新技术领域，合资企业能够使得跨国公司更深入地融入区域创新系统。通过合资和合作，本土创新主体得以学习跨国公司先进的知识技术和研发管理经验。不过，跨国公司与本土企业的合资合作通常是有条件的，除了一次性技术交易外，跨国公司更倾向

---

① 姜黎辉，张朋柱．跨国公司向其在华合资企业技术转移决策系统分析［J］．科研管理，2004（11）．

于通过技术提成来转移技术，以获得更高收益。很多情况下，本土的技术接受方在使用跨国公司提供的专利和技术时，知识和技术资料往往被限定为非专有并且不可转让的权利，而且仅仅限于在国内制造产品。因此，合资企业中本土一方，能否很好地吸收和适应新技术，对技术转移是否成功发挥着关键作用，一方面体现为合资企业人员对新技术的吸收能力；另一方面则考验合资企业设备对新技术的适应能力。

位于武汉东湖国家高新技术开发区的“武汉·中国光谷”是中国最大的光电子产业基地，聚集了大批跨国公司与本土企业合资的高新技术企业，如拥有全世界最先进激光技术的德国蒂森克虏伯集团与武汉中人有限公司合资成立的武汉蒂森克虏伯中人激光拼焊有限公司，全球领先的光通信器材制造厂商日本株式会社藤仓与武汉烽火通信科技股份有限公司合资成立的藤仓烽火光电材料科技有限公司等。这些合资企业不仅具有极高的市场价值，同时也具有极高的技术价值，使得中部传统制造企业与国际前沿的高新技术紧密融合，对提高本土企业创新能力具有重要影响。有学者在对一家中荷合资的光电子企业进行研究时发现，合资带来了外方的研发技术和研发人员，加上先进管理技术，大大提高了企业研发实力，使企业产品迅速进入了国际市场①。

武汉市的另一支柱产业是汽车及其零配件产业，这一产业跨国公司研发与本土合资合作的特点也十分明显，合资合作对本土汽车企业创新能力的提升帮助很大。2005 年，全球领先的动力设备制造商美国康明斯公司和武汉本土汽车产业龙头东风汽车公司联合成立了东风康明斯发动技术研发中心，该研发中心是康明斯全球 17 个研发中心中的第二大研发中心，也是中国发动机行业首家中外合资研发中心。2011 年该研发中心二期扩建工程在武汉经济技术开发区正式落成，东风与康明斯已进入由单纯的产品生产向融研发、生产、销售于一体转变的合作新阶段，并全面进入康明斯的全球技术研发体系。该研发中心是康明斯在美国本土之外建立的全球第二大

---

① 韩书成．外资研发中的国际技术转移与自主创新能力［J］．武汉理工大学学报（信息与管理工程版），2007（8）．

研发中心，其承担的研发任务不仅面向中国市场，还面向发达国家市场。

除了合资建立研发中心外，中外合资企业表现出了明显的技术转移趋势。有学者对一家中美合资汽车零部件企业的研究表明，在合资之前，中方研发水平有限，产品质量低、废品率高，合资后外方技术人员与中方共同进行产品开发，不断改善生产工艺，极大地改善了产品质量，提高了产品合格率，使企业很快发展成为众多整车企业的零部件供应商①。

第二，产业关联互动。与合资合作中的技术转移相伴的是，跨国公司在技术转移与研发合作时不仅考虑合资企业的内部因素，还会考虑其供应链的上下游企业对新技术支持和配套力度，如果得不到供应链上其他企业的有力支持，将直接影响产品的竞争力和收益期，进而影响技术转移的短期和长期收益②。

而产业关联是跨国公司研发产生创新溢出的重要方式，也是跨国公司研发与区域自主创新互动的重要途径。跨国公司通常具有技术或信息上的优势，当其子公司与当地供应商或客户发生联系时，当地厂商就有可能从跨国公司先进的产品、工序技术或市场知识中“免费搭车”，从而产生技术溢出③。在产业前向联系（主要是通过出售中间品）中，当地企业通过使用跨国公司中间品过程吸收了跨国公司的先进技术；在产业后向联系（主要是通过购买原材料或中间品）中，跨国公司通过技术帮助、管理培训、质量控制和标准化等方式与本土企业分享技术和知识，从而与区域自主创新系统进行积极互动，形成技术扩散。

跨国公司研发机构建立和加深与东道国供应商产业关联的途径主要包括：一是技术转移。转移的技术包括产品技术、过程技术以及组织管理知识、管理模式等。二是提供培训。因为人力资源水平是影响产业前后向技术关联有效性的重要因素，对供应商的培训和人力资源的开发成为深化产

① 韩书成．外资研发中的国际技术转移与自主创新能力［J］．武汉理工大学学报（信息与管理工程版），2007（8）．

② 姜黎辉，张朋柱．跨国公司向其在华合资企业技术转移决策系统分析［J］．科研管理，2004（11）．

③ 王晓璐．国际技术扩散对中国区域技术进步的影响［D］．陕西：西北大学，2008.

业前后向关联的重要途径，也是跨国公司研发通过产业链向区域自主创新系统产生溢出的重要途径。三是信息共享。跨国公司研发中心可以利用以下方式向区域的供应商或下游伙伴提供信息：有关商业计划和未来要求信息的非正式交换；提供技术信息（特别是国外技术信息）；鼓励供应商加入企业协会、技术分享会、展销和博览会。四是资本支持。跨国公司子公司有时会为东道国供应商提供优惠定价或直接提供资金支持，但这些支持局限在与之建立了密切关联的企业。

产业关联产生技术溢出在武汉光通信产业体现明显。在武汉市的光纤光缆制造产业链中，武汉光通信产业龙头企业长飞公司和烽火公司进行光纤生产的中间品和配套件，既有来自武汉地区的相关内资、外资和合资企业的，也有来自北京、上海、烟台、沈阳等沿海地区的，还有来自美国、德国、荷兰、日本等国外企业的。通过使用高技术含量的中间品和配套件，本土企业的研发能力和技术水平得到了提升，如武汉长飞和武汉烽火已经全面掌握了光纤制造的核心技术——预制棒技术并逐步形成了自身研发能力。① 围绕产业价值链的跨国公司在华研发投资布局与中国区域自主创新整体上达到了双赢效果。

表 3-9　武汉光纤光缆产品配套情况

产品	配套件	占产品价值（%）	配套情况	配套国家或地区
光纤	光纤预制棒	65	国外、自制	日本、武汉长飞
	反应管	25	国外、国内	德国赫劳斯、北京
	套管	12	国外、国内	德国赫劳斯、北京
	尾棒、尾管	6	国外、国内	荆州、GE 进口
	锗硅氯化物原料	8	国外、国内	美国、德国墨克、北京、上海
	各种气体	10	本市	武汉
	光纤油墨	15	国外、国内本市	荷兰 DSM、上海 UV、省化学所

① 张海洋．外资技术扩散与湖北高新技术产业的发展——以武汉光通信产业为例［J］．科学学研究，2006（1）．

续表

产品	配套件	占产品价值（%）	配套情况	配套国家或地区
光缆	光纤	70~75	国外、自制	康宁、长飞、烽火
	缆膏	0.02	自制、国内	省化学所、烽火、深圳龙尼基尔
	纤膏	2.9	国内、自制	深圳龙尼基尔、省化学所
	PE 护套料	13	国外、国内	美国 DOWS、北欧化工、上海石化
	PBT 护套料	4	国外、国内	德国 DEGUSSA、德国 BASF、日本 Wintech、江苏
	钢丝	2.6	国内	江阴、汉川、无锡、南通
	钢带	4.9	国内、自制	烟台瑜钢、武汉福通、武汉图华
	铝带	4.8	国内、自制	烟台瑜钢、武汉福通、武汉图华
	芳纶丝	1.3	国外	荷兰日本合资 Teijin-twaron，美国 Dupont
	阻水带、阻水纱	0.9	国内、自制	沈阳天荣、省化学所
	非金属加强芯	0.4	国内	上海
	盘具	0.4	自制、国内	武汉

资料来源：根据湖北科技厅、武汉东湖高新技术开发区管理委员会提供的资料整理。

三、区域互动模式与跨国公司研发在华升级路径

经过多年发展，跨国公司在华研发中心的使命从“为中国创新”进一步升级到“创新在中国”，越来越多的研发中心升级为全球研发中心。2008 年，全球金融危机爆发，但中国的经济运行相对良好，很多跨国公司的在华业务成功开展成为全球为数不多的亮点。在跨国公司全面回撤海外投资的大背景下，跨国公司在中国的 R&D 投资非但没有因为金融危机减少，反而呈现出逆势增长的趋势。除了数量不断增长，跨国公司在华研发战略还不断发生质的改变，尤其是近年来，随着国内巨大市场规模的不断发展和创新环境的逐步改善，跨国公司在华研发战略正在发生着历史性转变。本部分对跨国公司在华研发的升级态势进行总结，并将其与东部、中

部和西部的跨国公司研发与区域自主创新互动模式结合起来发现跨国公司研发在华升级路径与其在东部、中部、西部的战略布局及其与各地区的区域自主创新互动模式是紧密相关的。

1. 跨国公司研发在华升级的发展态势

整体来看，跨国公司研发在中国的升级和发展主要体现在规模扩大、模式转变和区位扩散三个方面。这三个方面与跨国公司研发投资在东部、中部、西部的布局、战略地位和与区域自主创新的互动方式息息相关。规模扩大的背后是市场开发，进而带来了跨国公司研发投资向中部和西部地区的扩散，模式转变赋予了区域创新系统更多与跨国公司研发进行互动和学习的机会。

（1）在规模方面，大力扩建在华研发中心

第一，跨国公司研发机构的总体数量不断增多。自 1994 年首个跨国公司研发中心在中国出现，到 2015 年底跨国公司在华设立各类研发中心总数超过 2400 家，跨国公司在华研发中心的总体数量不断增加。

第二，同一家跨国公司的研发中心在多地布局。部分大型跨国公司在中国不仅设立一家研发中心，而且开始进行研发体系在中国市场不同区域的战略布局。以曾辉煌一时的摩托罗拉公司为例，1999 年 11 月 3 日，摩托罗拉在北京宣布成立了中国研究院；2000 年，摩托罗拉在上海成立了中国研究中心，这是摩托罗拉总部实验室在中国的分支机构，主要进行人机交互技术研究；2001 年，摩托罗拉在上海成立了计算机集团技术中心；2002 年，摩托罗拉强芯（天津）集成电路设计中心成立；2004 年，摩托罗拉在上海成立了汽车通讯与电子系统研发中心；2006 年，摩托罗拉杭州研发中心成立；截至 2009 年，摩托罗拉公司在中国累积研发投资达 10 亿美元，在北京、上海、南京、天津、成都和杭州等多个城市建立了十几个研发中心和实验室。这不仅反映了跨国公司在华研发规模的扩张，也反映了其在华业务布局与业务的升级趋势。

第三，研发费用不断加大。一些跨国公司长期以来只是象征性地在中国设立了研发分支机构，没有很多的人力、资金和研究项目投入。而今，越来越多的跨国公司开始真正投入大量设备、资本和人力进行研发创新。如飞利浦在中国已有 12 个研发中心，每年的研发投入超过 1 亿欧元。

（2）在模式方面，研发层次不断升级，从独立型研发逐步开始合作型研发

第一，在研发层次方面，跨国公司在华研发中心早期多以技术支持型和产品本土化型为主，主要负责为中国本地生产或销售提供技术指导、维修服务和产品测试，或在母国核心技术的基础上进行面对中国本土市场的产品应用开发。近期跨国公司在华研发中心的角色开始向技术跟踪型和全球研发中心转换，关注本土市场新技术发展动向并参与其中，不仅如此，还以中国为基础研发基地，将在中国进行的研发成果推向全球①。近年来，大型跨国公司的研发中心升级现象层出不穷，如微软在 2010 年把北京的微软中国研发集团升级为微软亚太研发集团，统领北京、上海、香港、台北、东京、首尔、悉尼和曼谷等地的分支机构，成为微软除在美国之外规模最大、功能最全的研发基地，并从事计算机领域最前沿的基础研究②。

第二，在研发模式方面，跨国公司开始注意利用本土逐渐丰富和完善的研发资源，从独立研发走向战略性研发外包和创新合作。随着本土创新环境的改善和科技水平的提升，跨国公司开始实施一系列加强与本地研发资源相联系的举措，最大效率地利用本土已有的研发成果。这些举措包括积极网罗和培养本地优秀人才；与本土产学研单位进行合作；跟踪当地新技术，加强对中国优势技术的应用；利用其在中国取得的创新成果影响和推动中国相关政策和技术标准体系的制定，从而获取战略收益等③。越来越多的跨国公司开始选用战略性研发外包或合作模式降低研发成本，充分利用本土研发资源。以世界知名的医药公司美国礼来公司为例，它在中国

① 跨国公司研发中心中国变脸．http：//www.antpedia.com/news/33/n-130333.html.

② 跨国公司研发中心中国变脸．http：//www.antpedia.com/news/33/n-130333.html.

③ 朱洛玲，张伟．加强企业研发中心建设，提升企业自主创新能力［J］．河南企业研发中心建设研究，2011（10）.

建立了三个外包式研发中心，承担了共计20%的化学分析和早期临床研究。在这一过程中，处于产业上下游或同等位置的本土企业也积极参与到了礼来公司的制药研发活动，例如，浙江海正药业与西班牙Cinfa共同研制开发的他克莫司胶囊获得欧盟上市批准，其采用的合作开发模式是中国药企在产业升级过渡时期的优选模式。

（3）在区位扩散方面

近年来，跨国公司在华的研发布局出现了明显的以东部沿海为基地逐渐向中西部扩散的趋势。西安、成都、武汉、重庆等科技资源和市场潜力相对丰富的内陆城市正在逐渐成为跨国公司在华研发布局的区域性中心。在2002年之前，跨国公司在中西部设立的研发机构总共只有5家，而且全部集中在西安一个城市；截至2015年底，外商企业在中西部开办的研发机构已达475个，[①] 并且投资逐步扩展到湖南、山西、重庆、广西、云南等大多数中西部省份。

2. 跨国公司在华研发升级与互动发展模式的关系

从现状来看，东、中、西部的跨国公司研发态势和与区域自主创新的互动图景呈现为一种非均衡的、各有特色的静态景象，但若在地区差异上辅以时间视角（长期内），就会发现，东、中、西部的跨国公司研发现状恰恰反映了跨国公司研发在华发展的演化和升级路径，即从技术支持研发到本地应用研发再到全球研发中心。东部、西部和中部正分别处于这三个典型阶段，而西部和中部的发展夯实了对东部跨国公司研发升级承接的基础。

跨国公司进入中国早期布局的研发中心或研发分支机构，大都是为其本土市场提供有限的技术支持，其产品研发和基础研究仍多在母国的研发机构进行。在进入中国后，中国市场的巨大潜力逐步展现和发掘，最早设立的研发机构开始从事部分基础研究，而针对本土或区域市场进行产品开

① 2016年的《工业企业科技活动统计年鉴》。

发和技术支持的需求使得跨国公司开始在升级原有研发机构的同时，在其他区域中心也在布局新的研发机构。跨国公司主动对其在华研发布局和职能进行综合调整也是跨国公司研发在不同区域呈现不同模式的重要原因。跨国公司将职能定位不同的研发中心布局在不同的区域和城市，以便更好地利用各个区域的人才资源、市场资源和政策资源。

例如，全球最大的电信基础设施供应商阿尔卡特，于2002年在上海成立了上海贝尔阿尔卡特研究与创新中心，这是阿尔卡特亚太地区的第一个研创机构，当时定位于为中国通信市场进行技术研发；2006年，上海阿尔卡特成都研发中心成立后，承接其面向中国市场的研发任务，而位于上海总部的研创中心则升级为全球市场提供创新支持的全球性研发中心；在成都成立第二个研发中心，鉴于阿尔卡特上海研发中心的能力已趋予饱和，其这也是众多东部跨国公司研发机构升级全球研发中心后开始在中国中部和西部地区进行新一轮研发投资的主要动力之一。再如，全球制药巨头辉瑞在2005年成立了上海研发中心，2010年又设立了武汉研发中心，在武汉研发中心启用后，辉瑞上海研发中心将主要侧重全球性制药项目研究，辉瑞武汉研发中心则主要侧重于中国以及亚洲病类制药研究。近些年，IT与通信行业的跨国公司纷纷在成都、重庆、西安等西部城市建立新的研发中心，着重为中西部地区乃至全国市场进行产品研发，而中部地区的跨国公司制造企业也正经历从加工生产到研发生产的演变升级。

跨国公司研发在中国不同区域的演进最重要的动力就是本土市场规模和需求的不断扩大。市场需求为产品创新和工艺创新创造了新机会，并激发跨国公司为之寻找可行的研究与开发活动，技术创新是市场需求引发的结果，市场需求在创新过程中起到了关键性的推动作用。马奎斯等人（2013）曾抽样调查了567项不同的技术创新实例，发现其中3/4的技术创新是以市场需求或生产为出发点的。市场的扩展和原材料成本的上升都会刺激企业创新，前一种创新的目的是创造更多的细分市场，抢占更大的市场份额；后一种创新的目的是减少相对昂贵原材料的用量。随着跨国公司进入中国本土的地理和产品广度扩大、产品和开发深度的加深，从简单的加工生产到本地甚至全球开发和销售产品，研发事业也自然随之不断升级①。

3. 跨国公司在华研发升级与互动发展效果的关系

跨国公司区域研发机构在全球研发体系中的地位和性质，与跨国公司研发对区域自主创新系统的相互作用大小具有重要关联。一般来说，跨国公司研发机构在其全球创新体系中的地位越高、地方自治程度越强，其与区域自主创新之间的互动作用就越大。对 117 家跨国公司在中国台湾研发活动进行研究发现，在不同的跨国公司研发机构类型中，针对全球市场研发设立的研发机构与中国台湾地方创新系统之间的互动最频繁，针对地方市场进行开发研究的研发机构次之，以支持地方性生产为目的的跨国公司研发机构与本土创新系统的互动效果最低②。

当然，跨国公司研发模式与区域自主创新并不是简单的线性关系，因为在技术、知识、人力、中介、基础设施等方面，跨国公司研发既与区域创新系统进行分享和溢出，又与区域创新系统的本土创新主体构成竞争和挤出。在东部地区，发展成熟的跨国公司研发中心可能更倾向于通过申请专利垄断创新成果而不是与区域创新系统共享知识；在西部地区，众多外资软件公司的进入给本土企业带来机会的同时也形成了激烈竞争；在中部地区，产业链不完整严重制约了相关产业的跨国公司技术扩散。因此，跨国公司研发能否与区域自主创新形成良性互动，关键在于其能否与本土创新主体形成长期合作机制。

四、东、中、西部互动发展模式的改进建议

综上分析，东部、中部和西部在跨国公司研发方面各具特色，跨国公

① 刘和东．国内市场规模与创新要素集聚的虹吸效应研究［J］．科学学与科学技术管理，2013（7）．

② Fang，S. C.，Lin，J. L.．The Relationship of Foreign R&D Units in Taiwan and The Taiwanese Knowledge-flow System［J］. Echnovation，2002（22）：371-383.

司研发与区域自主创新互动的方式和途径也不尽相同。但是，吸引跨国公司研发的目的是相同的，那就是尽可能地发挥跨国公司研发的溢出效应、加强区域创新系统的本土创新主体与跨国公司研发系统的互动进而提升区域自主创新能力和效率。为此，针对东部、中部和西部不同的互动模式，各地政府应因地制宜，采取适合促进跨国公司研发与本区域自主创新互动发展的措施。

1. 东部地区：全面升级、把握创新主动权

东部地区的跨国公司研发机构经历多年发展，其内部机制已经较为成熟，为地方市场和全球市场贡献了大量的技术创新和产品创新。但在此基础上，如何让东部地区的跨国公司研发机构从内部创新中走出来，真正融入区域创新系统中，与其他创新主体形成优质、稳定、长期的互动，从而带动区域创新在知识、技术、人才、中介服务、基础设施等全方位的进步和升级，应该是东部区域创新政策引导的重点和方向。

为此，东部地区的科技和外资政策部门，应该建立切实可行的政策体系，鼓励跨国公司研发与本土主体进行知识分享和技术转移，鼓励人才在跨国公司与本土机构之间适度流动，鼓励跨国公司研发机构与本土院校展开研发合作和人才联合培养，并完善区域自主创新的科技中介服务和基础设施服务，着力将东部地区打造成为世界创新中心。目前，东部地区在吸引跨国公司研发方面已经有了较多的政策优惠，但在促进互动方面的政策较少，落实情况还不尽如人意。未来一段时间内，东部地区，特别是北京、上海、天津、广州、南京、深圳、苏州、大连等跨国公司研发较为密集的城市，要转变外资研发政策的思路和重点，重视开发能真正促进跨国公司研发和区域自主创新互动的政策体系。例如，通过一定的政策补贴提高本土研发机构技术人员的薪资待遇，实现更多的人才回流；鼓励高校与跨国公司研发机构开展合作研发，并注重保护本土创新主体的知识产权等研发成果；继续提升区域的硬件和软件创新环境，提高科技园区和高新区的服务水平，发展科技金融、知识产权服务、技术交易市场等系统。

总而言之，如何从跨国公司创新资源的承接方转变成为区域创新资源的供给者，掌握区域自主创新系统的研发自主权和互动主动权，是东部地区在进一步促进跨国公司研发与区域自主创新互动时应特别关注的问题。

2. 中西部地区：利用后发优势，完善服务、促进互动

西部地区和中部地区的跨国公司研发虽然还明显落后于东部地区，但近几年发展态势迅猛、特色鲜明，未来一段时间内具有强大的“后发优势”。这主要体现在三个方面：

第一，中西部地区的市场规模不断增长、市场潜力巨大，对跨国公司来说极具吸引力。以通信行业为例，根据工信部发布的《2017 年通信业运行状况》报告，虽然东部地区电信业务收入继续占据半壁江山，但中西部地区的产比不断上升。东、中、西部地区电信主营业务收入比上年同期分别增长 6.6%、7.4%、8.5%。中部和西部地区市场的起点较低，其增长速度又远高于东部，这对跨国公司来说是极其重要的投资机会，这也是近年来国际通信巨头纷纷在西安、重庆、成都等中西部地区设立地区总部和地区研发机构重要原因。

表 3-10　我国东中西部 2007 年、2012 年和 2016 年城镇家庭居民交通通信支出

年份		2007	2012	2016	十年增长率（%）
东部	人均年交通通信支出（元）	1946	3233	3651	88
	人均交通通信支出占总消费性支出比例（%）	14.48	16.57	13.7	-0.78
中部	人均年交通通信支出（元）	918	1724	2452	167
	人均交通通信支出占总消费性支出比例（%）	9.92	12.34	14.7	4.78
西部	人均年交通通信支出（元）	1090	1976	2795	156
	人均交通通信支出占总消费性支出比例（%）	11.35	13.31	15.5	4.15

资料来源：根据 2008 年、2013 年、2017 年的《中国统计年鉴》整理。

第二，北上广深等东部一线城市的商务成本不断攀升，而中西部地区

不仅商务成本较低，人居环境也好很多。商务成本包括显性成本和隐性成本：显性成本也叫硬成本，主要指生产要素投入成本，包括土地成本、劳动力成本、原材料成本、经营成本、融资成本以及当地生活费用等；隐性成本也叫软成本，主要指为获得生产要素和组织生产（销售）的成本，通常包括交易成本与运输成本①。前者主要受政府服务效率与水平、政府政策（如税率政策）和市场化程度等因素的影响，包括税负、行政性收费、政府效率、公务员素质、个人权益保护、商业诉讼、市场的规范程度、中介服务、进出壁垒、产业配套能力、社会治安状况、地区文化氛围等；后者主要受区位条件、基础设施、物流市场的规范性与开放性等因素的影响。中、西部的湖北、湖南、陕西、四川等省份科技人力资源丰富，而人才竞争远没有东部激烈，人才成本也远低于东部地区；商业环境的软成本也在逐步向东部地区看齐，而硬成本则明显低于东部，具备后发优势。

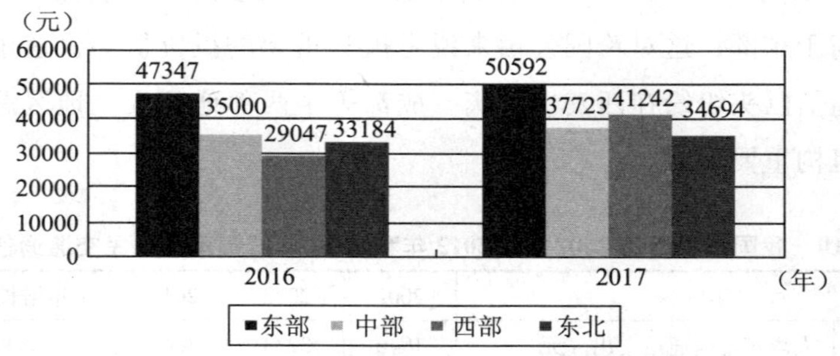

图 3-1　2016—2017 年我国分地区城镇私营单位就业人员平均工资

资料来源：2016 年、2017 年的《中国统计年鉴》。

第三，在中部崛起和西部大开发的国家战略指导下，跨国公司在中西部地区进行研发投资有望获得更多政策优惠。2010 年国家发布的《国务院关于进一步做好利用外资工作的若干意见》明确表示，“对东部地区外商投资企业向中西部地区转移的，要加大政策开放和技术资金配套支持力

① 何龙斌．基于商务成本视角的西部地区引进外资问题［J］．延安大学学报（社会科学版），2006（8）．

度，同时完善行政服务，在办理工商、税务、外汇、社会保险等手续时提供便利。鼓励和引导外资银行到中西部地区设立机构和开办业务”。

发挥后发优势对于中西部地区进一步吸引跨国公司研发意义重大。基于以上几点，中西部相关部门应在基础服务和促进互动两方面把握后发优势：在基础服务方面，中西部地区要注重当地的基础设施和服务质量，加大对高等院校等科技人才培养机构的支持力度，完善区域整体的创新环境，提高本土创新主体吸收跨国公司研发溢出的能力；在促进互动方面，中西部地区一方面要借动切实有效的优惠政策和细致深入的引资工作吸引更多的跨国公司研发投资进入；另一方面要注意结合自身特色进一步促进跨国公司研发与区域自主创新系统的深度融合，西部地区可以依靠现有的产业集聚优势带动跨国公司研发向周边产业和企业延伸，中部地区可以完善区域内产业链条，提升本土企业与跨国公司研发机构互动水平和承接跨国公司研发溢出的能力。

第四章　跨国公司在华研发投资与中国区域自主创新互动发展的实证研究

随着研发全球化不断趋于深入，跨国公司研发投资对东道国经济的影响日益成为国内外研究的热点。跨国公司研发投资能否促进广大发展中国家和地区创新能力的提升备受关注[①]。跨国公司研发机构与东道国区域创新系统的日益频繁和积极的互动，比单纯跨国公司研发资本的进入对区域自主创新具有更为重大的意义，国内研究大多仅对跨国公司研发投资与区域自主创新互动的原理进行规范性描述，缺少客观评价体系的建立和经济学意义上的实证检验。本章对跨国公司研发投资与中国区域自主创新互动发展的具体机制进行理论分析，并据此构建评价跨国公司研发投资与中国区域自主创新互动指标体系，采用中国科技统计年鉴的相关数据，对互动程度与区域创新能力的相关关系进行检验，同时比较东中西部等区域的差异。

一、文献回顾和问题提出

大量研究文献认为，跨国公司研发投资对东道国的经济发展和创新能力有着积极促进作用。对东道国来说，特别是对发展中东道国来说，他们之所以愿意吸引跨国公司到本国进行研发投资，一个重要目的就是想通过跨国公司研发投资带来市场竞争效应、人员流动效应、管理示范效应以及通过与跨国公司的研发合作联系提高本地企业技术效率，推动本国技术发

---

① 盛垒．外资研发是否促进了我国自主创新——一个基于中国行业面板数据的研究［J］．科学学研究，2010（10）．

展进程[1][2]。国外研发资本参与本地市场的竞争效应将激励东道国企业自主创新能力提升，跨国公司海外研发投资的知识外溢和技术扩散是一种必然现象。Jefferson 从企业层面出发，用新产品的销售额代表企业研发活动成果，证实了跨国公司在新产品开发方面有显著的溢出效益[3]。

但是，也有不少学者认为，跨国公司研发投资在东道国的技术转移和知识溢出现象并不明显，对东道国自主创新能力的提升效果有限。甚至，跨国公司的研发行为占用了东道国有限的研发资源，这种投资行为与东道国的经济增长关联性不大，反而造成人才外流，使稀缺资源从更有用的领域分流出去。[4] Haddad 和 Harrison[5] 通过对摩洛哥公司层面数据的研究发现，更高技术水平的跨国公司投资并没有带来其国内研发能力的提高；Aitken 和 Harrison[6] 通过对委内瑞拉的研究进一步发现，跨国公司的研发投资甚至对国内企业研发有负面效应。

很多学者对跨国公司在华研发投资与国内自主创新能力的关系进行了实证研究，如陈国宏等学者[7]对中国 1981 年以来跨国公司与技术转移的关系进行经验研究发现，跨国公司的确是中国技术进步的重要原因。张海洋在研究外资对内资企业生产效率增长的影响时发现，若剔除内资企业自主研发的正面因素，FDI 对国内企业生产效率提高的影响不显著。Gary 和 Hu 利用中国 1995—2001 年的企业数据对专利申请量和 FDI 之间的关系进行实证检验，发现行业外资企业占工业增加值的比重每增加 10%，专利申请数

---

① 谢建国．外商直接投资对中国的技术溢出［J］．经济学，2006（4）．

② 盛垒．外资研发是否促进了我国自主创新——一个基于中国行业面板数据的研究［J］．科学学研究，2010（10）．

③ Jefferson. FDI, technological innovation, and spillover evidence from large and medium size Chinese enterprises [J]. Brandeis University Waltham, 2001.

④ Dunning J. Multinational enterprises and the globalization of innovatory capacity [J]. Research Policy, 1994, 26: 67-88.

⑤ Haddad H. Are there positive spillovers from direct foreign investment? -Evidence from panel data for Morocco [J]. Journal of Development Economics, 1993, 42 (1): 51-74.

⑥ Aitken H. Do domestic firms benefit from direct foreign investment? -Evidence from Venezuela [J]. American Economic Review, 1999, 89 (3): 605-618.

⑦ 陈国宏，等．外商直接投资与技术转移关系的实证研究［J］．科研管理，2000（3）．

就增加 15%。严海宁等[①]利用行业面板数据分析发现，外商直接投资只能提高过程创新的比重，对产品创新的规模和比重存在负面效应。盛垒利用中国 37 个工业行业 1998—2006 年的面板数据进行的实证研究发现，行业内外资研发的增多对中国内资企业自主创新能力的提高有显著作用，外资研发对内资企业专利产出的促进作用相对显著，但对国内企业创新投入的影响却相对有限。

关于跨国公司在华研发溢出效应的研究存在两个缺陷：

第一，现有研究多从企业、行业或产业的角度出发对跨国公司在华研发溢出进行分析，对于区域自主创新的关注较少。而事实上，中国经济的地方保护和市场分割现象明显，区域是劳动、资本和技术等生产要素流动和交换的主要空间，区域创新系统变得越来越重要，是国家创新系统开展创新活动的主要单元。早在 1991 年，Krugman 就指出，在一个产业内，知识外溢、技术扩散都存在一个地理边界[②]；Coe 和 Helpman 等学者指出，技术在很大程度上是一个区域现象[③]。因此，研究跨国公司在华研发与中国区域创新系统之间的联系，特别是跨国公司在华研发对中国区域自主创新能力的溢出效果，具有理论价值和实践意义。

第二，现有研究多着眼于 FDI 整体规模或跨国公司研发整体规模对中国自主创新的影响，而对于跨国公司研发如何通过知识互动、技术互动、市场示范等渠道对中国本土自主创新产生影响的机制分析不足。联合国贸易与发展会议发布的《世界投资报告——跨国公司和研发国际化（2005）》中指出，在研发过程中，如果跨国公司与当地企业和机构存在紧密互动，东道国可能会获得更多的技术溢出收益。因此，研究跨国公司在华研发如何通过与中国区域自主创新互动产生创新溢出十分重要。

国内从区域视角对跨国公司在华研发和本土自主创新能力关系进行研

① 严海宁，等. FDI 对我国企业产品创新和过程创新的影响——基于行业面板数据的经验分析［J］. 经济问题，2010（4）.

② Krugman，Paul R. Geography and Trade［M］. Cambridge，MA：MIT Press，1991.

③ Coe，D. T. and Helpman. International R&D Spillovers［J］. European Economic Review，1995，39：859-887.

究的文献较少，主要包括：冼国明等①利用1998—2003年省级层面的相关数据进行分析发现，跨国公司对中国的专利申请数量有显著正面溢出效应，但这种溢出效应主要体现在外观设计专利等小型创新项目上，跨国公司在东部地区的溢出效应较强，中、西部尚未跨越促使跨国公司产生溢出效应的发展门槛；柳卸林等②通过对北京、广东、上海、江苏四地2003—2007年的面板数据研究发现，跨国公司研发资源对跨国公司创新产出有正向作用，但对中国区域总体的创新产出关系不大；刘晓宁③采用1999—2008年29个省市自治区的面板数据进行经验研究发现，外商研发投资对中国区域创新体系中的知识获取、企业技术创新、创新环境和创新绩效具有正效应，对知识创造能力的影响不显著。这些研究基本都是以FDI整体规模或跨国公司研发整体规模作为解释变量，对真正影响溢出效果的互动行为缺少理论分析和实证检验。

基于以上研究，本章尝试对跨国公司在华研发与中国区域自主创新进行互动进而产生创新溢出效应的机制进行归纳和分析，构建评价跨国公司研发与中国区域自主创新互动情况的指标体系，并利用1999—2008年十年的面板数据，对跨国公司在华研发与区域自主创新互动进而提升区域自主创新能力的假设进行实证检验。

二、互动渠道分析和评价指标体系构建

跨国公司在华从事研发活动最本质的动机是利用当地的优势资源和抢占当地市场以实现企业利益最大化。虽然研发活动本身具有技术溢出的内在功能，但溢出效应显著与否，一方面取决于中国区域创新系统的吸收消化能力大小，另一方面也取决于跨国公司在华研发能否与中国区域自主创

---

① 冼国明，等．FDI对中国创新能力的溢出效应［J］．世界经济，2005（10）．

② 柳卸林，等．中国区域创新能力报告（2009）［M］．北京：科学出版社，2009．

③ 刘晓宁．外商研发投资对我国区域创新体系的影响——基于1999—2008年省际面板数据的实证检验［J］．经济经纬，2012（1）．

新形成有效的联结和互动。区域创新系统是指由一个区域内参加技术创新扩散的企业、大学及研究机构、中介服务机构和政府构成的，为创造、储备、使用和转让知识、技术、新产品提供交流的网络系统①。如果跨国公司在研发活动中，需要区域创新系统中的内资企业、政府部门、服务机构的支持，或愿意与区域创新系统的主体进行合作互动，那么跨国公司在华研发对中国区域自主创新的介入和影响就会更加深入，从而使其研发活动的创新溢出效应更加明显。

总结起来，跨国公司在华研发与中国区域自主创新的互动主要包括以下几个方面。

1. 自然介入互动

跨国公司在某区域内投入资金、技术和人力开展研发活动，聘用当地的科技和管理人才，使用当地的基础设施和中介服务，同时产出新产品投放到区域市场中，这一系列的研发行为发生在区域创新系统内部，即使跨国公司并没有与区域创新系统的其他主体开展专门的知识交流或技术合作活动，其聘用的人才会在跨国公司和区域创新系统的其他主体之间流动，其使用当地基础设施和中介服务的行为会提升区域创新系统的服务规模和水平，其开发的新产品会被其他主体借鉴和模仿从而形成知识和技术的外溢。因此，跨国公司研发行为本身就可以通过自然介入而与区域自主创新产生互动，跨国公司研发进入本身必然会产生创新外溢。

此外，在价值链分工的背景下，本地企业创新主体在为跨国公司提供外包或配套生产的过程中，也有机会学习到跨国公司的一些先进技术②。如果从更长远的视角来看，跨国公司研发机构与其母公司或其他研发机构有着千丝万缕的联系，这会增强区域创新系统的开放性，使其与国际技术创新同步，使区域内企业和科研机构可以在更广阔的平台上获取知识和技

---

① 黄鲁成．关于区域创新系统的理论和政策［M］．济南：山东教育出版社，1999.

② 刘晓宁．外商研发投资对我国区域创新体系的影响——基于 1999—2008 年省际面板数据的实证检验［J］．经济经纬，2012（1）.

术，在全球范围内进行技术合作和技术交换，从而大大提高区域创新体系的知识获取能力①。

不过，这种因自然介入而产生的溢出效应并不总是随着跨国公司研发规模的增加而无限放大。在跨国公司研发所占比重适度、区域创新本土主体能够确保较为充足研发资源的情况下，跨国公司研发规模的适度增加和比重的适度提高能够提升跨国公司研发对本土主体的示范和激励效果；但如果跨国公司研发所占比重过高，挤占了区域创新本土主体的研发资金、人力资源、公共科技资源，则可能对本土研发形成挤出效应，反而降低区域创新系统的创新能力。

2. 知识创新互动

跨国公司在华开展研发活动会带来知识的制造和创新。跨国公司研发产生的新知识，可以通过很多渠道在区域创新系统内共享，使得区域创新系统的其他主体有机会学习到。例如，跨国公司研发的从业人员发表科技论文、参加区域的学术会议等学术活动，都可以形成跨国公司研发与区域自主创新在知识创新方面的互动，进而对区域自主创新产生积极的促进作用。

产学研合作是公共科技资源与市场需求相结合的重要途径。跨国公司凭借其经济、技术和社会影响力，与本土高等院校和科研机构等开展各种形式的研发合作，如委托研究、设立联合实验室等，这是跨国公司研发与本土进行知识创新互动的重要方式。IBM 公司与中国 50 多所高校建立了合作关系，成立了 19 个联合实验室、25 个 IBM 技术中心、13 个解决方案中心、12 个授权认证中心和 3 个软件人才实践基地，与 20 所高校开展了 40 个联合研究项目②。这种合作互动的意义不仅体现在知识和技术的分享上，还体现在跨国公司以其高度的市场意识，引导科研院所、高等院校培育市

---

① 杜伟锦，等．跨国公司研发投入对本土企业创新绩效的影响——基于浙江数据的实证研究［J］．科技与经济，2013（1）．

② 盛垒．跨国公司在华研发与我国自主创新发展［J］．国际经济合作，2008（4）．

场观念、关注市场领域的研究动向，提升区域创新主体的创新管理水平上。

3. 技术创新互动

跨国公司研发会通过技术合作、技术转移和产业合作等方式与区域自主创新的其他主体进行技术创新方面的互动，从而提升区域自主创新能力。

首先，跨国公司可以通过技术合作项目或成立合作研发中心等方式与区域创新主体进行技术互动。以江苏省为例，英特尔公司与南京本土企业合作建立了 Intel-Sample RFID 研发中心，惠普公司和南京大学合作建立了物流技术研发中心等。不过，目前跨国公司在华设立的研发机构绝大多数都是独资形式，与区域创新系统在技术合作方面的互动规模较小。

其次，跨国公司研发可以通过技术购买、技术出售等行为参与到区域创新系统的技术转移中，从而与区域创新系统的其他主体形成技术互动。引进国外技术和购买国内技术是跨国公司除自主研发外进行研发投资的主要行为。有研究表明，跨国公司购买国内企业技术对技术进步的正向效应显著，① 技术创新互动可以明显提高区域自主创新能力。

最后，产业关联是跨国公司在华研发与中国区域创新系统进行技术创新互动的重要方式。跨国公司向与其合作的供应商或服务商企业提供技术支持和培训、帮助其建立生产设施，区域内中间产品供应商为满足跨国公司中间产品质量和标准要求而主动学习或创新。特别是在高新技术产业方面，通过产业内部的价值链分工与合作，跨国公司研发向产业内的本土创新主体转移了大量技术和管理经验。例如，杭州在打造“天堂硅谷”的过程中吸引了包括诺基亚、UT 斯达康公司、三星、松下等跨国公司在杭州设立研发中心，而这些跨国公司的生产性投资和研发投资极大地助推了杭

---

① 孙玮，等. FDI 技术来源渠道与高技术产业自主创新效率［J］. 中国科技论坛，2010（5）.

州现代通信设备制造业、软件产业以及集成电路产业的集聚壮大①。

4. 人力资本互动

跨国公司研发机构以其优良的薪资条件、研究环境、培养机制吸引了大量的本土科技人才，虽然这在一定程度上给发展相对落后的本土企业和科研机构造成了人才引进的压力，但对区域创新系统的人力资本培育效应是毋庸置疑的。

随着本土企业和科研机构的不断进步，研发人才在跨国公司和本土创新主体之间的流动越来越频繁，成了跨国公司在华研发与区域自主创新互动的重要渠道。如中科信利语音实验室是由原英特尔中国研究中心主任和首席研究员颜永红带领6名原英特尔研发人员辞职后于2002年创建的，该实验室研发的电信级语音识别产品已在国内20余个省级电信运营商中进行商业化运营；桌面“平台”语音识别产品已成为英特尔数字家庭台式电脑的捆绑软件；嵌入式平台产品已集成于国内多家手机厂商和PDA厂商的产品内。

除人才流动外，跨国公司研发还通过和本土研发机构的合作，将更多的资金、先进的技术和前沿的人才培养理念等带入区域创新系统的人才培养体系中。例如，贝尔实验室基础科学研究院（中国）先后与北京大学、清华大学、复旦大学及中国科学院建立了6个联合实验室，贝尔实验室基础科学研究院（中国）还与国家自然科学基金委签署联合资助协议共同资助部分重点和青年基金项目。

5. 政策制度互动

跨国公司在华研发有助于提升中国政府的管理能力和服务水平。跨国公司在华研发往往具有较高的基础设施和政策服务要求，一方面促进中国

---

① 曹永峰．跨国公司研发投资与区域技术创新能力的提升——以环杭州湾为例［J］．科技进步与对策，2006（12）．

政府改善区域内交通、通信等基础设施；另一方面促使中国政府在制定制度、计划和法规等政策的过程中由直接的干预者转变为市场环境、政策环境的服务者，为区域自主创新营造更好的基础设施环境和制度环境。

此外，自2000年原外经贸部颁布《关于外商投资设立研发中心有关问题的通知》后，作为跨国公司研发投资主要目标区域的北京、上海、江苏、广东等地出台的省市级相关文件纷纷规定，允许或鼓励跨国公司研发机构申请和承接本土科技项目，例如江苏省规定，跨国公司研发机构与省内单位联合成立的各类研发机构，可独立申请省内各类科技发展计划项目。将政府资金注入跨国公司研发机构，利用跨国公司研发机构的研发优势开展政府科技项目，有利于提升区域的自主创新能力。

6. 中介服务互动

区域创新系统的中介服务机构包括企业联盟、行业协会、科技园区、孵化器、专利服务机构、金融服务机构、律师事务所等众多机构。跨国公司研发一方面需要使用这些中介服务机构提供的服务，从而促进区域创新系统中介服务机构的发展；另一方面，这些中介服务机构是企业间网络联系、官产学研结合的纽带，通过使用他们的服务，跨国公司研发机构得以和区域创新系统的其他主体展开更多联系、合作和互动，从而提升区域自主创新能力。

基于以上分析，本书构建了评价跨国公司在华研发与中国区域自主创新互动发展的指标体系，包括自然介入互动指数、知识创新互动指数、技术创新互动指数、人力资本互动指数、政策制度互动指数、中介服务互动指数6个一级指标和14个以外资企业占全部企业比重方式衡量的二级指标（如表4–1所示）。

表 4-1 跨国公司在华研发与中国区域自主创新互动的评价指标体系

跨国公司在华研发与中国区域自主创新互动指数	1. 自然介入互动指数	1. 1 外资企业研发费用占全部企业比重
	2. 知识创新互动指数	2. 1 外资企业发表科技论文数占全部企业比重 2. 2 外资企业参与学术交流人次占全部企业比重 2. 3 外资企业投入高校研发费用占全部企业比重
	3. 技术创新互动指数	3. 1 中外合资研发中心研发费用占全部企业研发中心比重 3. 2 外资企业与内资机构技术合作项目经费占全部企业比重 3. 3 外资企业购买国内技术费用占全部企业比重 3. 4 内资企业购买外资企业技术费用占全部企业比重
	4. 人力资本互动指数	4. 1 外资企业研发人员占全部企业比重 4. 2 外资企业研发部门流动至内资机构人次占全部企业比重 4. 3 外资企业与高等院校联合培养人次占全部企业比重
	5. 政策制度互动指数	5. 1 外资企业研发经费中政府资金占全部企业比重
	6. 中介服务互动指数	6. 1 外资企业研发经费中金融机构贷款金额占全部企业比重 6. 2 外资企业科技中介服务支出占全部企业比重

三、实证检验数据选取、模型设定与方法说明

1. 变量说明和数据选取

借鉴大多数研究的做法，本书选取地区年度专利申请量作为被解释变量，代表区域自主创新能力。在解释变量的选择上，依据构建的指标体系和相关数据的可得性，选取了 5 个指标（如表 4-2 所示）分别衡量跨国公司研发与中国区域自主创新的自然介入互动、技术创新互动、人力资本互动、政府政策互动、中介服务互动情况。同时，本书还选取地区年度 R&D 经费内部支出总额作为对区域自主创新能力具有影响的另一重要变量（即控制变量），以排除互动情况以外其他因素对区域自主创新能力的影响。

表 4-2 变量与数据选取

	变量	数据
Na INTER	自然介入互动指数	本年度地区大中型工业企业（三资）R&D 费用/本年度地区大中型工业企业 R&D 费用
Tech INTER	技术创新互动指数	本年度地区大中型工业企业（三资）购买国内技术费用/本年度地区大中型工业企业购买国内技术费用
Hr INTER	人力资本互动指数	本年度地区大中型工业企业（三资）科技活动人员数/本年度地区大中型工业企业科技活动人员数
Gov INTER	政府政策互动指数	本年度地区大中型工业企业（三资）科技活动筹集费用中政府资金金额/本年度地区大中型工业企业科技活动筹集费用中政府资金金额
Ser INTER	中介服务互动指数	本年度地区大中型工业企业（三资）科技活动筹集费用中金融机构贷款金额/本年度地区大中型工业企业科技活动筹集费用中金融机构贷款金额
RIS	区域自主创新能力	本年度地区专利申请量
R&D INPUT	区域创新总投入	本年度地区 R&D 经费内部支出总额

本书使用的所有数据均来自 2000—2009 年的《中国科技统计年鉴》。对于相关数据有四点说明：其一，由于 2009 年之后的《中国科技统计年鉴》及地方统计年鉴均没有再对三资企业或外资企业的 R&D 情况进行专门统计，因此，本书仅对截至 2008 年的情况进行研究；其二，由于《中国科技统计年鉴》统计口径的变化，2003 年和 2004 年数据为规模以上工业企业，考虑到本书使用的数据均为比重指标，此统计口径的变化对研究的影响不大；其三，《中国科技统计年鉴》自 2003 年后才对工业企业（三资）的 R&D 经费进行统计，因此，2001 年和 2002 年使用的区域创新总投入的数据为大中型工业企业（三资）科技活动经费内部支出；其四，由于《中国科技统计年鉴》2000 年之前对 R&D 情况的统计称为“技术开发情况”，因此 1999 年和 2000 年使用的数据是大中型工业企业技术开发费用内部支出、技术开发人员等相关数据。

为了初步了解指标体系构建的科学性和适用性，在使用面板数据分析之前，本书首先对东中西部的各项互动指数进行描述性分析。东部地区、中部地区和西部地区 1999—2008 年各项互动指数如下表所示。

表 4-3　中国东部、中部、西部地区 1999—2008 年各项互动指数

年份	地区	自然互动	技术互动	人力互动	政府互动	中介互动
1999	东部	0. 1841	0. 0950	0. 0635	0. 0317	0. 1608
	中部	0. 2520	0. 1088	0. 1102	0. 0616	0. 2080
	西部	0. 0619	0. 1083	0. 0222	0. 0144	0. 0244
2000	东部	0. 1911	0. 0738	0. 0768	0. 0448	0. 1419
	中部	0. 2512	0. 1106	0. 1233	0. 0947	0. 1702
	西部	0. 0748	0. 0429	0. 0304	0. 0077	0. 0661
2001	东部	0. 1876	0. 0014	0. 0910	0. 0536	0. 1762
	中部	0. 2500	0. 0019	0. 1445	0. 0992	0. 2260
	西部	0. 0490	0. 0011	0. 0309	0. 0159	0. 0391
2002	东部	0. 1969	0. 0564	0. 1006	0. 0392	0. 1481
	中部	0. 2617	0. 0628	0. 1585	0. 0915	0. 1830
	西部	0. 0604	0. 0496	0. 0365	0. 0111	0. 0413
2003	东部	0. 2312	0. 0804	0. 1220	0. 0580	0. 1368
	中部	0. 2891	0. 0951	0. 1863	0. 1185	0. 1842
	西部	0. 0921	0. 1066	0. 0469	0. 0066	0. 0227
2004	东部	0. 2712	0. 1121	0. 1708	0. 0625	0. 1478
	中部	0. 3178	0. 1523	0. 2430	0. 1208	0. 1797
	西部	0. 1476	0. 0368	0. 0735	0. 0241	0. 0606
2005	东部	0. 2604	0. 1404	0. 1719	0. 0823	0. 2283
	中部	0. 3164	0. 1144	0. 2522	0. 1503	0. 2742
	西部	0. 1028	0. 1098	0. 0676	0. 0227	0. 1104
2006	东部	0. 2726	0. 1435	0. 1851	0. 0854	0. 3267
	中部	0. 3281	0. 1723	0. 2711	0. 1365	0. 3966
	西部	0. 1259	0. 1050	0. 0737	0. 0358	0. 1264
2007	东部	0. 2912	0. 1072	0. 2201	0. 0973	0. 2372
	中部	0. 3543	0. 1184	0. 3111	0. 1623	0. 2850
	西部	0. 1291	0. 1221	0. 0877	0. 0362	0. 1871
2008	东部	0. 2680	0. 1181	0. 2271	0. 1449	0. 2306
	中部	0. 3183	0. 1219	0. 3054	0. 1703	0. 2904
	西部	0. 1436	0. 1188	0. 0974	0. 0869	0. 1399

通过表 4-3 发现，中国东、中、西部的各项互动指数随着跨国公司研发的逐步进入，基本呈现递增趋势，其中东部地区由于跨国公司研发进入早、规模大、层次高，其各项互动指数明显高于中部和西部，指数显示结果符合以往研究对东、中、西部跨国公司研发与区域自主创新互动的理论认识。

鉴于统计数据的可得性有限，本书只获得全国 31 个省市在 1999—2008 年十年间的数据。如果直接选用 31 个省市十年间的面板数据作为研究对象，则可能出现以下两个问题：在统计意义上，面板数据的截面维度（在本研究中即选择的省市个数）远远大于时间维度，容易导致部分研究结果不可得、分析结果不准确；在现实意义上，由于国内大多数省市的跨国公司研发尚处于发展初期，互动水平较低，互动效果尚不明显，如果全部纳入模型中，会无法判断互动水平不同的情况下跨国公司研发与中国区域自主创新互动对区域创新能力的典型影响。

因此，本书首先运用面板聚类分析对 31 个省市进行自然聚类，根据聚类结果数据所反映的实际情况，挑选最具典型意义的面板数据进行检验和分析。

2. 模型设定

本书以区域自主创新能力（RIS）为因变量，以区域创新总投入（R&DINPUT）作为控制变量，以各项互动指数分别作为自变量构建模型。之所以未将所有互动指数纳入一个回归模型中，主要考虑各互动指数之间的相关性较强，为避免共线性和互为因果问题，将各个互动指数单独列出作为影响区域创新能力的自变量。无论选择哪种计量模型回归，都有随机效应模型和固定效应模型两种形式。

随机效应模型：

$$RIS_{it} = \alpha \times (R\&DINPUT)_{it} + \beta_1 \times (NaINTER)_{it} + b + u_i + \varepsilon_{it}$$

$$RIS_{it} = \alpha \times (R\&DINPUT)_{it} + \beta_2 \times (TechINTER)_{it} + b + u_i + \varepsilon_{it}$$

$$RIS_{it} = \alpha \times (R\&DINPUT)_{it} + \beta_3 \times (HrINTER)_{it} + b + u_i + \varepsilon_{it}$$

$$RIS_{it} = \alpha \times (R\&DINPUT)_{it} + \beta_4(GovINTER) + b + u_i + \varepsilon_{it}$$

$$RIS_{it} = \alpha \times (R\&DINPUT)_{it} + \beta_5(SerINTER) + b + u_i + \varepsilon_{it}$$

固定效应模型：

$$RIS_{it} = \alpha \times (R\&DINPUT)_{it} + \beta_1 \times (NaINTER)_{it} + c_i + \varepsilon_{it}$$

$$RIS_{it} = \alpha \times (R\&DINPUT)_{it} + \beta_2 \times (TechINTER)_{it} + c_i - \varepsilon_{it}$$

$$RIS_{it} = \alpha \times (R\&DINPUT)_{it} + \beta_3 \times (HrINTER)_{it} + c_i + \varepsilon_{it}$$

$$RIS_{it} = \alpha \times (R\&DINPUT)_{it} + \beta_4(GovINTER) + c_i + \varepsilon_{it}$$

$$RIS_{it} = \alpha \times (R\&DINPUT)_{it} + \beta_5(SerINTER) + c_i + \varepsilon_{it}$$

上式中，i 代表地区，t 代表年份，u_i 和 c_i 代表未观测到的地区影响因素，其中 u_i 服从随机分布，c_i 只是与地区相关的一个常数。ε_{it} 表示残差项。

以上公式中，各项互动指标系数的符号和显著性是本书关注的重点。如果 β 为正且显著，则说明跨国公司在华研发与中国区域自主创新的互动对区域自主创新能力有促进作用。

3. 计量方法说明

从研究角度看，面板数据模型结合了时间序列和截面数据，能够同时反映研究对象在时间和截面两个方向上的变化规律；从统计角度看，面板数据模型不仅增加了观测样本量，提高了样本自由度，而且减弱了变量多重共线性的影响，可以降低估计误差①。因此，本书所选取的数据均为面板数据。

考虑到统计意义和现实意义上的双重需要，本书首先对全国 31 省市（剔除缺失值较多的西藏）1999—2008 年的面板数据进行了面板聚类分析，得到三个规模适中的面板数据；然后对面板数据进行分析，包括面板单位根检验、面板协整检验和面板模型估计三个步骤。

本书所采用的具体过程和方法如下：

① 刘晓宁．外商研发投资对我国区域创新体系的影响——基于 1999—2008 年省际面板数据的实证检验［J］．经济经纬，2012（1）．

（1）面板聚类分析

对面板数据的研究已经形成较为成熟的理论，但对于面板数据的预处理往往被人们所忽视。人们通常根据实际情况运用计量经济模型对面板数据进行分析，这样具有一定的盲目性，很难直接建立能反映实际问题的模型。面板数据实际上是一种复杂的数据结构形式，在对其进行深入分析之前，特别是建立计量经济模型时，需要对面板数据有一个初步了解，这样才能从原始面板数据中获得必要信息。对面板数据的聚类分析就是其中重要的一步。

对于面板数据 $x_i(t)$，$i=1, 2, \cdots, N$，$0 \leqslant t \leqslant T$，考虑 N 个面板数据之间的近似性用面板之间的距离表示，其表现形式是一个 $N \times N$ 的对称矩阵，即

$$\begin{bmatrix} 0 & \delta_{1,2} & \delta_{1,3} & \cdots & \delta_{N-1,N} \\ & 0 & \delta_{1,3} & \cdots & \delta_{2,N} \\ & & \vdots & \vdots & \cdots \\ & & & \vdots & \delta_{1n} \\ & & & & 0 \end{bmatrix}$$

对于设定的面板数据，其间的相似指标可以用差异的上确界、一致差异、差异的最大值、差异的绝对和、差异的欧式距离来衡量，由此可以生成相似矩阵。在此基础上，利用系统聚类分析就可以得到分析结果，聚类分析的基本过程是：第一步将每个数据 $x_i(t)$，$i=1, 2, \cdots, N$，独自聚成一类，共有 N 类；第二步根据所确定面板数据的相似指标把“距离”较近的两个面板数据聚合成一类，其他的面板数据仍然各自独自聚成一类，共聚成 $N-1$ 类；第三步将“距离”较近的两个面板数据聚合成一类，共聚成 $N-2$ 类。以上步骤一直进行下去，最后将所有的面板数据都聚成一类。再根据聚类分析的结果选择合适的聚群数，之后进行下一步分析。

（2）面板单位根检验

研究表明，一些非平稳的经济时间序列往往表现出共同的变化趋势，而这些序列间本身不一定有直接关联，对这些数据进行回归，尽管有较高

的R平方，但其结果并没有实际意义。这种情况被称为虚假回归或伪回归（Spurious Regression）。平稳的真正含义是：一个时间序列剔除了不变的均值（可视为截距）和时间趋势以后，剩余的序列为零均值和同方差，即白噪声。面板单位根检验有三种检验模式：既有趋势又有截距、只有截距、以上都无，通常通过变量的趋势图来判断采用哪种检验方式；单位根检验一般是先从水平（Level）序列开始检验，如果存在单位根，则对该序列进行一阶差分后继续检验，若仍存在单位根，则进行二阶甚至高阶差分后检验，直至序列平稳为止。如果变量在同一种方法下实现同阶单整，才可进行协整分析和回归①。

面板单位根检验的方法：在非平稳的面板数据渐进过程中，Levin and Lin（1993）很早就发现这些估计量的极限分布是高斯分布，这些结果也被应用在有异方差的面板数据中，并建立了对面板单位根进行检验的早期版本。后来经过Levin等（2002）的改进，提出了检验面板单位根的LLC法；Lmetal（1997）还提出了检验面板单位根的IPS法；Breitung（2000）发现IPS法对限定性趋势的设定极为敏感，又提出了面板单位根检验的Breitung法；Maddala和Wu（1999）提出了ADF-Fisher和PP-Fisher面板单位根检验方法②。综上可知，可以使用LLC、IPS、Breitung、ADF-Fisher和PP-Fisher5种方法进行面板单位根检验。为了方便，可以采用两种面板数据单位根检验方法，选择较为合适的一种相同单位根检验方法和一种不同单位根检验方法。本书选用了相同单位根检验LLC（Levin-Lin-Chu）检验和不同根单位根检验PP-Fisher检验两种方法。

（3）面板协整检验

面板协整检验的原理：为了避免伪回归现象，需要对面板数据进行协整检验，考察变量间是否存在长期均衡关系。如果基于单位根检验的结果发现变量之间是同阶单整的，可以进行协整检验。协整检验是考察变量间

① 徐涛．金融发展对我国区域对外贸易比较优势的影响［D］．浙江工商大学，2010.

② 混合效应模型和面板数据分析．http：//blog. sina. com. cn/main_ v5/ria/private. html？uid=1265634380.

长期均衡关系的方法。所谓协整是指若两个或多个非平稳的变量序列，其某个线性组合后的序列呈平稳性，即这些变量序列之间存在协整关系，因此协整的要求或前提是同阶单整。通过了协整检验，说明变量之间存在长期稳定的均衡关系，其方程回归残差是平稳的。因此可以在此基础上直接对原方程进行回归，此时的回归结果是比较精确的。

面板协整检验的方法：对于面板数据协整关系的检验，主要有基于Johansen协整检验的Fisher协整检验法和类似于时间序列协整检验的EG两步法；其中以EG两步法为基础的面板数据协整检验中，具有代表性的是以Kao为代表的同质面板的协整检验和Pedroni提出的异质面板的协整检验；目前较为常用的是Pedroni检验方法，Pedroni构造了7个检验面板协整关系的统计量，其中4个用联合组内维度描述，分别记为Panelν、Panelρ、Panel PP和Panel ADF统计量，另外3个用组间维度描述，分别记作Groupρ、Group PP和Group ADF统计量；根据Pedroni的结论，Panel ADF和Group ADF统计量的检验效果最好，Panel PP和Group PP统计量次之，其他则效果较差①。

（4）面板模型估计

面板模型估计的原理：由于面板数据同时具有截面、时序的两维特性，模型设定直接决定了参数估计的有效性，因此要先对模型形式进行检验。面板数据模型的选择通常有三种形式：第一种是混合估计模型（Pooled Regression Model）。如果从时间上看，不同个体之间不存在显著性差异；从截面上看，不同截面之间也不存在显著性差异，那么就可以直接把面板数据混合在一起用普通最小二乘法（OLS）估计参数。第二种是固定效应模型（Fixed Effects Regression Model）。如果对于不同的截面或不同的时间序列，模型的截距不同，则可以采用在模型中添加虚拟变量的方法估计回归参数。第三种是随机效应模型（Random Effects Regression Model）。如果固定效应模型中的截距项包括了截面随机误差项和时间随机

① 刘晓宁．外商研发投资对我国区域创新体系的影响——基于1999—2008年省际面板数据的实证检验［J］．经济经纬，2012（1）．

误差项的平均效应，并且这两个随机误差项都服从正态分布，则固定效应模型就变成了随机效应模型。

面板模型估计的方法：面板数据的模型估计有混合数据模型、变截距模型以及变系数模型三类，建立面板数据模型的第一步就是检验样本数据究竟符合哪种模型形式。目前广泛采用的是协方差分析检验，而无论是变系数模型还是变截距模型，都有固定效应模型和随机效应模型两种形式，建立面板数据模型的第二步就是判断应采用哪种效应模型，通常需要进行豪斯曼检验。

协方差分析检验具体是通过两个 F 统计量来进行的：

$$F_1=\frac{(S_2-S_1)/(N-1)k}{S_1/[N(T-k-1)]}\sim F[(N-1)k,\ N(T-k-1)]$$

$$F_2=\frac{(S_2-S_1)/(N-1)(k+1)}{S_1/[N(T-k-1)]}\sim F[(N-1)k,\ N(T-k-1)]$$

其中，S_1、S_2、S_3 分别为变系数模型、变截距模型和混合模型的残差平方和；N 为截面样本格式；T 为时间跨度；k 为自变量个数。对于给定的显著性水平，首先利用 F_2 统计量判断是否为混合模型，如果 F_2 小于临界值，则认为模型中的参数与个体的变化无关，可使用混合数据模型进行回归分析；如果 F_2 大于临界值，则选择使用 F_1 检验，若 F_1 比临界值小，那就选用变截距模型，否则选用变系数模型。

豪斯曼（Hausman）检验的原假设是个体效应与回归变量无关，应建立随机效应模型。检验该假设的统计量为：

$$\chi=\frac{(\beta_w-\beta_{RE})^2}{S^2_{\beta_w}-S^2_{\beta_{RE}}}\sim\chi^2(K)$$

其中 β_w 表示固定效应模型参数的估计量，是离差 OLS 估计量；β_{RE} 表示随机效应模型参数的估计量，是可行的 GLS 估计量。如果 χ 值小于临界值，则接受原假设，说明 β_w 和 β_{RE} 是一致估计量，两者差异不显著，应建立随机效应模型；如果 χ 值大于临界值，则拒绝原假设，说明 β_w 是一致估计量而 β_{RE} 是非一致估计量，应建立固定效应模型；如果 χ 值为负，可以直接使用随机效应模型。

四、实证分析与检验结果

1. 面板聚类分析

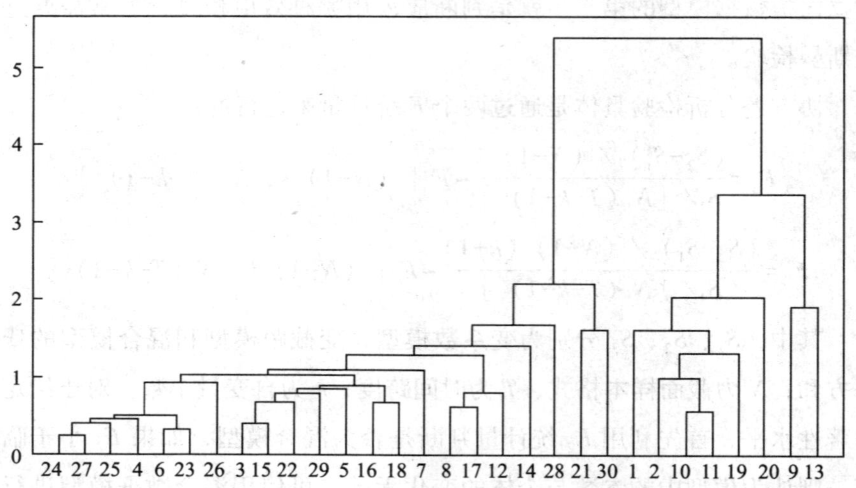

图 4-1　30 个省市数据面板聚类分析结果

注：图表中 1~30 分别代表：1 北京、2 天津、3 河北、4 山西、5 内蒙古、6 辽宁、7 吉林、8 黑龙江、9 上海、10 江苏、11 浙江、12 安徽、13 福建、14 江西、15 山东、16 河南、17 湖北、18 湖南、19 广东、20 广西、21 海南、22 重庆、23 四川、24 贵州、25 云南、26 陕西、27 甘肃、28 青海、29 宁夏、30 新疆。

研究面板聚类分析图的结果可知：

表 4-4　面板聚类分析结果

分为两类	第一类	1 北京、2 天津、10 江苏、11 浙江、19 广东、20 广西、9 上海、13 福建	除广西外，全部为外资研发介入较多的东部省市
	第二类	其他省份	外资研发介入较少的省份

续表

分为三类	第一类	9 上海、13 福建	外资研发介入最多的两个省市，近年来外资研发比例一般在 50%上下
	第二类	1 北京、2 天津、10 江苏、11 浙江、19 广东、20 广西	外资研发介入较多的省市，近年来外资研发比例一般在 30%上下
	第三类	其他省份	外资研发介入较少，近年来外资研发比例一般低于 30%
分为四类	第一类	9 上海、13 福建	外资研发介入最多的两个省市，近年来外资研发比例一般在 50%上下
	第二类	1 北京、2 天津、10 江苏、11 浙江、19 广东、20 广西	外资研发介入较多的省市，近年来外资研发比例一般在 30%上下
	第三类	21 海南、30 新疆	不易解释
	第四类	其他省份	外资研发介入较少，近年来外资研发比例一般低于 30%

面板聚类分析基本将跨国公司研发介入较多的省份与跨国公司研发介入较少的省份进行了分离，这也比较符合我们对该问题的理论认知：即跨国公司研发介入越多，其与区域自主创新的互动效果可能也会随之更加显著和更加典型。结合各省市跨国公司研发的实际情况和面板聚类的分析结果，考虑到时间维度和截面维度的平衡性，本书选取了四个面板样本进行分析，验证跨国公司研发与区域自主创新的互动程度对区域创新能力的影响。

第一，上海、福建两地 1999—2008 年的面板数据，考察在跨国公司研发介入区域自主创新很多的情况下（外资研发平均比重占到 40%以上），互动程度对区域创新能力的影响。

第二，北京、天津、江苏、浙江、广东五地 1999—2008 年的面板数据，考察在跨国公司研发介入区域自主创新较多的情况下（外资研发的平均比重在 20%~40%），互动程度对区域创新能力的影响。

第三，重庆、陕西、湖南、河南、山东五地 1999—2008 年的面板数据，考察在跨国公司研发介入区域自主创新较少的情况下（外资研发的平均比重在 20%以下），互动程度对区域创新能力的影响。

第四，北京、上海、广东、江苏四地 1999—2008 年的面板数据。这四地为国内跨国公司研发机构最集中的区域（商务部统计显示，2005 年 750 家跨国公司研发机构中有 85%分布在这四个区域）。跨国公司研发机构最集中的区域，未必是跨国公司研发比重最高的区域。例如福建省的跨国公司研发比重很高，但跨国公司研发机构却较少，其原因主要在于福建省的外资总量大，而相对独立的外资研发机构却不多。事实上，相对独立的跨国公司研发机构与区域创新系统的其他主体进行互动的行为会更加明显，对区域创新能力的影响也更加直接和显著。因此，本书还选取了四个跨国公司研发机构最集中的区域，主要考虑到本书关注的是跨国公司研发与区域自主创新的互动效果，其他地区因为跨国公司研发机构较少、互动水平较低，与本书的研究需要不契合。在这一面板中，为了考察各互动指数对区域创新能力的综合影响，将所有互动指数都纳入了同一个多因素方程中进行综合考察。

除了对四个面板数据进行单独分析外，本书还将对四个面板回归结果进行横向比较，观察跨国公司研发介入程度不同，跨国公司研发与区域自主创新的互动程度对区域创新能力的影响会不会发生变化。

2. 面板 1 数据分析（上海、福建）

（1）单位根检验

首先对上海、福建两省市 1999—2008 年的数据进行单位根检验，采用 LLC 方法和 PP-Fisher 方法，检验结果如下：

表 4-5　面板 1（上海、福建）的单位根检验

	检验方法	Nainter	Hrinter	Techinter	Govinter	Serinter
水平值	LLC	-0. 26125 (0. 3970)	-0. 12302 (0. 4510)	-5. 18840 (0. 0000)***	-8. 18433 (0. 0000)***	-4. 99122 (0. 0000)***
	PP-Fisher	0. 00894 (1. 0000)	0. 21373 (0. 9947)	22. 0102 (0. 0002)***	3. 95051 (0. 4127)	2. 94318 (0. 5674)

续表

	检验方法	Nainter	Hrinter	Techinter	Govinter	Serinter
一阶差分	LLC	-2.70699 (0.0034)**	-6.17738 (0.0000)***	-5.20324 (0.0000)***	-11.0852 (0.0000)***	-19.9957 (0.0000)***
	PP-Fisher	19.2487 (0.0007)***	23.8189 (0.0001)***	22.8804 (0.0001)***	10.5133 (0.0326)*	15.0802 (0.0045)**

注：①*、**、***表示分别在10%、5%和1%的显著性水平上拒绝原假设（即存在单位根）；

②括号中的数字表示该统计量的伴随概率（P值）。

由表4-5可以看出，面板数据水平值的单位根检验，TECHINTER在1%的显著性水平上拒绝存在单位根的原假设，其他变量不能拒绝存在单位根的原假设；面板数据一阶差分值的单位根检验均至少在10%的显著性水平上拒绝存在单位根的原假设，即本书所涉及的各变量是一阶单整的I（1）的，可以认为各变量在时间序列上是平稳的，能够进行OLS回归分析。

（2）协整关系检验

然后对RIS和R&DINPUT两个变量进行协整关系检验，采用Pedroni方法，结果如下表所示，主要考察Panel ADF、Group ADF、Panel PP和Group PP四个统计量。

表4-6 面板1（上海、福建）的面板协整检验

	Panel ν	Panel ρ	Panel PP	Panel ADF	Group ρ	Group PP	Group ADF
统量	0.407363	-1.369971	-4.847625	-1.306777	0.274241	-2.872116	-1.670472
P值	(0.3419)	(0.0853)	(0.0000)***	(0.0956)	(0.6081)	(0.0020)**	(0.0474)*

注：①*、**、***分别表示在10%、5%和1%的显著性水平上拒绝不存在协整关系的原假设；

②除了Panel ν为右尾检定外，其他统计检验量均为左尾检定；

③括号中的数据是该统计量的伴随概率（P值）。

由表4-6可以看出，四个统计量中除了Panel ADF，其余均至少在10%的显著性水平上拒绝原假设，可以认为RIS和R&DINPUT存在面板协整关系，即区域创新总投入与区域创新能力之间存在长期均衡关系，可以进行回归分析。

（3）协方差分析检验

然后对各个模型进行协方差分析检验，判断使用哪种回归模型进行回归分析，协方差分析检验的结果如下：

表 4-7　面板 1（上海、福建）的协方差分析检验结果

统计量	Nainter	Hrinter	Techinter	Govinter	Serinter
F_1	393. 49 * * *	386. 34 * * *	390. 06 * * *	389. 47 * * *	409. 31 * * *
F_2	0. 41	0. 10	0. 26	0. 23	1. 09

由表 4-7 可以看出，5 个方程的协方差分析检验结果均在 1%的显著性水平上拒绝假设 H_2，而无法拒绝假设 H_1，因此在此次的模型估计中，选用变截距模型比较合适。

（4）豪斯曼检验

然后对模型设定进行豪斯曼检验，以确定采用固定效应模型还是随机效应模型。豪斯曼检验的结果如下：

表 4-8　面板 1（上海、福建）的豪斯曼检验结果

解释变量	Chi-sq. 统计量	Chi-sq. 自由度	P 值
Nainter	0. 04	2	0. 8468
Hrinter	0. 13	2	0. 7182
Techinter	0. 03	2	0. 8685
Govinter	0. 03	2	0. 8531
Serinter	0. 00	2	0. 9729

通过表 4-8 可以看出，几个解释变量的豪斯曼检验结果显示，随机效应均不显著，因此选择固定效应模型。

（5）模型回归及结果分析

根据上述检验结果，采用固定效应变截距模型分别对五个模型进行回归，结果如下表所示：

表 4-9 面板 1（上海、福建）的模型回归结果

	RIS		RIS		RIS		RIS		RIS
NAINTER	-2720.646 0.592	HrINTER	-1965.236 0.687	TechINTER	-1100.065 0.658	GovINTER	1069.588 0.759	SerINTER	-2158.734 0.319
R&DINPUT	.0146546 0.000***	R&DINPUT	.0147239 0.000***	R&DINPUT	.0144922 0.000***	R&DINPUT	.0145724 0.000***	R&DINPUT	.0146375 0.000***
R^2	0.9640	R^2	0.9637	R^2	0.9638	R^2	0.9636	R^2	0.9656

注：①*、**、***表示分别在10%、5%和1%的显著性水平上拒绝原假设（即存在单位根）；

②括号中的数字表示该统计量的伴随概率（P 值）。

通过回归方程的检验结果发现，区域跨国公司研发总投入和区域创新能力在所有方程中都存在极强的正相关关系；然而，各项互动指数与区域创新能力的相关关系均不显著。

原因可能在于：如果跨国公司研发占区域研发的比重过大，可能会产生一定的挤出效应，抵消跨国公司研发与区域自主创新互动所产生的正面效果。在此次分析中，自然介入互动指数的系数为负，进一步说明可能存在一定拐点效应，跨国公司研发水平过高，对区域自主创新能力可能会构成负面效应。

3. 面板 2 数据分析（北京、天津、江苏、浙江、广东）

（1）单位根检验

首先对北京、天津、江苏、浙江、广东 5 个省市 1999—2008 年的数据进行单位根检验，采用 LLC 方法和 PP-Fisher 方法，检验结果如下：

表 4-10 面板 2（北京、天津、江苏、浙江、广东）的单位根检验

	检验方法	Nainter	Hrinter	Techinter	Govinter	Serinter
水平值	LLC	-3.53382 (0.0002)***	-3.64760 (0.0001)***	-4.32323 (0.0000)***	-4.59803 (0.0000)***	-4.85304 (0.0000)***
	PP-Fisher	27.3593 (0.0023)***	14.5343 (0.1500)	20.5883 (0.0242)*	24.2914 (0.0069)***	24.8813 (0.0056)***

续表

	检验方法	Nainter	Hrinter	Techinter	Govinter	Serinter
一阶差分	LLC	-4.84127	-6.92797	-6.96578	-7.72260	-4.23425
		(0.0000)***	(0.0000)***	(0.0000)***	(0.0000)***	(0.0000)***
	PP-Fisher	37.4317	23.4579	38.3374	35.7628	40.0431
		(0.0000)***	(0.0092)***	(0.0000)***	(0.0001)***	(0.0000)***

注：①*、**、***表示分别在10%、5%和1%的显著性水平上拒绝原假设（即存在单位根）；

②括号中的数字表示该统计量的伴随概率（P值）。

由表4-10可以看出，面板数据水平值的单位根检验除HRINTER外，其他均至少在5%的显著性水平上拒绝存在单位根的原假设；面板数据一阶差分值的单位根检验均在1%的显著性水平上拒绝存在单位根的原假设，即本书所涉及的各变量是一阶单整的I（1）的，可以认为各变量在时间序列上是平稳的，能够进行OLS回归分析。

（2）协整关系检验

然后对RIS和R&DINPUT两个变量进行协整关系检验，采用Pedroni方法，结果如下表所示，主要考察Panel ADF、Group ADF、Panel PP和Group PP四个统计量。

表4-11　面板2（北京、天津、江苏、浙江、广东）的面板协整检验

	Panel ν	Panel ρ	Panel PP	Panel ADF	Group ρ	Group PP	Group ADF
统量	2.256728	1.045553	-0.510893	-1.808571	1.452546	-2.512421	-1.052387
P值	(0.1637)	(0.6851)	(0.0043)***	(0.1003)	(0.9268)	(0.0060)***	(0.1463)

注：①*、**、***分别表示在10%、5%和1%的显著性水平上拒绝不存在协整关系的原假设；

②除了Panel ν为右尾检定外，其他统计检验量均为左尾检定；

③括号中的数据是该统计量的伴随概率（P值）。

由表4-11可以看出，四个统计量中有两个在1%的显著性水平上拒绝原假设，可以认为RIS和R&DINPUT存在面板协整关系，即区域创新总投入与区域自主创新能力之间存在长期均衡关系，可以进行回归分析。

（3）协方差分析检验

然后对各个模型进行协方差分析检验，判断使用哪种回归模型进行回归分析，协方差分析检验的结果如下：

表 4-12 面板 2（北京、天津、江苏、浙江、广东）的协方差分析检验结果

统计量	Nainter	Hrinter	Techinter	Govinter	Serinter
F_1	31.22***	58.04***	30.56***	30.72***	32.20***
F_2	0.87	0.96	0.29	0.43	0.35

由表 4-12 可以看出，5 个方程的协方差分析检验结果均在 1%的显著性水平上拒绝假设 H_2，而无法拒绝假设 H_1，因此在比次模型估计中，选用变截距模型比较合适。

（4）豪斯曼检验

然后对模型设定进行豪斯曼检验，以确定采用固定效应模型还是随机效应模型。豪斯曼检验的结果如下：

表 4-13 面板 2（北京、天津、江苏、浙江、广东）的豪斯曼检验结果

解释变量	Chi-sq. 统计量	Chi-sq. 自由度	P 值
Nainter	-4.20	2	—
Hrinter	0.69	2	0.4055
Techinter	0.03	2	0.8672
Govinter	-1.54	2	—
Serinter	-0.12	2	—

通过表 4-13 可以看出，几个解释变量的豪斯曼检验结果显示，随机效应均不显著（CHI2 统计量为负时同样说明随机效应不显著），因此选择固定效应模型。

（5）模型回归及结果分析

根据上述检验结果，采用固定效应变截距模型分别对五个模型进行回归，结果如下表所示：

表 4-14　面板 2（北京、天津、江苏、浙江、广东）的模型回归结果

	RIS		RIS		RIS		RIS		RIS
NAINTER	72208.99 0.000***	HrINTER	66343.74 0.073	TechINTER	1363.747 0.941	GovINTER	-64495.86 0.004**	SerINTER	-31879.85 0.003***
R&DINPUT	.0170578 0.000***	R&DINPUT	.0154319 0.000***	R&DINPUT	.0186409 0.000***	R&DINPUT	.0217159 0.000***	R&DINPUT	.021087 0.000***
R^2	0.8754	R^2	0.8419	R^2	0.8295	R^2	0.8601	R^2	0.8613

注：①*、**、***分别表示在 10%、5%和 1%的显著性水平上拒绝系数为零的原假设；

②括号中的数据是系数估计值所对应的 t 统计量。

通过回归方程的检验结果发现，这些地区跨国公司研发总投入和区域创新能力在所有方程中都存在极强的正相关关系；自然介入互动指数和中介服务互动指数与区域创新能力存在较强的正相关关系；政策互动指数和区域创新能力存在较强的负相关关系，其他互动指数与区域创新能力的相关关系不显著。

在跨国公司研发比重很大的情况下，互动指数并没有表现出与区域创新能力较强的相关关系；而在跨国公司研发比重较高、但相对没那么大的情况下，自然介入互动指数和中介服务互动指数却表现与区域创新能力的相关性。原因可能是：当跨国公司研发比重保持在一个相对适中的水平，跨国公司研发与区域自主创新的互动才会对区域创新能力体现出较强的正向影响；在适当的范围内，跨国公司研发介入的比重越高、区域创新能力越高，跨国公司研发活动与区域创新系统的科技中介机构互动越多，区域创新能力就越高。政策互动指数与区域创新能力的负相关关系，原因可能是：跨国公司研发占用了过多的政府资源，从而使得本土创新主体受到削弱，进而对区域创新能力产生了负向影响。

4. 面板 3 数据分析（重庆、陕西、湖南、河南、山东）

（1）单位根检验

首先对重庆、陕西、湖南、河南、山东 5 个省市 1999—2008 年的数据进行单位根检验，采用 LLC 方法和 PP-Fisher 方法，检验结果如下：

表 4-15　面板 3（重庆、陕西、湖南、河南、山东）的单位根检验

	检验方法	Nainter	Hrinter	Techinter	Govinter	Serinter
水平值	LLC	-7.01849 (0.0000)***	-3.12532 (0.0009)***	-4.73494 (0.0000)***	2.67244 (0.9962)	-2.85260 (0.0022)**
	PP-Fisher	20.8575 (0.0221)*	9.17836 (0.5153)	18.7919 (0.0430)*	21.0555 (0.0207)*	10.3923 (0.4068)
一阶差分	LLC	-7.45623 (0.0000)***	-4.35423 (0.0000)***	-8.04944 (0.0000)***	-7.00131 (0.0000)***	-12.7900 (0.0000)***
	PP-Fisher	43.2178 (0.0000)***	32.5592 (0.0003)***	43.1259 (0.0000)***	48.7507 (0.0000)***	31.7995 (0.0004)***

注：①*、**、***表示分别在 10%、5%和 1%的显著性水平上拒绝原假设（即存在单位根）；

②括号中的数字表示该统计量的伴随概率（P 值）。

由表 4-15 可以看出，面板数据一阶差分值的单位根检验均在 1%的显著性水平上拒绝存在单位根的原假设，即本书所涉及的各变量是一阶单整的 I（1）的，可以认为各变量在时间序列上是平稳的，能够进行 OLS 回归分析。

（2）协整关系检验

然后对该面板数据进行协整关系检验，采用 Pedroni 方法，结果如下表所示，主要考察 Panel ADF、Group ADF、Panel PP 和 Group PP 四个统计量。

表 4-16　面板 3（重庆、陕西、湖南、河南、山东）的面板协整检验

	Panel ν	Panel ρ	Panel PP	Panel ADF	Group ρ	Group PP	Group ADF
统量	-0.245014	1.871141	-1.097892	-2.381861	1.923060	-2.166063	-1.891962
P 值	(0.2849)	(0.8384)	(0.0006)***	(0.0066)**	(0.9728)	(0.0152)*	(0.0292)*

注：①*、**、***分别表示在 10%、5%和 1%的显著性水平上拒绝不存在协整关系的原假设；

②除了 Panel ν 为右尾检定外，其他统计检验量均为左尾检定；

③括号中的数据是该统计量的伴随概率（P 值）。

由表 4-16 可以看出，四个统计量均在至少 5%的显著性水平上拒绝原假设，表明 RIS 和 R&DINPUT 存在面板协整关系，即区域创新总投入与区

域创新能力之间存在长期均衡关系，可以进行回归分析。

(3) 协方差分析检验

然后对各个模型进行协方差分析检验，判断使用哪种回归模型进行回归分析，协方差分析检验的结果如下：

表 4-17 面板 3（重庆、陕西、湖南、河南、山东）的协方差分析检验结果

统计量	Nainter	Hrinter	Techinter	Govinter	Serinter
F_1	291.63***	302.85***	219.71***	227.71***	225.38***
F_2	0.81	0.55	0.16	1.71	1.26

由表 4-17 可以看出，5 个方程的协方差分析检验结果均在 1%的显著性水平上拒绝假设 H_2，而无法拒绝假设 H_1，因此在此次模型估计中，选用变截距模型比较合适。

(4) 豪斯曼检验

然后对模型设定进行豪斯曼检验，以确定采用固定效应模型还是随机效应模型。豪斯曼检验的结果如下：

表 4-18 面板 3（重庆、陕西、湖南、河南、山东）的豪斯曼检验结果

解释变量	Chi-sq. 统计量	Chi-sq. 自由度	P 值
Nainter	0.62	2	0.4308
Hrinter	0.62	2	0.4296
Techinter	0.00	2	0.9592
Govinter	-0.13	2	—
Serinter	0.00	2	0.9984

通过表 4-18 可以看出，几个解释变量的豪斯曼检验结果显示，随机效应均不显著（CHI2 统计量为负时同样说明随机效应不显著），因此选择固定效应模型。

(5) 模型回归及结果分析

根据上述检验结果，采用固定效应变截距模型分别对五个模型进行回归，结果如下表所示：

表 4-19　面板 3（重庆、陕西、湖南、河南、山东）的模型回归结果

	RIS		RIS		RIS		RIS		RIS
NAINTER	10463. 32 0. 252	HrINTER	15683. 93 0. 205	TechINTER	35. 18476 0. 989	GovINTER	327. 6328 0. 927	SerINTER	3944. 815 0. 030*
R&DINPUT	. 0130304 0. 000***	R&DINPUT	. 012793 0. 000***	R&DINPUT	. 0133562 0. 000***	R&DINPUT	. 0133456 0. 000***	R&DINPUT	. 0131921 0. 000***
R^2	0. 9726	R^2	0. 8716	R^2	0. 9717	R^2	0. 8710	R^2	0. 9747

注：①*、**、***分别表示在 10%、5%和 1%的显著性水平上拒绝系数为零的原假设；

②括号中的数据是系数估计值所对应的 t 统计量。

通过回归方程的检验结果发现，这些地区跨国公司研发总投入和区域创新能力在所有方程中都存在极强的正相关关系；在互动指数中，只有中介互动指数与区域创新能力存在较强的互动关系，其他互动指数与区域创新能力的相关关系不显著。

原因可能在于：由于这些地区跨国公司研发的比重和层次都处于较低水平，互动对区域创新能力的影响尚未发挥出来，只有在中介服务方面，跨国公司研发对金融等科技中介服务的使用促进了区域创新系统相关中介服务的完善，从而带动了区域创新能力的发展。

5. 面板 4 数据分析（北京、上海、江苏、广东）

北京、上海、江苏、广东四地是中国跨国公司研发最为集中也是经济最为发达的区域。本书对这四个地区进行了专门分析，借此观察在跨国公司研发发达、特别是跨国公司研发机构较为集中的地区，互动是如何对区域创新能力产生影响的。

首先对四地的跨国公司研发与区域自主创新的互动情况进行描述性分析（如图 4-2~图 4-5 所示）。

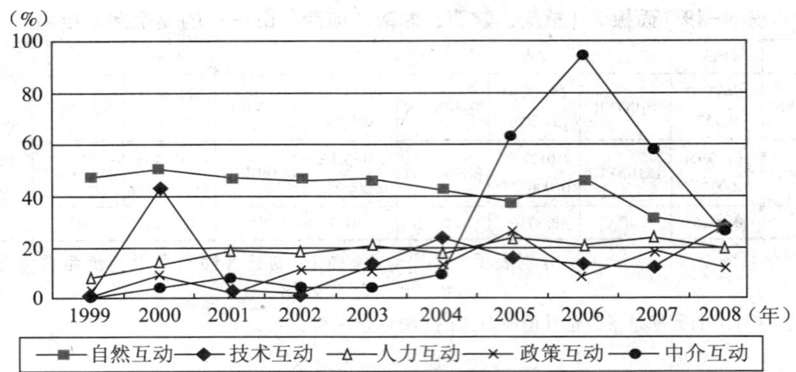

图 4-2　北京 1999—2008 年跨国公司研发与区域自主创新互动情况

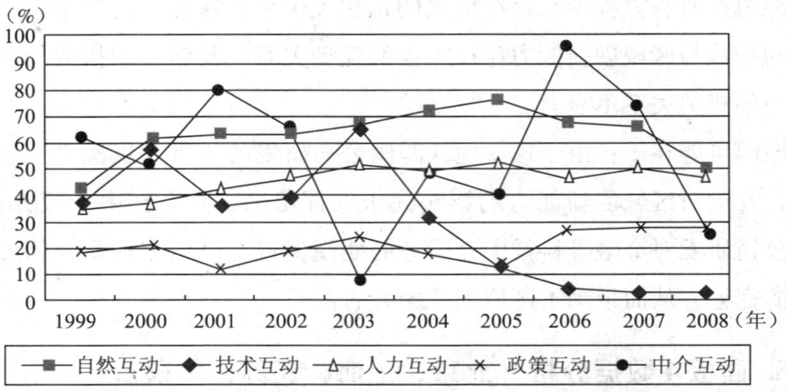

图 4-3　上海 1999—2008 年跨国公司研发与区域自主创新互动情况

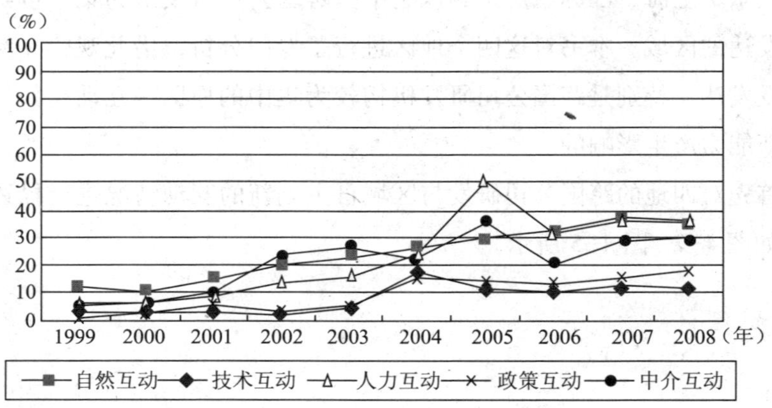

图 4-4　江苏 1999—2008 年跨国公司研发与区域自主创新互动情况

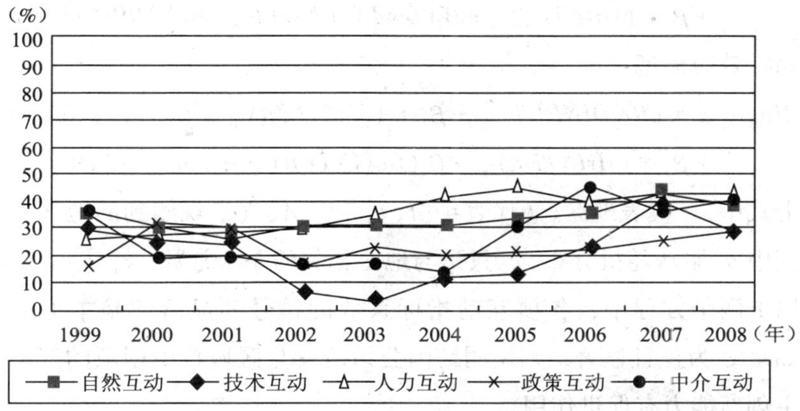

图 4-5 广东 1999—2008 年跨国公司研发与区域自主创新互动情况

据折线图显示，四个地区的跨国公司研发与区域自主创新的自然介入互动指数和人力资本互动指数的变化趋势比较平稳，但技术创新互动指数、政府政策互动指数、中介服务互动指数年度波动较大。并且，如果以跨国公司研发经费投入占全部企业研发经费投入的比重为基准，便可以发现，这三项互动指数普遍都比跨国公司研发经费比重低很多。这在一定程度上说明，虽然跨国公司研发投入的资金规模和人力资本在四个地区都较为稳定，但跨国公司研发尚未与区域自主创新形成稳定的互动机制，跨国公司研发投资受随机因素的影响较大，如果某一年份一个或一些跨国公司得到了一笔大额银行贷款或政府拨款，或达成了一项大额技术交易，则该年份的互动得分会特别高，反之则特别低。在跨国公司研发尚未与区域自主创新形成良性、长期互动的情况下，其通过互动对区域自主创新产生正向溢出的效果就不显著。

在跨国公司研发能力较发达的地区，各类互动的共线性程度相较不发达地区会更低。因此本书尝试以区域自主创新能力（RIS）为因变量，以区域创新总投入（R&DINPUT）为控制变量，以各项互动指数为自变量构建模型。

随机效应模型：

$$RIS_{it} = \alpha \times (R\&DINPUT)_{it} + \beta_1 \times (NaINTER)_{it} + \beta_2 \times (TechINTER)_{it}$$

$$+\beta_3 \times (HrINTER)_{it} + \beta_4(GovINTER) + \beta_5(SerINTER) + b + u_i + \varepsilon_{it}$$

固定效应模型：

$$RIS_{it} = \alpha \times (R\&DINPUT)_{it} + \beta_1 \times (NaINTER)_{it} + \beta_2 \times (TechINTER)_{it}$$
$$+\beta_3 \times (HrINTER)_{it} + \beta_4(GovINTER) + \beta_5(SerINTER) + c_i + \varepsilon_{it}$$

上式中，i 代表地区，t 代表年份，u_i 和 c_i 代表未观测到的地区影响因素，其中 u_i 服从随机分布，c_i 只是与地区相关的一个常数，ε_{it} 表示残差项。

以上两个方程中，各项互动指标系数的符号和显著性是本书关注重点。如果 β 为正且显著，则说明跨国公司研发与区域自主创新的互动对区域自主创新能力有促进作用。

本书分别以专利申请量和滞后一期专利申请量为解释变量进行回归，结果如表 4-20 和表 4-21 所示：

表 4-20　面板 4（北京、上海、江苏、广东）的回归结果

自变量	系数 t	标准差 r	T 检验	显著性	调整 R^2	F 检验	整体显著性
R&DINPUT	0.0195	0.0019	9.94	0.000	0.8849	38.43	0.000
NaINTER	75303	25848	2.91	0.007			
TechINTER	6237.1	12171	0.51	0.612			
HrINTER	−18025	31638	−0.57	0.573			
GovINTER	−43703	36330	−1.20	0.238			
SerINTER	−16705	8485.6	−1.97	0.058			

Hausman 检验：

chi2（5）= 140.00

Prob>chi2 = 0.000

表 4-21　面板 4（北京、上海、江苏、广东）滞后一期的回归结果

自变量	系数 t	标准差 r	T 检验	显著性	调整 R^2	F 检验	整体显著性
R&DINPUT	0.0163	0.0015	10.24	0.000	0.8816	32.26	0.000
NaINTER	72130	24071	3.00	0.006			
TechINTER	7098.5	10248	0.69	0.495			
HrINTER	-33603	26317	-1.28	0.213			
GovINTER	-34111	30028	-1.14	0.266			
SerINTER	11792	7116.6	0.69	0.495			

Hausman 检验：

chi2（5）= 229.15

Prob>chi2 = 0.000

如前所述，跨国公司研发对于区域自主创新的正向影响并不是其所占比重越高影响就越大。根据联合国贸易和发展会议（UNCTAD）《2005 年世界投资报告》，2003 年全球主要国家跨国公司研发的平均比重为 15.9%，欧盟主要国家的跨国公司研发比重基本介于 25%~35%。有学者认为，跨国公司研发比重在 30%~40% 比较合适①②。在四地中，北京的跨国公司研发比重基本在 30%~50%，江苏、广东的跨国公司研发比重基本在 20%~40%，上海的跨国公司研发比重则明显高于以上三个地区，基本在 50%~80%。为了检验自然介入互动指数对区域自主创新能力的影响是否存在拐点，本书剔除掉上海数据对其他三地进行回归分析。

① 杜德斌，等．跨国公司在华 R&D 机构的空间集聚研究［J］．世界地理研究，2010（3）．

② 柳卸林，等．中国区域创新能力报告 2009［M］．北京：科学出版社，2009．

表 4-22 面板 4 剔除上海（北京、江苏、广东）的回归结果

自变量	系数 t	标准差 r	T 检验	显著性	调整 R^2	F 检验	整体显著性
R&DINPUT	0.0209	0.0021	10.00	0.000	0.9192	29.69	0.000
NaINTER	120405	31546	3.82	0.001			
TechINTER	-10365	20653	-0.50	0.621			
HrINTER	-26383	33565	-0.79	0.441			
GovINTER	-46553	40563	-1.15	0.028			
SerINTER	-26627	11263	-2.36	0.495			

Hausman 检验：

chi2（5）= 161.04

Prob>chi2 = 0.000

在对京、沪、苏、粤的检验中不难发现，三次回归检验中，NaINTER即自然介入互动指数的系数均为正且通过了1%显著性水平上的检验，说明跨国公司研发经费比重与区域自主创新能力存在极强的正相关关系；除了自然介入互动指数外，其他互动指数均没有通过显著性检验，说明这四个地区十年间的技术创新互动、人力资本互动、政府政策互动和中介服务互动对区域创新能力的影响尚不明显，可能的原因是这些方面的互动水平还较低，尚未形成良性和长期的互动机制，导致溢出效应不明显。剔除掉上海的数据后，NaINTER 即自然介入互动指数的系数明显变大，说明跨国公司研发比重过高可能会降低自然介入互动对区域自主创新的正向促进作用，但由于被剔除的仅为一个地区，无法使用面板固定效应模型继续对其进行分析，尚不能判断跨国公司研发比重对区域自主创新的影响是否存在拐点。

五、实证检验结果分析

本书共对四个面板的数据进行了回归分析，结果如下：

表 4-23　四个面板回归结果汇总

		RIS R&DINPUT	RIS NAINTER	RIS HRINTER	RIS TECHINTER	RIS GOVINTER	RIS SERINTER
面板 1	系数 显著性	+ 0.000***	-2720.646 0.592	-1965.236 0.687	-1100.065 0.658	1069.588 0.759	-2158.734 0.319
面板 2	系数 显著性	+ 0.000***	72208.99 0.000***	66343.74 0.073	1363.747 0.941	-64495.86 0.004**	-31879.85 0.003***
面板 3	系数 显著性	+ 0.000***	10463.32 0.252	15683.93 0.205	35.18476 0.989	327.6328 0.927	3944.815 0.030*
面板 4	系数 显著性	0.0195 0.000***	75303 0.007**	-18025 0.612	6237.1 0.573	-43703 0.238	-16705 0.058
面板 4 滞后一期	系数 显著性	0.0163 0.000***	72130 0.006**	-33603 0.213	7098.5 0.495	-34111 0.266	11792 0.495
面板 4 剔除上海	系数 显著性	0.0209 0.000***	120405 0.001***	33565 0.441	-10365 0.621	-46553 0.028	-26627 0.495

第一，区域创新投入对区域创新能力有明显的正向作用。

在对四个面板、六次回归进行分析的结果中，区域研发投入和区域创新能力都存在非常强的正相关关系。这符合我们对区域自主创新的理解：投入的资金越多，区域自主创新能力越强。

第二，在跨国公司研发比重处于适中水平时，自然互动程度对区域创新能力有明显的正向作用，过高或过低则正向效果均不显著。

对四个面板的回归发现，只有在跨国公司研发所占比重处于一个比较适中的水平时（即面板 2 中北京、天津、江苏、浙江、广东所代表的比重水平，为 20%~40%），自然互动指数与区域创新能力存在较强的正相关关系；而当跨国公司研发比重较高（即面板 1 中上海、福建所代表的比重水平，40%以上）或跨国公司研发比重较低（即面板 3 中陕西、重庆、湖南、河南、山东所代表的比重水平，20%以下）时，自然互动指数与区域创新能力的正相关关系均不显著。

可能的原因是，跨国公司研发与区域自主创新的互动程度对区域创新能力的影响可能存在拐点效应：当跨国公司研发较少时，其与区域自主创新的互动水平较低，尚不能形成良性和长期的互动机制，从而导致溢出效应或正面影响不显著；当跨国公司研发较多时，其与区域自主创新的本土创新主体竞争资金、政策等创新资源，从而产生一定的挤出效应，抵消其对区域创新能力的正面影响；只有当跨国公司研发比重适中时，才能与区域自主创新形成正向互动，促进区域创新能力的提升。

在对面板 4 的分析中，剔除掉跨国公司研发比重较高的上海数据后，NaINTER 即自然介入互动指数的系数明显变大，从一定程度上说明跨国公司研发比重过高可能会降低自然介入互动对区域自主创新的正向促进作用，这也佐证了上述推测。

第三，政策互动程度、中介互动程度对区域创新能力可能存在一定的挤出效应。

在对面板 2 的回归分析中，政策互动指数和中介互动指数都与区域创新能力存在显著的负相关关系。说明跨国公司研发的进入可能会过度占用区域创新系统的政策支持、政府补助、金融资金、科技服务等创新资源，从而产生竞争和挤出效应，对区域创新能力产生负面影响。

第四，其他互动指数目前对区域创新能力的影响并不显著。

综合考察后不难发现，跨国公司研发与区域自主创新的互动确实对区域自主创新的发展存在积极促进作用，但由于目前的互动水平较低，尚未形成跨国公司研发机构与其他创新主体稳定的互动机制，只有在自然介入和中介服务方面对区域自主创新存在明显的正面作用，在技术创新、人力资本、政府政策方面的互动对区域自主创新的正面作用尚不明显。可能的原因在于这些方面的互动水平还较低，尚未形成良性和长期的互动机制，导致溢出效应不明显。

囿于本章篇幅和作者水平，笔者仅对跨国公司研发与区域自主创新的互动机理及其对区域自主创新的影响进行了初步的理论分析和实证检验。未来研究可以在以下几个方面展开：一是进一步深入分析跨国公司研发与区域自主创新的互动方式及其对区域自主创新影响的具体形式，寻找和构建更多能够衡量互动水平的指标与数据；二是进一步完善实证研究，可以使用除专利申请量之外的衡量区域创新能力的数据（如《中国区域创新能力报告》的综合得分）作为解释变量进行分析；三是将区域自主创新对创新成果的吸收承接能力纳入模型，如劳动力素质、经济发展水平、市场开发程度、知识产权保护、社会创新文化等，研究区域创新系统吸收能力是否对互动产生影响；四是明确互动对区域自主创新的正面作用是否存在门槛效应或拐点。

第五章 跨国公司在华研发投资与中国区域自主创新互动发展的政策体系

跨国公司在华投资经历了从劳动力密集型制造业向资金技术密集型制造业、服务业、研发机构和地区运营总部扩展和转型的变化。跨国公司来华设立研发机构，一方面有助于优化中国 FDI 结构、提升中国产业在全球分工中的地位；另一方面也有助于利用跨国公司研发的扩散效应增进中国与世界创新体系的联系、提升中国本土的科技能力和创新水平。但是，跨国公司也有可能与中国本土企业和科研机构等形成竞争，产生技术锁定和技术挤出效应。跨国公司在华研发投资能否发挥带动中国区域自主创新进步的正向作用，关键就在于跨国公司的研发部门能否与中国区域创新系统进行有效互动。因此，系统梳理和科学评价中国吸引跨国公司研发投资的相关政策，针对跨国公司在华研发与中国区域自主创新互动构建更具针对性和战略性的政策体系，具有重要的理论价值和实践意义。

本章首先对新加坡、韩国、印度等国家吸引和利用跨国公司研发投资的政策体系进行经验介绍；其次梳理中国吸引跨国公司研发投资的政策文件，并根据政策文件的内容规定和实践情况对相关政策体系涉及的政策工具和政策主体[①]进行分析，结合政策目标和政策执行提出构建促进跨国公司在华研发投资与中国区域自主创新互动发展的政策建议；最后得出跨国公司研发政策体系在国家创新战略背景下应秉持的价值取向与发展方向。

① 政策客体即跨国公司在华设立研发机构、开展研发事业的行为，本章不再赘述。

一、跨国公司研发投资与区域自主创新互动发展政策体系的国际经验借鉴

国际知名管理咨询机构博思艾伦咨询公司发布的工程服务全球化调查报告显示，2004 年全球研发费用为 7500 亿美元，到 2020 年将增至 1.1 万亿美元；报告称，由于欧美传统 R&D 基地工程技术人员匮乏，未来十几年，全球 R&D 向亚洲转移的投入将增长 15 倍，投资额将飙升至 2250 亿美元[①]；R&D 资源在全球范围内的重新配置，使得发展中国家和地区更深地融入世界研发网络中；中国、印度、新加坡、韩国、马来西亚等新兴经济体，纷纷制定了较为详尽的鼓励跨国公司研发进入和融入本土创新体系的政策体系，成功吸引了跨国公司 R&D 投资入驻。

全球研发投资出现了明显的从发达国家向新兴经济体转移的趋势。以日本为例，随着亚洲地区新兴市场经济活力高涨，一些跨国公司加速撤离日本。2008 年，瑞士诺华制药公司关闭位于日本筑波的研究所，把研发基地转移到上海；2009 年，诺基亚将亚洲研发中心从日本东京转移到新加坡；宝洁公司也把亚洲区总部从日本神户迁至新加坡。日本经产省针对外国企业的投资倾向调查显示，2007 年，日本还被外企视为在亚洲设立地区总部和研发中心的首选，而到 2009 年，这两项首选均被中国取代，日本则分别滑落至第四位和第二位。

面对新一轮研发国际化浪潮，新兴经济体国家和地区纷纷制定了鼓励跨国公司研发进入并融入本地创新网络的政策措施，成功吸引了大量的跨国公司 R&D 机构入驻。当然，在如何更好地吸引和利用跨国公司 R&D 投资方面，新兴经济体也面临着很多挑战：其一，虽然进入发展中国家和地区的跨国公司研发资源逐年增加，但真正对本土技术创新和经济发展发挥重要影响的 R&D 资源仍然相当有限，在这一层面上，众多新兴经济体之间实际存在着激烈竞争；其二，尽管发展中国家和地区的跨国公司研发比

① 罗艳．中印吸引跨国公司 R&D 投资特点及优势比较［J］．北方经贸，2009（11）．

例都明显高于发达国家，但其研发能力仍然无法与发达国家同日而语，跨国公司研发虽然补充了本土研发投资的不足，但如何更好地嵌入本土创新体系、真正促进本土研发能力提升，仍然是发展中国家和地区在吸引和利用跨国公司研发进入的首要课题。

中国、印度、新加坡、韩国等都纷纷制定了激励跨国公司研发政策，在鼓励跨国公司研发进入的同时，利用政策工具加强跨国公司研发与本土创新体系的联系，最大化地利用跨国公司研发的溢出效应。新加坡和韩国利用跨国公司研发成功跨越了技术瓶颈，使得本国研发能力提升至世界领先水平，而印度则在十几年的发展中成为信息技术和生物制药的全球研发基地。本书选取这三个国家作为研究对象，分析三国政府利用跨国公司 R&D 资源的有效政策工具，为中国完善和整合跨国公司研发政策提供借鉴。

1. 新加坡吸引和利用跨国公司研发的政策体系

新加坡国土面积狭小、资源匮乏，从 20 世纪 60 年代始，新加坡实行开放经济策略，借助地理优势，以转口贸易为依托，不断实现产业层次由劳动密集型向技术密集型升级①。跨国公司及其研发机构的大量进入，给新加坡的经济和科技发展带来了巨大的推动力，跨国公司研发投资成为该国从劳动密集型经济体向资本密集型经济体和技术密集型经济体升级的重要动力。

一定程度上讲，跨国公司已经是新加坡科技进步和经济发展最重要的主体之一。自 20 世纪 90 年代以来，众多的跨国公司研发资本和机构进入新加坡，帮助其发展成为在生命科学、生物制药和电子科技领域的世界级 R&D 中心，为新加坡科技进步提供了重要引擎。外国公司 R&D 支出占私人部门 R&D 支出中的比重始终保持在 50%以上；占国家 R&D 总支出的比重在 35%~46%之间波动②。2012 年，新加坡以仅仅 500 万人口，R&D 投

① 郝莹莹，杜德斌，智瑞芝．利用跨国公司提升本国研发能力——韩国和新加坡的经验与启示［J］．亚太经济，2006（11）．

② 郝莹莹，杜德斌，智瑞芝．利用跨国公司提升本国研发能力——韩国和新加坡的经验与启示［J］．亚太经济，2006（11）．

入占了全球总投入的1%，国内研发总支出在过去10年里翻了近三倍，R&D投入占GDP比重从1.9%增加到2.7%，增长幅度超过了美国、英国和日本等发达国家。

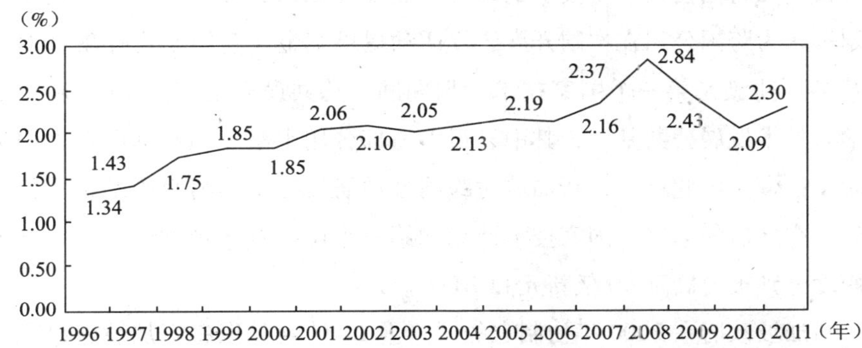

图5-1　新加坡1996—2010年R&D投入占GDP比例的变化

注：R&D投入是指系统性的创新工作或工程的经常性支出和资本性支出，既包括政府部门投入，也包括私营部门投入。R&D（研究与开发）通常包括基本研究、应用研究、实验开发三个层次。

资料来源：世界银行。

为了吸引跨国公司研发进入，新加坡政府专门出台了许多资助高新技术产业和研究开发事业的政策规定。除了在税收、行政许可、土地等方面给跨国公司研发机构以优惠和便利之外，还在财政方面对跨国公司R&D投资给予极大支持，注重搭建跨国公司研发机构与本土机构的交流合作平台，并在本土人才培养方面实行强力支持政策以提高本土机构对跨国公司研发溢出效应的承接能力。这使得新加坡在面对中国、印尼、越南等亚洲其他国家和地区崛起为国际资本投资和R&D投资新热土的竞争中，依然保持着高度吸引力。

（1）强有力的财政支持

新加坡对跨国公司研发的财政支持力度在全球范围内首屈一指。新加坡国家科学技术委员会（NSTB）提供的数字表明，1991—1999年，跨国公司在新加坡每投资于R&D 1美元，新加坡政府大致投入30美分，资金匹配约达3∶1。财政强力支持极大地促进了跨国公司在新加坡研发业务的开展，惠普、索尼、飞利浦、东芝、松下等跨国公司都曾表示，在新加坡开展 R&D 事业是对新加坡政府提供“慷慨”的“财务刺激”的响应①。

1991 年，新加坡官方出台了战略经济计划，其中制定了众多鼓励本土研发投资和跨国公司研发投资的政策，例如公司研究鼓励计划、研发辅助计划等，为跨国公司在本国开展研发活动提供基金。新加坡政府在 1991—1995 年，也就是第一个国家技术计划期间，总共设立了共计 20 亿新元的科学与技术发展公共基金，其中有很大一部分用来激励私营部门在本国进行研发投资。由此可见，新加坡对跨国公司研发提供的财政激励是非常巨大的。在之后的第二个国家技术计划和第三个国家技术计划中，这个基金的额度分别被提高到 40 亿新元和 70 亿新元。

新加坡政府在 2000 年初制定的“产业 21 计划”以将新加坡建设成一个富有活力与稳定的知识型生产枢纽为目标，强调高新技术产业是 21 世纪经济发展的主导产业，在电子、化学和工程业的基础上将生命科学产业确定为制造业的支柱产业，投入巨资加以扶持；2000 年前后，新加坡政府拨款 17 亿新元作为生命科学研发基金，通过经济发展局投资私人生命科学公司，目标是在 2010 年吸引 15 家世界级生命科学企业来新加坡投资，并把新加坡发展成为临床试验与开发药物的区域中心②。这一举措取得了切实成效：辉瑞、葛兰素史克等全球知名跨国制药企业纷纷入驻新加坡，2002 年，来自美国的礼来公司在该国设立了研发所，2004 年，来自瑞士的诺华公司在该国设立了研发中心，使得新加坡成了亚洲最重要的生物制药基地之一。

新加坡还为从事研发的公司设立专项补助金，凡从事竞争力强及战略科技研究的公司即可享受项目支出的 50% 为补助金，期限为 5 年，每年以 1000 万新币为限额；补助金额取决于公司对新加坡科技贡献的大小及其研究领域，由新加坡科技局在审核科技成果后发放该补助金③。

---

① 郝莹莹，杜德斌，智瑞芝．利用跨国公司提升本国研发能力——韩国和新加坡的经验与启示［J］．亚太经济，2006（11）.

② 王健．国内外促进外资研发机构的技术溢出政策及对其北京的其实［J］．科技智囊，2008（5）.

③ 新加坡投资政策．http：//sg. xinhuanet. com/2012-11/21/c_ 123974811. htm.

新加坡政府还对跨国公司研发机构与本土机构的合作行为给予补贴和鼓励，对符合一定条件的企业与研究机构、大学、政府部门在新加坡联合研究开发的所有项目或企业自身开展的研发项目提供财政支持，对研发项目和被认定为高新技术项目的资金援助最多可达项目成本的50%，政府还对符合条件的研发中心或项目提供优惠贷款①。

（2）丰富全面的税费优惠

对跨国公司研发投资给予税收优惠是各国普遍采用的鼓励政策，新加坡政府在这一方面尤其突出，制定了覆盖面广、优惠力度大的免税政策。

新加坡政府对计划大力发展的高新技术产业进行税费减免，根据新加坡政府公布的2010年长期战略产业发展计划，凡在生命科学、物流、石油化工、电子等9个被政府列为鼓励投资产业的国内外企业，都可以享受5~10年的免税期；投资额大、技术先进的公司，还可享受更长的免税期；新加坡政府还对新成立的高科技公司和从事研发的企业给予最长可达10年的免税期。

在吸引跨国公司研发机构入驻后，新加坡政府开始针对属于国家重点发展行业的跨国研发机构，制定专项资助政策，以引导其研发方向。在新加坡，如果跨国公司从事的是计算机编程、试验和测试以及与医药相关的研究，则其R&D费用可以免税。研究开发支出可以双倍从应课税收入所得额中扣除；用于研究与开发用的机器与设备可以加速折旧；用于研发的投资可以从应课税收入所得额中以特殊形式扣除②。自2009年估税年度起，跨国公司在新加坡发生的研发费用可享受150%的扣除，并对从事研发业务的跨国公司每年给予一定金额的研发资金补助。

在新加坡，享有“先锋企业”（包括制造业和服务业）称号的公司（由新加坡政府部门界定），自生产之日起，其从事先锋活动的所得可享受免征5~10年所得税的优惠待遇，可减免26%的公司所得税。通常情况下，

---

① 新加坡投资政策. http://sg.xinhuanet.com/2012-11/21/c_123974811.htm.

② 郝莹莹，杜德斌，智瑞芝. 利用跨国公司提升本国研发能力——韩国和新加坡的经验与启示［J］. 亚太经济，2006（11）.

从事新加坡尚未大规模开展且经济发展需要的生产或服务的企业，或从事具有良好发展前景的生产或服务的企业均可以申请“先锋企业”资格。凡享有“先锋企业”称号的科技类企业，在获得出口奖励后，在原基础上增加投资以扩大再生产，仍可在5年内减免至少15%的公司所得税①。

（3）搭建交流平台促进合作和溢出

新加坡主管投资的部门是经济发展局，它既是隶属于新加坡贸工部的法定机构，也是专门负责吸引跨国公司投资的机构，具体制订和实施各种吸收跨国公司的优惠政策并提供高效的行政服务。经济发展局在制定政策时广泛征求意见，同时定期走访外国公司，了解他们的需求和未来发展策略，以便及时调整政策，以适应投资者的发展需要②。

除了由专门机构负责外资政策的制定和执行外，新加坡政府也格外注重搭建相关的信息平台，在为跨国公司研发进驻提供更周到信息服务的同时，搭建跨国公司与本土企业交流合作的渠道，如“科技新加坡”网站（www. techsingapore. com. sg），主要用于发布全球的科技企业家和投资者的相关事件和重要信息；在促进沟通方面，该网站会发布促进创新型企业设立和发展的政策流程，回答常见问题，指导各类企业的发展和升级；该网站还提供更多的科学家和技术专家交流的场景与机会。这一网站的建立使得跨国公司能够迅速、准确地了解新加坡政府的有关政策，降低政府与企业、企业与企业之间的沟通成本，促进本土企业和跨国公司的了解、沟通和合作。

此外，新加坡政府在1998年4月设立了肯特岗数码研究所（Kent Ridge Digital Labs，简称KRDL）。这个研究所是一家政府性组织，主要负责采用各种方法帮助本土企业学习跨国公司的先进技术，与其展开各种形式的研发合作，为创新创业型企业寻找资本和信息，从而帮助本土企业了解和掌握全球产业动向。该研究所与微软公司、苹果公司、惠普实验室、爱默生、摩托罗拉、太阳公司等多家大型跨国公司签订技术合约；1998年

① 新加坡投资政策．http：//sg. xinhuanet. com/2012-11/21/c_ 123974811. htm.

② 郑晓奕．新加坡：内外资企业税收待遇相同［N］．中国税务报，2007-3-14.

与爱默生、无线通讯中心举办 PRESS 会；1999 年与惠普公司和 SENTO 公司联合签署了关于“在外部网络中确保私人网络的安全性和有效性”的协议；1999 年与亚软公司签署了关于文字识别技术的协议①，这些技术合作更加充分和主动地利用了跨国公司研发资源在本土的溢出。

（4）人才培养政策

人力资源是承接跨国公司研发溢出最为重要的渠道之一，人才培养和人员交流也是新加坡发展科技和创新能力的重要举措。新加坡国家科技局与大学和科研机构、本土企业和跨国公司合作，组织多种类型的培训课程和培训项目，给希望到大学或科研机构深造的企业员工以经济资助，同时建立人力资源科技升级项目，通过提升员工特别是研发人员的科学技术能力来帮助私营公司提高自身技术意识和科研能力。

除了国家拨款发展教育外，新加坡还有一项独有政策，即向企业集资建立技能开发基金，企业要为每月工资不满 750 新元的职工向国家缴纳相当于该职工工资 1%~4%的技能发展基金用于国家人才培训与开发事业②。新加坡政府还曾经制定和实行过“海外培训计划”，要求资本高于一百万新元或员工人数多余 50 人的外资公司在聘用新员工时，必须要派遣其到母国或其他研发能力突出的外资公司进行培训或实习，由新加坡政府全额补贴其中的交通费用和生活费用。

2. 韩国吸引和利用跨国公司研发的政策体系

韩国作为亚洲新兴的工业化国家之一，自 20 世纪 60 年代以来，逐步在汽车、造船、消费电子等领域形成了具有国际竞争实力的产业集群，成为亚洲地区科技创新的重要区域。2012 年，韩国人口排名为全球第 25 位，GDP 排名全球第 15 位，但其 R&D 投入排在全球第 5 位，占到全球 R&D 总额的 4%。2014 年，韩国在研发领域投资占国内生产总值 4. 29%，超过

① 郝莹莹，杜德斌，智瑞芝．利用跨国公司提升本国研发能力——韩国和新加坡的经验与启示［J］．亚太经济，2006（11）．

② 宋晓薇．常州市招商引资方式创新研究［D］．上海交通大学，2009.

了位居全球第二位的以色列（研发投资占国内生产总值 4.11%），这些经费除投入到应用研究和企业技术发展中外，在基础研究领域也投入巨大，且比例不断上升。韩国的经济崛起与跨国公司在韩国的投资行为和研发行为有着紧密联系，跨国公司研发投资促进了韩国的产业结构升级和科研能力提升。韩国政府一向重视吸引跨国公司研发投资，在项目申请、投资、土地使用权、税收等方面对入驻韩国的跨国公司 R&D 机构给予便利和优惠。同时，韩国政府特别鼓励跨国公司和本土机构展开交流，注重在引资和合作中维护本国利益、培养本国机构的研发能力、支持本国机构引进先进技术，形成了特有的“政府+企业+科研院所”整合模式。

（1）搭建整合交流平台

韩国制定的《国家创新体系》和《2002—2006 科学技术基本计划》特别强调科学技术国际合作的重要性①，提出加强技术人员交流、科研成果共享和试验设备共用等方面的国际交流与合作，及时调整国际合作的战略方向②。为实现这一战略，韩国政府积极搭建各种形式的技术分享、交流合作的信息平台。

韩国政府重点针对基础研究建立信息数据库，该数据库不仅为本土企业的技术发展提供丰富的信息资源，还被许多跨国公司频繁使用以掌握本土企业、大学和其他研发机构的研发进展和最新动态。通过这一平台，跨国公司与韩国企业和科技机构的了解、交流和合作成本大幅降低，而随着互联网的广泛普及和迅猛发展，这一数据库的作用发挥得越来越显著，政府更加清醒地认知到全面、有效的信息平台是本土企业科技发展的重要促进力量，为了更好地发挥网络数据库的作用，韩国政府对这一数据库的维护和建设经费追加了高达 700 万美元。

韩国政府经常举办国际性的学术会议、研讨会、科技展示、一对一商业交流等活动，认为此类活动可以建立一个“科技工作空间”，本国企业和科研机构通过这个非正式的合作网络与跨国公司及国际研发机构展开数

① 钟有为．韩国科技兴国的举措［J］．安徽科技，2004（8）．

② 张仁开．韩国利用外商 R&D 投资的经验及启示［J］．世界科技研究与发展，2006（10）．

据、技术和人力资源等方面的交流合作，弥补了本国技术的薄弱环节。例如，由韩国政府主办的“韩美国际研讨会”就是一个典型的联系两国政府和企业的国际性年会，促进了韩美两国企业、学术界、研究机构在跨国范围内的科技合作。再如，从 1995 年开始，韩国政府每年都举办“科技学院”活动，韩国本土企业借此了解和获得了大量跨国公司的前沿技术成果。

（2）大力支持本土企业与跨国公司的各种技术行为

为了弥补本国在关键技术方面的不足，韩国政府采用切实的政策措施，鼓励本土企业进行技术引进，鼓励本国科研院所与跨国公司开展技术合作，鼓励企业购买拥有关键技术的企业股份，鼓励国内企业与有技术转移项目的外国企业开展战略合作，从而实现迅速提升本土技术水平、突破技术瓶颈的目的。

韩国政府首先在税收、金融等方面对技术引进工作给予大力支持：对技术引进费用减免税收，对按技术引进合同向对方支付的费用减免所得税或法人税，其减免额为前 5 年全免，后 3 年减半；韩国技术开发株式会社对新技术和引进技术进行融资，向技术引进的企业提供优惠贷款或直接投资①。

韩国政府提供丰厚资金支持本国科研院所与跨国公司开展技术合作。1995 年，韩国政府财政拨款 810 万美元用于资助与国外企业的联合研究和技术合作；在政府的支持下，韩国电子通信研究院、韩国政府系统工程研究试验所和韩国计算机公司都与著名的高端服务器生产商 Tandem 公司开展了合作。

韩国政府在国家层面大力支持本土企业对国外拥有先进技术的高新技术公司进行股权收购，从而获得跨国公司的关键技术。如在韩国政府的支持下，1994 年，韩国企业花费 9 亿美元收购了 28 家欧美企业②；1993 年，

① 张仁开．韩国利用外商 R&D 投资的经验及启示［J］．世界科技研究与发展，2006（10）．

② 夏海力．韩国与新加坡经验对苏南地区外商投资 R&D 中心建设的启示［J］．科技管理研究，2010（4）．

三星公司控制了美国HARRIS微波半导体公司，从而拥有了世界一流的非记忆半导体技术，并将其应用于移动通信和高速计算机领域，这次收购不仅每年为三星节约了700万美元的进口成本，还极大地增强了韩国在通信设备领域的国际竞争力①。

韩国政府还特别鼓励本土企业为获得关键技术而与跨国公司进行战略合作，为那些愿意进行技术转移的跨国公司提供商业资金、厂房和设备。韩国政府推出了“加强与发达国家技术合作计划”，为那些希望通过技术合作来获得技术转移的国内企业提供切实帮助。韩国政府还组建了促进中小型企业发展部，作为为美国硅谷企业寻找海外合作伙伴的中介媒体，帮助韩国企业吸收美国的电子和计算机技术。实际上，正是通过这种战略合作的政策引导，韩国企业在一些技术瓶颈上取得了迅速突破。如LG公司与摩托罗拉公司联合发展ASIC技术，与施乐公司开展个人电脑研究，与飞利浦公司合作进行视频技术研究，这些合作使得LG公司得以快速提升技术等级，为其占领国际多媒体市场提供了更好的技术条件②。

表5-1　三星2012年跨国收购大事记

时间	被收购厂商	国家	企业性质	收购金额	获得关键技术
5月	MSpot	美国	移动内容提供商	880万美元	云端移动娱乐服务
6月	Nanoradio	瑞典	Wifi芯片提供商	不详	超低能耗Wifi芯片技术
7月	CSR手机部	英国	半导体公司	3.1亿美元	CSR在美21项关键专利和CSR手机及定位服务方面专利的永久使用权
8月	Novaled	德国	OLED厂商	3.47亿美元	OLED显示屏技术
12月	NVELO	美国	缓存软件开发商	不详	Dataplex SSD缓存软件技术

资料来源：根据相关新闻报道整理。

① 郝莹莹，杜德斌，智瑞芝．利用跨国公司提升本国研发能力——韩国和新加坡的经验与启示［J］．亚太经济，2006（11）．

② 郝莹莹，等．利用跨国公司提升本国研发能力——韩国与新加坡的经验与启示［J］．亚太经济，2006（6）．

（3）主动培养高层次科技创新人才

韩国十分重视科技型和研发型人力资源的开发与培养。20 世纪末提出的“G-7”高科技研究与开发计划，促使韩国于 21 世纪初跻身世界先进科技强国之列，在 10 年间投资 62.5 亿美元，确保在 2000 年韩国能够拥有 15 万名高级科研人员。2001 年开始实施的“国家战略领域人才培养综合计划”，在 2005 年前对信息技术、生物工程技术、纳米技术、环境工程技术、宇航技术和文化产业技术 6 个战略领域投入 2.24 万亿韩元，提高 22 万名在校学生和研究机构专业人才的水平，并培养了 18 万名新人才[①]。

据世界银行统计，1972 年韩国教育经费占政府总开支的 5.9%，1990 年上升至 19.6%，21 世纪基本稳定在 20%~22%，韩国教育投资占国民生产总值的 3.2%~3.4%，位居世界前列。

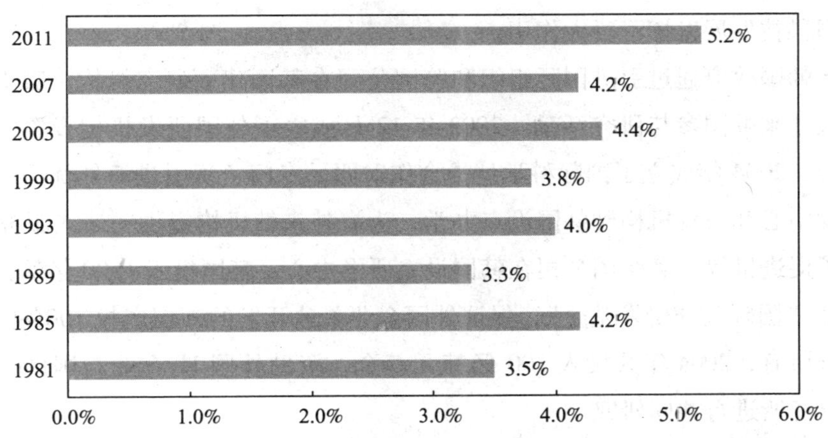

图 5-2　韩国 1981—2011 年教育公共开支总额占 GDP 的比例

注：教育公共开支包括政府在公立和私立的教育机构、教育管理以及学生、家庭或其他私人实体补贴方面的支出，由公共经常性支出和资本支出两部分构成（联合国教科文组织说明）。

数据来源：联合国教科文组织（UNESCO）统计研究所。

韩国政府在 1981 年放宽留学政策，注重增派留学生和科研人员出国深造，在与外国签订技术转让协议或合资经营合同时，派出大批科技人员向

① 黄军英．韩国提高国家创新能力的举措［J］．科技与经济，2004（12）．

技术转让方学习技术或接受培训。值得一提的是，为加大对科技人才的奖励力度，韩国政府设立了各种重要的奖励项目，合理调整了研究人员的工资报酬制度、职务发明奖励制度等经济奖励制度和各种福利待遇，如实施教师留职创业政策，规定教师如果在校外创办风险投资企业，可以留职两年①。

韩国政府还建立了“聘用海外科学技术人才制度”。在这一制度中，凡是从事生物工程、电子通信、新材料、航天航空等新兴科技产业的企业和大学等研发机构，政府对其引进国际研发人才的行为会给予一定的补贴和资助。企业利用这一制度，积极开展引进外国科技人才的活动。如三星财团建立了26家研究机构，从事遗传工程、食品、药物以及高技术的声像组件半导体和计算机等范围非常广泛的研究开发活动，仅三星电子公司就雇用了200多名在美国获得博士学位的韩裔研究人员，这些人才的回国对韩国科技发展发挥了巨大作用。

韩国政府通过引进国际组织和跨国公司在韩国建立研究机构，吸引外国人才来韩国参与研究活动。2003年12月成立了外国研发机构投资商委员会，2004年成立了国际科学技术合作财团，专门负责引进海外优秀研究开发中心和教育机构到韩国设点办学，为海外来韩机构提供一站式服务②。为了促进世界著名跨国公司在韩国设立研发中心，韩国投入1500亿韩元成立了“国际共同研发基金”，保证外国企业单独开发的知识产权100%归其自身所有，2004年共投入300亿韩元基金，资助外国IT企业与国内企业及研究所进行共同研究。

（4）设立经济特区和自由技术区

韩国政府于2003年专门设立了位于韩国西部的港口城市仁川、南部的港口城市釜山和光阳三个经济特区。在这些经济特区投资的跨国公司将获得系列财务优惠待遇，包括10年内免交公司税，管理人员个人所得税税率统一降至17%等优惠。在韩国大德科学园等地专门设置自由技术区和跨国

---

① 张仁开．韩国利用外商R&D投资的经验及启示［J］．世界科技研究与发展，2006（10）．

② 陈小红．转变学习模式，实现技术跨越的技术创新路径研究［J］．科学管理研究，2011（12）．

公司专用高科技园区，对高科技产业和研发机构实施无偿租赁和减免法人税等优惠政策。大德科学园包括60个研发机构和3所大学，是集研发、教育、生产为一体的工业园区，在韩国科技发展中起着核心作用。

3. 印度吸引和利用跨国公司研发的政策体系

中国和印度是世界上最受瞩目的两个发展中大国，也是近年来国际研发投资最为青睐的两个目的地。《2006年全球创新报告》对全球R&D支出最多的前1000家跨国公司R&D战略进行了调研，结果显示，在2000—2005年，跨国公司在中国和印度的R&D投资增长了17%，大大超过日本、欧洲等发达国家和地区。联合国贸发会议组织的调查显示，中国和印度已经成为跨国公司心目中最具有吸引力的R&D设立地。

印度以软件外包工程闻名于世，跨国公司在印度设立R&D机构始于19世纪80年代，1984年，美国得克萨斯仪器公司在班加罗尔设立了软件开发公司；到1997年，只有15家跨国公司在印度设立研发机构；到2007年，已经有约200家跨国公司研发中心在印度成立①。跨国公司在印度进行研发投资的方向集中在IT、制药和化学产业。近年来，随着印度经济持续发展，在印度政府的大力支持下，越来越多的跨国公司开始把眼光投向印度的经济命脉——电信、交通、能源等领域②。与印度跨国公司研发迅速发展的势头相匹配的是，对比吸引FDI的普适性政策，印度政府更重视吸引跨国公司在研发方面的投资，据此出台了多种多样的政策和措施。

表5-2　印度历年跨国公司R&D机构的增长情况　（单位：家）

年份	R&D机构数量
1985	3
1995	19
1999	49

① 张永凯．外资在印度的R&D投资特征及其动因分析［J］．世界地理研究，2012（6）．

② 许星．跨国公司涌向印度：投资深入腹地［N］．中国经营报，2005-1-10．

续表

年份	R&D 机构数量
2000	64
2005	145
2006—2007	200

资料来源：V. V. Krushna（2009）。

（1）知识产权保护策略

跨国公司 R&D 机构初入印度时，印度知识产权保护状况非常差，这使得跨国公司在印度开展研发行为的意愿不足，严重影响了跨国公司对印度 R&D 投资。以制药业为例，制药业跨国公司很少在印度的子公司或生产部门使用先进技术，因为绝大多数印度本土企业都“坐等”跨国公司 R&D 成果进行模仿。印度政府和法律体系对知识产权保护力度薄弱，程序拖沓烦琐。但有意思的是，弱知识产权保护似乎为印度制药业提供了一个发展契机，为避开与跨国公司在高端产品市场上的竞争，印度企业在模仿跨国公司 R&D 成果的基础上，专门生产适合发展中国家的药品，积极占领低端购买力市场，对西方大型制药跨国公司构成了强烈竞争。毕马威 2012 年发布的报告称，过去 5 年，印度医药行业年均复合增长率达 15%，从产量看，印度制药产业占全球 1/4；从产值来看，印度制药产业占全球 1/13，印度在其实现“制药帝国”的过程中，先期弱知识产权策略所积累的原始技术和市场不可谓无用。

当然，弱知识产权保护到一定程度，既不利于国外先进技术的流入，也不利于本国企业的发展。随着跨国公司对印度投资的不断增加，有关法律环境问题也随之增加，并困扰着印度相关产业的发展。自 20 世纪 90 年代中期开始，印度政府大力改善知识产权制度：1994 年，印度对版权法案进行修订，明确了版权所有者权利以及对软件盗版的惩罚规定；在 2000 年生效的《信息技术法》中，印度针对非法运营计算机网络和数据库、传播病毒、复制软件等非法行为，明确规定了具体的惩治条例，使得印度成为世界上第 12 个拥有此类法律的国家，该法案的颁布实施，对本土软件企业和跨国公司软件研发创造了良好的知识产权保护环境；2003 年后，印度国会又通过了一系列知识产权保护法案；2005 年，印度通过了与世界贸易组织标准一致的专利制度，虽然该项立法主要针对医药制造业，但它增强了其他产业接受知识产权保护的信心①。

表 5-3　印度知识产权保护的法律制度及管理机构体系

法律制度	专利法	《1911 年专利及设计法》
		《1970 年专利法》
		《1994 年专利修订法案》
		《1998 年专利修订法案》
		2002 年修订《1970 年专利法》
		2005 年修订《1970 年专利法》
	商标法	《1940 年商标法》
		《1958 年贸易和商品标志法》
		《1999 年商标法》
	设计法	《1911 年设计法》
		《2000 年设计法》
	版权法	《1914 年版权法》
		《1957 年版权法》
	地理标志法	《1999 年商品地理标志（注册和保护）法》
管理机构	印度专利、商标及地理标志管理总局	
	印度版权局及版权委员会	
	印度警察局	
	印度民间行业组织，如印度电影电视制作人版权管理协会	

资料来源：中国国家知识产权局相关资料。

与发达国家相比，虽然印度的知识产权保护尚存在一定问题，但已经得到了很大程度改善。各类知识产权保护措施的出台，增强了跨国公司在印度 R&D 投资的信心，印度在吸引跨国公司 R&D 资源进入方面也取得了明显成效：自 1984 年跨国公司在印度设立第一家研发机构，到 1995 年的

① 张永凯．外资在印度的 R&D 投资特征及其动因分析［J］．世界地理研究，2012（6）．

11年间，仅有19家跨国公司研发中心落户印度；而从1995—2006年的11年间，有近200家跨国公司研发中心入驻印度。

（2）为重点产业提供特别支持

印度是世界上最大的软件外包中心，跨国公司在印度的R&D投资主要集中在信息通信技术领域，微软、英特尔、IBM、惠普、思科、摩托罗拉、甲骨文等跨国公司都在印度设立了研发中心，其中绝大多数分布在班加罗尔的软件园中。印度凭借为美国信息技术机构提供低成本技术服务而享誉全球，印度在信息技术等的自主研发方面发展迅猛，逐渐成为炙手可热的科技热土①。为了更好地为跨国公司R&D投资的重点行业服务，印度政府特别对设立软件R&D中心给予更多优惠政策，在软件园中经营的软件开发中心可以享受更多的税收减免与优惠，例如进口免税、软件出口十年免税等；虽然印度基础设施建设整体较为薄弱，但印度政府也采取了各种措施来完善科技园区的基础设施，特别是班加罗尔软件园内的网络通信、电力保障和生活工作条件等，为跨国公司在印度开展R&D活动提供良好的外部条件②。

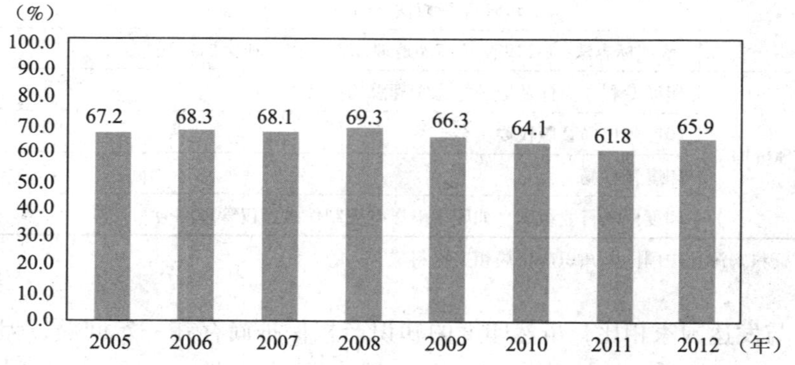

图5-3　印度2005—2012年ICT服务出口占总服务出口的比例

资料来源：世界银行。

① 文富德．印度正在成为世界研发中心的原因、影响与启示［J］．亚太经济，2008（5）．

② 楚天骄．跨国公司在印度R&D投资的区域效应［J］．亚太经济，2005（4）．

印度在信息技术领域的成功已为世人熟知，信息技术产业对印度国内生产总值的贡献从 1999—2000 年度的 1.0%增长到 2005—2006 年度的 4.8%，其带动的服务业年均增长率超过 28%。更重要的是，信息技术的成功改变了欧美发达国家对印度的评价；信息技术产业的崛起增强了印度对自身发展潜力的信心，提升了其对国民经济的美好期望和国家地位的自我认可，培植了印度的科学自信。

目前，印度又确立了新的科技发展方向和重点产业领域，生物技术就是其中之一。印度政府格外注重吸引大型医药公司在印度设立研发机构，为此类研发中心进行临床试验和产品研发提供各类便利，特别强调在生物医药领域的知识产权保护。

（3）其他便利和辅助政策

印度素有“许可证王国”之称，各种官僚规定和冗长的审批程序给跨国公司研发机构入驻和本土企业创新带来了巨大挑战。1991 年，印度的外国投资促进委员会成立 FDI 一站式服务机构，提高了针对 FDI 的行政效率。印度政府还完善促进贸易与 FDI 的政策制度，对跨国公司 R&D 投资在税收上给予更加突出的优惠和奖励。而且，跨国公司研发中心都能比较容易地通过审批，无论是跨国公司独资的形式还是跨国公司与本土企业合资的形式。

印度在法律体系、资本市场和银行业监管等方面已经建立起具有约束力的制度结构。此外，印度是联邦制国家，州政府拥有较多行政权力，提供较为稳定的商业环境和较为灵活的地方政策。

印度还特别鼓励产学研结合。2009 年 3 月，印度政府批准了由科学和工业研究部提交的有关鼓励发明和创新发展及商业化的提案，允许研究人员在科学机构从事专业研究的同时，在科技型企业中拥有平等股权；允许科学机构在企业内投资建设知识基地，作为平等资产；鼓励科学机构建立孵化中心；为研究人员在企业和科研单位之间的流动提供便利[①]。

① 聂尊誉．印政府鼓励科技人员走产学研结合之路［J］．功能材料信息，2009（6）．

4. 新加坡、韩国和印度政策经验对中国的启示

未来一段时间内，流入发展中国家的跨国公司 R&D 资源还将不断增加，这部分研发投资对于发展中国家来说具有重要意义，如何更多地吸引到这部分资金并利用其加快国内产业升级和技术进步，是每一个发展中国家都面临的课题。当然，各个发展中国家也面临着吸引跨国公司研发的激烈竞争，而各国政策体系则可能成为决定性因素。

各国在面对这种竞争时各有优劣势。以中国、新加坡、韩国、印度四个国家为例，新加坡和韩国基本已完成了利用跨国公司 R&D 资源辅助本国产业升级和科技升级的过程，其中政府力量和政策引导发挥了非常明显和极其重要的作用，目前的主要任务更偏重于发展能与跨国公司抗衡的本国研发力量；中国和印度本土机构的研发能力仍较为薄弱，急需大量吸引跨国公司研发投资，以弥补本土研发投入的不足，也需要有效的政策工具来引导跨国公司研发机构融入本土创新体系，提高本土机构对跨国公司研发投资溢出的承接能力，最终实现提升本土研发水平和创新能力的目的。

通过对发展中国家吸引跨国公司研发政策的经验进行分析，不难看出，政策引导在吸收和利用跨国公司研发方面能够发挥也应该发挥重要作用。

（1）具体而有力的财政支持

强有力的财政支持是新加坡能够吸引众多跨国公司研发投资最重要的政策工具，也是跨国公司选择新加坡作为研发目的地最重要的原因。新加坡政府不仅在税费方面给予跨国公司研发机构高于一般发展中国家更大的优惠，还将免税和减税政策扩展到各类高新技术企业和先锋企业中。在财政直接支出方面，新加坡政府以各种形式的科技奖励、研发补助等对跨国公司研发活动进行补贴，特别对跨国公司研发和本土机构的合作行为直接给予资金支持。研发投资相较于一般资本投入回报不确定、投入风险较大，来自政府具体而有力的财政支持可以缓解企业进行研发投资的后顾之忧，从而促进私人部门的研发投资。这一举措不仅对中国吸引跨国公司研

发具有借鉴作用，更对政府鼓励本土企业加大研发投入意义重大。

（2）以企业为主体的技术合作支持

纵览韩国利用外资的政策体系不难发现，韩国政府特别重视将本土企业纳入吸引和利用跨国公司研发的政策体系和政策活动中来。建立信息数据库和网站、举办研讨交流活动，不仅为跨国公司研发机构打开市场，更加深了本土机构对前沿技术的了解；对本土机构和跨国公司研发机构的合作行为给予充分的财政支持，在资金和政治立场上充分支持本国企业对跨国公司的技术引进、吸收和合作行为。正是各类研发引资和用资政策都将本土机构作为政策最重要的目标客体，使得韩国不仅能够吸引大量跨国公司研发投资，更能将政策资源有效地共享给本土企业和跨国公司研发机构，从而在引资的同时，有效利用有限的政策资源促进本土企业技术水平的提升。这种以本土企业为本的政策思路值得中国学习。

（3）以人力资源提升为本

跨国公司研发机构普遍实行人才本土化战略，人力资源质量不仅决定了本国对跨国公司研发资源是否具有吸引力，更决定了本国对跨国公司技术溢出效应的承接能力。新加坡、韩国、印度都非常重视本国人力资源质量的提升，在多样而坚实的教育与培训政策下，新加坡格外注重就业人群的多样化在职培训，并且拥有的科学和技术人员占全国人口的比重是东南亚地区最高的；韩国教育经费占政府总开支的比例从 1972 年的 5.9%上升至 1990 年的 19.6%；印度教育投入占全国 GDP 的 4.7%，印度高校的师资、教材和教学管理，与世界名牌大学在同一个水平上，而且有一批国际知名的 R&D 机构，如印度技术研究所、印度科学院等①。

（4）知识产权保护策略

印度从弱知识产权保护向强知识产权保护转变，给本土产业带来两个发展机会的经验颇有意义。印度在经济开放之初，弱知识产权保护使得本土制药产业以较低成本模仿了跨国公司的先进技术和产品，占领了部分市

① 罗艳．中印吸引跨国公司 R&D 投资特点及优势比较［J］．北方经贸，2009（11）．

场。如印度对仿制药相关政策非常宽松，能够在美国FDA上市的药品，在印度上市不需要再做临床实验，只要印度企业能够做出和在美国上市药品同样的产品（即经过印度药政当局测试，两种产品成分一致）即可，这使得印度的仿制药品在美国产品上市后9个月内就能够上市①。随着经济发展和知识产权保护的加强，越来越多的印度制药公司从生产普通药和为西方公司合同提供研究服务转向自主研制新药。2000—2004年，印度在药物研发方面的投入增长了三倍，从20亿印度卢比增至80亿印度卢比。从2005年印度开始履行WTO约定起，印度企业的知识产权意识进一步得到提高，对研发的投入和重视程度也更强了②。借鉴印度经验，中国大多数产业已经度过了复制或模仿创新的阶段，现阶段应主动加强知识产权保护，提高本土企业的知识产权意识。

无论是韩国、新加坡还是印度，都可以看出，吸引和利用跨国公司研发投资的政策体系绝不是以跨国公司为单一核心，而是融合本土企业行为、本土科研机构行为、国家人才战略、知识产权保护策略、技术引进等多个环节的统一体。在吸引和利用跨国公司研发投资的过程中，如何确定长远目标、考虑多方利益、整合政策体系是最为重要的问题。

二、跨国公司在华研发投资与中国区域自主创新互动发展的政策内容

加入世界贸易组织（WTO）之前，中国奉行“以市场换技术”战略，对一些跨国公司在华投资附加技术转让要求。例如，通用汽车公司在上海建立泛亚汽车研究中心，就是兑现其投资上海通用时对中国政府的技术承诺③。在加入WTO的过程中和加入之后，为适应WTO准则，中国逐步取消了技术转让的强制要求，开始制定鼓励外商在华建立研发机构、投资研

① 张文杰．基于部门创新视角的印度制药业发展及其启示［J］．对外经贸实务，2008（3）．

② 黄军英．印度科技崛起的原因［N］．学习时报，2007-7-2．

③ 隆国强．最大限度发挥溢出效应：吸引跨国公司研发机构的战略意义与政策取向［J］．国际贸易，2004（12）：4-8．

发事业的一系列政策①。

早在1997年，原国家计委出台的《外商投资产业指导目录（1997）》中，就将“高新技术、新产品开发中心的建设与企业孵化”列为鼓励外商投资类项目，享受鼓励投资类项目的优惠待遇。2000年4月18日，原国家外经贸部发布了第一个真正意义上专门针对跨国公司在华研发投资的政策文件——《对外贸易经济合作部关于外商投资设立研发中心有关问题的通知》，文件明确了外商在中国投资设立研发中心的设立要求、审批程序和优惠政策等。此后，财政部、原外经贸部、税务总局、海关总署等相关部门不断出台文件或通知规定，落实鼓励外商研发投资的各项政策，在吸引跨国公司来华设立研发机构方面发挥了巨大作用。表5-4对国家层面政府部门出台的相关政策进行了梳理：

表5-4 中央政府出台的相关鼓励政策

时间	出台单位	文件名称	主要内容
1997年	国家计委	《外商投资产业指导目录(1997)》	将“高新技术、新产品开发中心的建设与企业孵化”列为鼓励类项目，可以享受外商投资鼓励类企业的优惠待遇
1997年	国家科技委	《关于设立中外合资研究开发机构、中外合作研究开发机构的暂行办法》	规定了中外合资合作研发机构的设立条件、审批程序； 规定研究成果可获得中国自然科学奖、发明奖和科学技术进步奖以及国际科学技术合作奖等

① 涉及跨国公司在华研发投资的政策很多，包括外资政策、产业政策、税收政策、海关政策、知识产权保护政策、外籍人员管理政策等多个政策领域，此部分仅对专门针对跨国公司在华研发投资或与跨国公司在华研发投资直接相关的政策文件进行梳理。对于跨国公司在华研发涉及政策领域较多的情况，将在后文进行讨论。

续表

时间	出台单位	文件名称	主要内容
1999 年	外经贸部 国家计委 国家经贸委 财政部 中国人民银行 海关总署 国家税务总局 国家外汇局 国家出入境检验局	《关于当前进一步鼓励外商投资的意见》	规定为鼓励外商投资企业进行技术开发和创新，对于符合要求的设备等免征关税，对符合要求的外商投资企业可免征营业税、抵扣所得税等
1999 年	财政部 国家税务总局	《财政部、国家税务总局关于贯彻落实〈中共中央国务院关于加强技术创新，发展高科技，实现产业化的决定〉有关税收问题的通知》	明确外商投资企业和外商设立的研发中心可享受技术转让的营业税减免、自主研发经费支出享受所得税抵扣，享受《国家高新技术产品目录》规定的进出口设备关税优惠
1999 年	海关总署	《海关总署关于进一步鼓励外商投资有关进口税收政策的通知》	明确外商投资研究开发机构的有关设备等可免征进口关税； 要求企业所在地直属海关提高办事效率
1999 年	外经贸部	《〈关于外商投资举办投资性公司的暂行规定〉的补充规定》	明确鼓励投资性公司在中国境内设立科研开发中心或部门，从事新产品及高新技术的研究开发，转让其研究开发成果，并提供相应的技术服务
2000 年	外经贸部	《关于外商投资设立研发中心有关问题的通知》	明确外商投资研发中心的形式、经营范围、设立条件、设立程序； 具体列出了外资研发中心在进口关税、营业税、所得税等方面可享受的优惠政策

续表

时间	出台单位	文件名称	主要内容
2001 年	外经贸部	《关于扩大外商投资企业进出口经营权有关问题的通知》	允许外商投资研发中心为进行其研发产品的市场测试进口并销售少量其母公司生产的高新技术产品
2002 年	国家计委 国家经贸委 外经贸部	《外商投资产业指导目录(2002)》	明确将“研发开发中心”“高新技术、新产品开发与企业孵化中心”列为鼓励类项目，可以享受外商投资鼓励类企业的优惠待遇

资料来源：根据相关政策文件整理。

在 2000 年原国家外经贸部发布《关于外商投资设立研发中心有关问题的通知》后，作为外商研发投资主要目标区域的北京、上海、江苏、广东等省市纷纷出台相应的政策规定，对跨国公司在华研发投资给予优惠①。这些政策文件承袭了 2000 年原国家外经贸部的政策精神，规定对在本省或本市设立研发机构的跨国公司给予关税、营业税和所得税的税收减免等优惠。此外，地方政府还结合本地情况，扩展了鼓励政策的领域和内容，例如，北京市对跨国公司设立研发机构使用土地实行规费减免，并对相关的人才待遇、科技项目承接、联合办学、评奖评职等事项予以鼓励性的规定；江苏省增加了对跨国公司研发机构进行财政资助的具体措施，将跨国公司研发机构纳入公共财政计划；上海市专门对与跨国公司研发机构运营密切相关的出入境、海关退税等行政服务做出具体规定。这些地方政府出台的政策文件，对鼓励跨国公司在华研发投资的相关政策进行了更为具体和明确的细化。

① 在 2000 年之前，北京作为最受跨国公司青睐的研发投资目标之一，已经出台了《北京市关于鼓励在京设立科技研发机构的暂行规定》。

表 5-5 地方政府①出台的相关鼓励政策

地区	时间	文件名称	具体内容
北京	1999 年	《北京市关于鼓励在京设立科技研发机构的暂行规定》	明确了设立驻京研发机构（包括外资研发机构）的人才待遇、税收优惠、科技项目承接、财政经费支持、土地政策、联合办学、评奖评职等具体鼓励政策
	1999 年	《关于鼓励跨国公司在京设立地区总部的若干规定》	为鼓励跨国公司地区总部在京设立研究开发机构、培训机构、技术支持中心等机构，要求有关部门优先办理其立项、规划、可行性研究、登记、开工建设等事项，优先提供建设用地，并按程序办理建设用地手续
	2002 年	《北京市鼓励在京设立科技研究开发机构的规定》	具体规定了在京设立研发机构的条件； 明确了在国内人才、外籍人员、税收优惠、科研经费支持、科技项目承接、土地优惠、联合办学、开放服务、专利补贴、评奖评职、高管买房等方面的具体鼓励措施
上海	2000 年	《上海市关于外商投资设立研发机构的暂行规定》	特别鼓励在张江、漕河区域开展研发投资； 明确了设立条件； 规定了进口关税、所得税、营业税优惠条款
	2000 年	《关于〈上海市关于外商投资设立研发机构的暂行规定〉的补充通知》	主要涉及税收政策、土地政策、外汇管理三个方面的具体优惠措施
	2002 年	《上海市鼓励外国跨国公司设立地区总部的暂行规定》	规定在本市设立的具有研究开发功能的地区总部，可以按照规定享受高新技术企业优惠政策
	2003 年	《上海市关于鼓励外商投资设立研究开发机构的若干意见》	明确了管理部门、设立条件； 新增加了通检通关、签证、人才引进、知识产权保护、政府支持和引导（包括承接各类科技项目、评奖评职、对外开放）等具体优惠政策

① 此处将省级政府、市级政府和部分开发区政府出台的政策文件作为一个层次进行分析，因跨国公司在华研发投资主要集中在北京、上海、广东和江苏四地，北京、上海虽然在行政区划上属于省级单位，但其行政管理模式更类似于市级政府；广东省政府和广州市政府未出台相关文件，仅广州市开发区有相关政策；江苏省政府仅出台了一个指导意见，具体执行标准由苏州、南京、无锡等市级政府制定和执行。因此，此处将这三级政府出台的政策文件合并地方政府层级进行总结。

续表

地区	时间	文件名称	具体内容
江苏	2003 年	《关于鼓励国（境）外组织和个人在我省设立研发机构的若干意见》	明确了设立条件； 规定了所得税、营业税、关税减免政策；鼓励合作研发，可独立申请科技发展计划项目
	苏州 2003 年	《苏州市人民政府关于鼓励和吸引国（境）内外研发机构的意见》	对新建的研发机构和经国家、省认定的企业技术中心等，给予一定的财政资金补助； 在苏州工业园区、高新区设立的研发机构享受税收减免和专项资金资助； 鼓励研发机构与高等院校、企业展开合作，竞标科技项目等
	南京 2003 年	《鼓励在宁设立科技研发机构若干政策意见实施细则》	除税收优惠、财政资助外，还规定了研发机构聘用的科技人员和管理人员享受的人才引进、出入境管理政策，高新技术产品、高新技术企业的认定政策，以及研发机构和研发人员的评奖评优政策等
	无锡 高新区 2005 年	《无锡高新区关于鼓励研发创新推进科技产业化的若干规定》	规定了对研发机构的税收优惠、财政资助、专利补贴、专利奖励等政策，对具体的奖励政策规定较为详细
广东	广州 开发区 2002 年	《关于加快科技创新和体制创新，推动高新技术产业跨越式发展的若干决定》	指出鼓励跨国公司、高等院校、科研院所和国内大企业集团来区设立研发机构，对引进重点高新技术项目、研发机构的个人、组织机构实施奖励
	广州 开发区 2007 年	《广州开发区科技发展资金管理办法》	规定对于外商投资企业设立的高水平的独立研发机构，经管委会认定，参照对国家、省级研发机构的资助标准，给予相应的资助
	广州五区 2010 年	《关于广州经济技术开发区、广州高新技术产业开发区、广州出口加工区、广州保税区、广州市萝岗区培育和发展战略性新兴产业进一步提升自主创新能力和产业竞争力的实施意见》	表示鼓励跨国公司来区设立研发机构，给予财政资助、奖励，支持研发成果在区内产业化，鼓励内资企业与跨国研发机构开展合作等

续表

地区	时间	文件名称	具体内容
广东	深圳 2008年	《关于加强自主创新促进高新技术产业发展的若干政策措施》	详细规定了对高新区科技类企业的财政资助和奖励、专利奖励、土地房屋租金优惠等政策
天津①	2005年	《关于进一步促进高新技术成果转化的暂行办法》	鼓励外商在本市投资高新技术产业、设立研发机构和转让先进技术，予以资金支持、税收优惠，鼓励其参与国内产学研合作

三、跨国公司在华研发投资与中国区域自主创新互动发展的政策工具

2000年，原国家外经贸部颁布的《关于外商投资设立研发中心有关问题的通知》中，规定对跨国公司研发机构实行关税、营业税和所得税的减免，此后，税收工具被广泛应用于北京、上海、江苏、广东等省市吸引跨国公司设立研发机构的政策体系中。除此之外，北京、上海等地还对跨国公司研发机构的土地使用进行税费减免，江苏等地将跨国公司研发机构纳入政府财政资助体系内。总结起来，中国用以鼓励跨国公司设立研发机构的政策工具共有以下七类：

第一类，税收优惠，即对跨国公司研发机构的部分税收进行减免，主

① 除表中所列的省市外，跨国公司研发机构较为集中的杭州、西安等地未针对外资研发出台专项或高度相关的政策文件，这些省市的政策将在下一部分进行简要说明。

要包括关税减免[①]、营业税减免[②]和所得税抵扣[③]三项优惠。这是应用最为广泛的吸引跨国公司在华设立研发机构的政策工具，北京、上海、江苏、广东等地都采用了这种政策工具。此外，江苏省[④]还制定了更为优惠的税收减免条例。

第二类，财政资助，即对跨国公司在本地设立研发机构直接给予财政资助[⑤]或奖励[⑥]，或通过专利补贴奖励[⑦]等方式对跨国公司研发机构的研发行为进行财政补贴[⑧]。

---

① 根据外经贸部《关于外商投资设立研发中心有关问题的通知》，关税减免主要包括对符合规定的进口自用设备及其配套技术、配件、备件免征关税和进口环节税，对符合规定的向境外支付的软件费免征关税和进口环节增值税，对符合规定的外资研发机构常驻人员的自用设备免征关税和进口环节税。另参见《财政部、国家税务总局关于贯彻落实<中共中央国务院关于加强技术创新，发展高科技，实现产业化的决定>有关税收问题的通知》（财税字［1999］273号）。

② 根据外经贸部《关于外商投资设立研发中心有关问题的通知》，营业税减免主要是外商投资设立的研发中心自行研发技术的转让收入免征营业税。

③ 根据外经贸部《关于外商投资设立研发中心有关问题的通知》，所得税抵扣主要是指外资研发机构各项研究开发费用年实际增长幅度在10%以上（含10%）的，可按照《国家税务总局关于外商投资企业技术开发费抵扣应纳税所得额有关问题的通知》（国税发［1999］173号）的有关规定，再按实际发生额的50%抵扣当年度的应纳税所得额。

④ 江苏省除了执行外经贸部的《通知》中的税收规定外，还制定了更为广泛的税收优惠政策，包括所得税减征、向外商购买技术和权利的特许权使用费减征、直接用于增加研发机构的注册资本或投资举办其他外商研发机构的利润可全部退还其再投资部分已缴纳的企业所得税税款。

⑤ 例如苏州市规定，对新建的研发机构，根据投资数额，给予30万~100万元的资金资助；对经国家、省认定为国家级、省级企业技术中心、工程技术研究中心等的研发机构，以上级资助额的30%~50%匹配资助。根据企业纳税属地原则，分别由苏州市区，各市、区给予资助。见《苏州市人民政府关于鼓励和吸引国（境）内外研发机构的意见》第七条。

⑥ 例如广州市规定，对于世界500强跨国公司或上年度为区内产值前20名的企业在开发区设立独立研发机构的，参照国家级研发机构资助标准，经认定给予一次性最高不超过300万元资助；对于上年度为区内产值21~50名的企业或境内外主板上市企业来区设立独立研发机构，经认定给予一次性最高不超过150万元奖励。见《关于广州经济技术开发区、广州高新技术产业开发区、广州出口加工区、广州保税区、广州市萝岗区培育和发展战略性新兴产业进一步提升自主创新能力和产业竞争力的实施意见》第十九条。

⑦ 例如无锡市高新区规定，对于区内企业，年专利申请量达100件以上（含100件），一次性奖励5万元；年申请量达80件以上（含80件），一次性奖励4万元；年申请量达50件以上（含50件），一次性奖励2万元；年申请量达30件以上（含30件），一次性奖励1万元。见无锡市《无锡高新区关于鼓励研发创新推进科技产业化的若干规定》（锡高管发［2005］458号）。

⑧ 例如苏州市规定，鼓励研发机构申请专利，并依法保护其知识产权。对企业和发明人的专利申请给予资助；对科技含量高、市场前景好的优秀专利技术和产品给予资金支持。见《苏州市人民政府关于鼓励和吸引国（境）内外研发机构的意见》第十四条。

第三类，土地优惠，即对跨国公司设立研发机构使用土地等给予一定的优先权和税收、规费的优惠等，如减免土地出让金、租金[①]、契税[②]，为跨国公司设立研发机构提供土地审批等行政手续予以便捷快速办理[③]等。

第四类，人才引进，即给予跨国公司研发机构的研发人员和经营管理者一定的人才待遇，便于跨国公司研发机构招聘和留用人才。例如，给予跨国公司研发机构常驻人员本地户口待遇[④]、允许跨国公司研发机构员工参与职称评定[⑤]、参加相关的评奖评优[⑥]、将其研发人员纳入本土人才培养计划[⑦]以及一些生活安置优待政策[⑧]等，也包括对其配偶和子女的一些优待

---

① 例如无锡市规定，对科技孵化期毕业企业购买高新区内厂房的，按照当年度高新区管委会标房售价或租金标准，给予相当于所支付房款的10%支持；对毕业企业租用高新区厂房的，给予所支付一年房租金的20%支持。以科技资金专项补助、新增投资部分银行贴息等形式予以支持。见《无锡高新区关于鼓励研发创新推进科技产业化的若干规定》（锡高管发［2005］458号）第八条。

② 例如北京市规定，研发机构在京一次性购买1000平方米以上（含1000平方米）商品房用于办公，符合有关规定的，可向市经委申请享受缴纳契税税款50%的财政支持。见《北京市鼓励在京设立科技研究开发机构的规定》（京政发［2002］23号）第十八条。

③ 例如北京市规定，鼓励跨国公司地区总部在京设立所属的研究开发机构、培训机构、技术支持中心等机构。有关部门优先办理其立项、规划、可行性研究、登记、开工建设等事项；并在《北京市城市总体规划》和本市土地利用总体规划确定的前提下，可以优先提供建设用地，并按程序办理建设用地手续。见《关于鼓励跨国公司在京设立地区总部的若干规定》（京政发［1999］4号）。

④ 例如北京市规定，外资研发机构中持有《北京市工作居住证》并在京工作满三年的人员可以办理调京手续，其配偶和未成年子女可以随调随迁。上海市规定，外资研发机构雇佣的科技人员和经营管理者，符合条件的其本人户口可迁入本市，配偶及未成年子女可随调随迁。见《北京市鼓励在京设立科技研究开发机构的规定》（京政发［2002］23号）第八条。

⑤ 例如北京市规定，研发机构的外籍人员在京工作半年以上，符合条件的可申请取得《外国专家证》；科技人员，可按照社会化职称评审的有关政策，由单位所在地人才服务中心代理，参加专业技术职务评审委员会统一组织的评审。见《北京市鼓励在京设立科技研究开发机构的规定》（京政发［2002］23号）第二十六条。

⑥ 例如上海市规定，对为本市科技进步、经济和社会发展做出突出贡献的外资研发机构有关人员，可按照《上海市科学技术奖励规定》（沪府发［2001］6号）予以表彰。见《上海市关于鼓励外商投资设立研究开发机构的若干意见》（沪发改外资［2003］004号）第十四条。

⑦ 例如南京市规定，研发机构为本市科技进步、经济和社会发展做出一定贡献的人员，可纳入《南京市中青年行业技术与学科带头人》的选拔和培养计划，对从事研究开发的项目给予一定的科技经费的支持。南京市《鼓励在宁设立科技研发机构若干政策意见实施细则》第三十条。

⑧ 例如北京市规定，研发机构中的高级管理人员在本市首次购买商品住房，符合有关规定的，可向市经委申请按其本人上年已纳个人所得税数额的一定比例给予奖励。见《北京市鼓励在京设立科技研究开发机构的规定》（京政发［2002］23号）第二十四条。

政策①。这些政策可以帮助跨国公司利用本土和外籍科技人才和管理人才，从而鼓励跨国公司在当地设立研发机构。

第五类，知识产权保护，即对跨国公司研发机构的知识产权成果实行充分保护②。知识产权保护力度弱，是阻碍跨国公司来华设立研发机构的主要因素之一。除了在专门针对跨国公司设立研发机构的政策文件中强调知识产权保护外，各省市近年来还出台了一些知识产权保护的专项规定，如北京市2005年颁布的《北京市专利保护和促进条例》、上海市的《上海知识产权战略纲要（2004—2010年）》、江苏省2003年颁布的《江苏省加强知识产权保护和管理工作实施意见》等。

第六类，行政便捷，即对跨国公司在华设立研发机构过程中，在注册或其他行政审批和服务等方面实行费用减免③，提高与跨国公司研发机构有关的行政事项办理效率④，如在规定下为跨国公司设立的研发机构开设外汇专用账户、为其外汇结算提供便利⑤，对跨国公司研发机构员工的出

① 例如南京市规定，凡高层次留学回国人员，其子女在参加本市中考录取时可提高10分投档。见南京市《鼓励在宁设立科技研发机构若干政策意见实施细则》第二十一条。

② 例如上海市规定，本市知识产权执法部门要加大执法力度，使外资研发机构的知识产权得到充分保护。外资研发机构在中国申请专利可享受本市有关资助政策，对知识产权工作中有突出贡献的外资研发机构及个人，由政府予以嘉奖。见《上海市关于鼓励外商投资设立研究开发机构的若干意见》（沪发改外资［2003］004号）第十三条。

③ 例如南京市规定，市（区、开发区、科技园区）、县的有关政府部门在研发机构注册过程中，实行行政管理“零收费”；各级工商行政管理部门对在宁设立的研发机构办理登记注册手续的，必须在3个工作日内完成，在注册中，工商行政管理不收取登记费、变更登记费和证照工本费。见南京市《鼓励在宁设立科技研发机构若干政策意见实施细则》第三条、第五条。

④ 例如广州市开发区规定，按照“精简、统一、高效”的原则不断推进政府职能转变，提高办事效率，在科学城实行“一栋楼办公，一站式服务，一个窗口对外”的集中管理模式和“限时办理”承诺制，大力推行电子政务。见《广州开发区关于加快科技创新和体制创新，推动高新技术产业跨越式发展的若干决定》（穗开［2002］5号）第三条。

⑤ 例如上海市规定，凡外商投资企业设立的外资研发机构，经外汇管理部门批准，可在外汇指定银行开设外汇专用账户，其外汇收支按现行外汇管理规定办理。对外资研发机构的非贸易项下外汇结算提供便利。见《上海市关于鼓励外商投资设立研究开发机构的若干意见》（沪发改外资［2003］004号）第九条。

入境签证提供便利①，对跨国公司进口的设备及配件等实行快速报关②、为跨国公司研发机构提供便捷的通检通关服务等。

第七类，本土联结，即通过鼓励跨国公司与本土机构或本土市场开展多种形式的合作，提高本土对跨国公司研发事业的吸引力，例如，允许跨国公司研发机构在国内市场进行研发产品的市场测试③，允许跨国公司研发机构申报本土科技项目④，鼓励进行高新技术成果转化⑤和高新技术企业认定⑥，鼓励跨国公司研发机构与本土科研机构进行合作⑦、支持联合办学，鼓励跨国公司研发机构向社会开放实验基地并进行有偿服务⑧，鼓励

① 例如上海市规定，对因商务需要赴香港、澳门、中国台湾地区或者国外的外资研发机构中国籍人员，提供出境便利。见《上海市关于鼓励外商投资设立研究开发机构的若干意见》（沪发改外资［2003］004号）第十一条。

② 例如上海市规定，外资研发机构进口设备、备件、样品等，经海关、出入境检验检疫部门核准后，采用提前报检、提前报关、实货放行的通关模式。见《上海市关于鼓励外商投资设立研究开发机构的若干意见》（沪发改外资［2003］004号）第十条。

③ 外经贸部《关于扩大外商投资企业进出口经营权有关问题的通知》（外经贸资字［2001］62号）第三条规定，允许外商投资研发中心为进行其研发产品的市场测试进口并销售少量其母公司生产的高新技术产品。

④ 见江苏省《关于鼓励国（境）外组织和个人在我省设立研发机构的若干意见（试行）》（苏科条［2003］215号）第十三条。

⑤ 例如南京市规定，研发机构的高新技术产品，由市科技局根据科技部等部门颁布的《中国高新技术产品目录》及省、市高新技术产品认定办法组织认定，对符合条件的产品颁发《高新技术产品证书》，经认定的高新技术产品的研发费用，凡符合税法规定条件的，可享受税前扣除等优惠政策。见南京市《鼓励在宁设立科技研发机构若干政策意见实施细则》第二十四条。

⑥ 例如苏州市规定，积极鼓励、支持已为独立企业法人的外资研发机构，向省、市科技部门申报认定高新技术企业，享受有关高新技术企业和江苏省、苏州市制定的鼓励研发机构的优惠政策。见《苏州市人民政府关于鼓励和吸引国（境）内外研发机构的意见》第十六条。

⑦ 例如江苏省规定，鼓励省外商研发机构与我省现有科研机构、高等院校和企业开展多种形式的合作研发活动，联合创建实验室、工程技术研究中心和科技开发基地，联合申请省各类科技发展计划项目。见江苏省《关于鼓励国（境）外组织和个人在我省设立研发机构的若干意见（试行）》（苏科条［2003］215号）第十三条。

⑧ 例如北京市规定，鼓励研发机构向社会开放其实验室和试验基地，可以适当开展有偿服务。研发机构的实验室、试验基地为本市孵化器在孵企业提供服务的，可向市科委申请经费支持。见《北京市鼓励在京设立科技研究开发机构的规定》（京政发［2002］23号）第二十一条。

跨国公司研发机构研究成果在中国进行本土化[①]等。下表（5-6）对中国各省市区采用的政策工具进行了梳理。

不难看出，各省市都按照原国家外经贸部2000年《关于外商投资设立研发中心有关问题的通知》，将税收优惠作为吸引跨国公司的一项主要的政策工具。除此之外，北京市在土地优惠、人才引进和本土联结方面做了较为详细的规定，江苏地区则采用了较多的财政资助政策，上海的政策工具最为多样、全面，尤其是提出的行政便捷服务政策，极具地方特色。相比之下，广州、深圳、天津、杭州等地尚未出台专门针对跨国公司研发或与跨国公司研发高度相关的政策文件，在有些地市跨国公司研发机构尚未被纳入公共财政计划之中，在政策体系构建方面略显不足。在这些政策工具的执行方面，虽然政策内容很广泛，但从具体规定上来看，缺少相关的程序性规定，还存在着许多未明确列示、潜在的政策要求，政策透明度有待进一步加强。

① 例如广州市规定，在广州开发区、萝岗区内设立的研发机构研发的关键技术具有自主产权的科技成果在区内企业实现产业化，该项成果产品上年度销售收入达到1亿元，给予该研发机构一次性奖励100万元人民币。见《关于广州经济技术开发区、广州高新技术产业开发区、广州出口加工区、广州保税区、广州市萝岗区培育和发展战略性新兴产业进一步提升自主创新能力和产业竞争力的实施意见》第二十条。

表 5-6　中央和各省市区采用的政策工具概览

	专项文件①	税收优惠				财政资助		土地优惠	人才引进					知识产权	行政便捷					本土联结				
		关税	营业税	所得税	其他②	直接经费	专利补贴	税费减免	户籍管理	评职评奖	人才培养	生活安置	配偶子女	专利保护	审批免费	行政提效	外汇管理	出入境	通关通检	项目申报	高新认定	合作研发	联合办学	开放服务
国家	√	√	√	√																				
北京	√	√	√	√			√	√	√	√		√	√				√			√	√		√	√
上海	√	√	√	√				√	√	√			√	√		√	√	√	√	√		√		√
江苏	√	√	√	√	√										√					√		√		
苏州	√③	√	√	√	√	√	√													√	√	√		
南京	√④	√	√	√	√				√	√			√					√			√	√		√
无锡		√	√	√		√	√	√																
广州		√	√	√		√																√		
深圳		√	√	√	√	√		√		√		√							√					
天津		√	√	√	√	√																√		
杭州		√	√	√																				
西安		√	√	√																				

资料来源：根据国家各地区政策文件整理。

① “专项文件”指专门针对跨国公司或外资在本地设立研发机构的政策文件。没有专项文件的广州、无锡、深圳、天津、杭州、西安则根据有关的政策文件整理。

② “其他”指除外经贸部《关于外商投资设立研发中心有关问题的通知》之外的税收减免政策。

③ 苏州市《关于鼓励和吸引国(境)内外研发机构的意见》同时包含了内资和外资设立研发机构的相关政策。

④ 南京市《鼓励在宁设立科技研发机构若干政策意见实施细则》同时包含了内资和外资设立研发机构的相关政策。

四、跨国公司在华研发投资与中国区域自主创新互动发展的政策主体

鼓励跨国公司在华设立研发机构的相关政策体系涉及多个政府层级和政府部门，从中央政府和省市政府下达的有关政策文件的发文单位可见一斑（如表5-7所示）。1999年，国家颁布的《关于当前进一步鼓励外商投资的意见》，是原外经贸部、原国家计委、原国家经贸委、财政部、中国人民银行、海关总署、国家税务总局、国家外汇局和国家出入境检验局九个部门联合发文。2003年，上海市颁布的《上海市关于鼓励外商投资设立研究开发机构的若干意见》是上海市发展改革委、市外经贸委、市科委联合发文，并充分征求了上海市经委、市财政局、市税务局、市房地资源局、市公安局、市海关、市国家外汇管理局上海分局、市出入境检验检疫局、市人事局、市市政局等多个政府部门的意见，该项政策出台共涉及13个部门。

具体来说，有关跨国公司设立研发机构的鼓励政策，所涉及的中央政府层面和地方政府层面的政策主体可见表5-7、表5-8。

表5-7 中央政府层面涉及的政策部门

	涉及部门	主要任务
中央政府	外经贸部（已整合至商务部） 科技部	制定全国性的政策，为其他各部门和地方政府明确政策方向和框架
	国家计委（已整合至发展改革委） 国家经贸委（已整合至商务部） 国家发改委等	辅助进行政策制定
	财政部 国家税务总局	税收减免、财政支持类政策的辅助制定和执行
	中国人民银行 国家外汇管理局	外汇管理、金融支持政策的辅助制定和执行
	国家出入境检验检疫局（已整合至国家质量监督与出入境检验检疫管理局） 海关总署	出入境管理、关税、通检政策的辅助制定和执行

资料来源：根据国家各项政策文件整理。

表 5-8　地方政府层面涉及的政策部门

	涉及部门	主要任务	举例
地方政府（省级政府、市级政府、区县级政府）	外经贸部门	政策制定 审批、审核工作	上海市对外经济贸易委员会 南京市外经贸局
	科技部门	政策制定 认定、审批、复核工作 高新技术成果、企业认定，评奖评优评职 专利和技术的经费支持 重大科技项目申报审批 科技成果转化等	北京市科委 上海市科学技术委员会 江苏省科技厅 苏州市科学技术局
	发改委 经委 管委会等	政策制定 审批、审核工作	上海市发展改革委员会 北京市经济委员会 广州市开发区经济发展与科技局
	工商部门	登记注册	北京市工商行政管理局
	国税部门 地税部门 财政部门	财税政策的制定和执行	国家税务总局江苏省税务 江苏省地方税务局
	民政部门 人事部门 人才服务中心	人才政策、人事管理政策的制定和执行	上海市人事局 上海市市政局 北京市劳动局 北京市各区县人才服务中心
	地方知识产权局	专利申请、专利补贴等	北京知识产权局
	地方外汇管理分局	外汇结算等	国家外汇管理局上海分局
	地方海关	进出口设备的审查、免税	上海海关 上海市出入境检验检疫局
	国土资源部门 房屋管理部门	土地和房屋使用的规费减免政策的制定和执行	北京市国土资源局 北京市房屋管理局

资料来源：根据各省市区各项政策文件整理。

从表 5-7 中可以看出，各省市除了由外经贸部门、科技部门、发改委、管委会作为牵头部门外，政策体系还涉及了工商部门、财政部门、税务部门、民政部门、国土资源和房屋管理部门、海关部门、外汇管理部门等多个部门的合作和分工。即使是政策体系的主要负责部门，也因各省市的管理体制不同而有所不同，有些省市主要由科技部门牵头（如北京、江苏等），有些省市主要由外经贸部门牵头（如上海等），有些省市则是由开发区或高新区的管委会牵头（如广州等）。政策体系涉及的政府层级越多、部门越多，就越有可能出现多头管理、分工不清的混乱局面，降低基层政令的执行效率。

由于针对跨国公司研发机构的政府政策涉及多个政策主体，某一个政府部门出台的优惠政策极有可能会与其他部门的既有政策发生冲突，造成优惠政策在执行中，因不同执行主体协调不力，政策难以真正落实到位。例如，北京市出台的鼓励跨国公司在京设立研发机构的规定中，在适用对象上，优惠政策本身并没有独立法人的要求（分支机构也适用），但在执行中涉及的具体部门（如海关、税务等）却都有独立法人的要求①，政策设计与政策执行之间存在脱节。

即使是同一系统或性质的政府部门，由于涉及的政府层级过多，也会给政策执行带来困难。例如上海市 2000 年发布的《上海市关于外商投资设立研发机构的暂行规定》中指出，上海市外国投资工作委员会同上海市发展和改革委员会、上海市经济委员会、上海市科学技术委员会四个部门共同负责对本市跨国公司研发机构的审核、审批工作。其中市外资委会同市科委负责上海市外商投资研发机构的审批和管理，市外资委负责外商投资研发机构的审批，市科委负责外商投资研发机构的资质审查和行业管理。同时市外资委又委托浦东新区管委会审批和管理浦东新区内的外商投资研发机构；委托张江高科技园区领导小组办公室审批和管理张江高科技园区内的外商投资研发机构；委托漕河泾新兴技术开发区发展总公司项目办公室审批和管理漕河泾新兴技术开发区内的外商投资研发机构。仅仅是跨国公司研发机构的审批，就涉及了四个市级（直辖市）政府部门、一个区管委会、一个区领导小组办公室和一个区发展总公司项目办公室。如此

① 胡磊．关于进一步完善我国鼓励外商投资研发的政策研究．科技进步与对策，2007（24）：4.

复杂的政策主体，势必会给跨国公司设立研发机构带来困扰和不便。

政策主体过多还容易导致分工不清、行政服务效率低下。有学者曾对上海的跨国公司研发机构进行调查，据被调查的研发部门反映，一些政府部门（主要是基层的实际操作部门），如税务、海关等，存在官僚主义作风，外商研发投资注册手续烦琐、办事效率低下，不同的工作人员对同一问题的处理方法也大相径庭，外商对此反应非常强烈①。再有，之前的各项政策文件中所涉及的部门，在近几年国务院大部制改革和地方行政体制改革中，被撤销和被合并的也不少。

因此，进一步优化鼓励跨国公司在华设立研发机构的政策体系，需要理顺牵涉的多个政策主体，形成统一、高效的联动机制。这对于提升政策的执行力、促进政策间的互动和配合具有重要意义。

五、从引进到互动：构建互动发展的政策体系

通过对中国鼓励跨国公司在华设立研发机构的相关政策工具和政策主体的分析可以发现，目前的政策体系主要存在两大问题，一是引进多于互动，现行的鼓励政策多着眼于吸引跨国公司研发机构入驻，但对于如何发挥研发机构的溢出效应，缺少实操性的鼓励政策。虽然在各地政策文件中都提到鼓励跨国公司研发机构与本土企业、高校、科研院所等展开产学研合作，鼓励跨国公司研发机构与本土机构联合申请科技发展计划等，但很少见到真正可以执行的、具有激励效果的政策措施。二是涉及的政策工具和政策主体多，政策在制定时没有统一的规划、指导和协调，在执行时易出现多头管理、分工不清、效率不高的局面。很多跨国公司研发机构对目前政策体系的落实情况、服务质量不甚满意，本土机构很难真正得到政策体系带来的与跨国公司研发机构合作或互动的机会。这也是近年来跨国公司研发机构激增，但其创新溢出效应却不甚明显的原因之一。因此，在政

① 吴凤菊．吸引跨国公司在华设立研发机构的政策因素研究［D］．河海大学，2007.

策体系执行现状的基础上，明确政策目标，划分政策层级，理顺政策主体，规范政策工具，构建跨国公司在华研发投资与区域自主创新互动的政策体系非常必要。

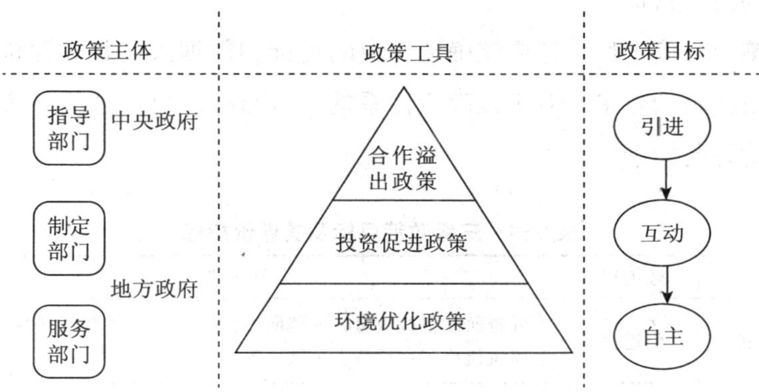

图 5-4 促进跨国公司在华研发投资与区域自主创新互动的政策体系

1. 引进—互动—自主的三级政策目标

明确政策目标是构建科学政策体系的首要任务。促进跨国公司在华研发投资与区域创新互动的政策体系，主要包含三个递进关系的政策目标，首先吸引跨国公司到地方设立研发机构、进行研发投资；其次在引进研发投资的基础上促进跨国公司研发机构与区域创新系统的主体进行合作和互动，利用合作和互动实现跨国公司研发效应的溢出；最后通过对跨国公司研发投资溢出效应的利用，提升区域自主创新能力。

目前，有关跨国公司在华研发投资的政策体系，多以引进研发投资的一级目标为主要政策目标。地方政府在制定政策工具时，对跨国公司设立研发机构等研发投资行为给予了很多行政便利、税收优惠、财政补贴等。此举本是希望在跨国公司研发投资规模不断增加的基础上，使其自动发挥促进本土创新能力的作用；然而，由于跨国公司自身缺少研发扩散动机、中国本土机构承接能力不强，以及相关促进合作、互动和溢出的政策工具不多等原因，大量的跨国公司研发机构虽然被引进来了，但未对区域创新能力产生明显的提升作用，甚至加剧了竞争、挤出了大批本土研发机构。政策体系仅仅实现了初级目标，对终极目标反有损害。因此，相关政策主体在构建政策体系、落实政策执行时应以第三级目标——提高区域自主创新能力为终极目标。

政策目标确定后，还应该确定相应的指标和数据来监督和评价政策制定与政策执行的效果。对于该政策体系的三级目标，可以选用下表提出的指标作为评价标准。

表 5-9　三级政策目标及其评价指标

	政策目标	评价指标
一级目标	引进投资	外资研发机构数量，外资研发投入资金，外资专利数量，外资研发机构聘用科技人员规模等
二级目标	实现互动	外资机构参与本土科技项目规模，外资机构与本土机构合作科研项目数量、联合培养人才规模、技术转让合同金额等
三级目标	自主创新	区域专利、科研论文、科技人员指标，区域技术转移合同金额，区域新产品销售收入指标，企业研发投入等

2. 环境—投促—溢出的三级政策结构

涉及跨国公司在华研发投资的政策工具甚多，理顺这些政策工具的层次和作用对于评价和改进现有政策体系十分重要。分析现有的政策工具及其效用机制，促进跨国公司在华研发投资与区域自主创新互动的政策体系应该包括以下三级政策结构：第一级为优化研发和创新环境的政策，主要包括科技人才培养、基础设施建设、知识产权保护、行政服务完善、科技园区建设、产业集聚等政策工具；第二级为鼓励和促进跨国公司进行研发投资的政策，主要包括对跨国公司的研发行为进行税收减免、财政资助、人才培养、土地优惠等政策工具；第三级为促进跨国公司研发机构与区域创新系统进行合作和互动实现溢出效应的政策，包括鼓励跨国公司参与国家或地方的科技项目、鼓励跨国公司与本土科研机构进行合作研发、鼓励跨国公司与本地高校联合进行人才培养、鼓励跨国公司在区域内转让技术成果的相关政策工具。

表 5-10　三级政策体系及其政策工具

	政策内容	政策工具
一级体系	创新环境优化政策	知识产权保护、基础设施建设、科技人才培养、行政服务改善、产业园区建设、科技园区建设等
二级体系	研发投资促进政策	对跨国公司研发行为进行税收减免、财政资助、土地优惠、专利补贴等
三级体系	创新互动溢出政策	采用切实的奖励和服务工具鼓励合作研发、人才流动、技术转移等

（1）创新环境优化政策

对于多数跨国公司而言，选择在哪里设立研发机构，主要关注点是当地整体的商业环境和科研环境。一方面，跨国公司倾向于将研发机构设立在市场规模大、产业集聚明显、法律法规健全、行政服务高效、中介服务完备、基础设施完善的商业环境高地；另一方面，跨国公司也愿意将研发机构设立在科技人才资源完善、知识产权保护有力、高等院校等科研机构集聚、创新能力突出的科技环境高地。如果区域的商业环境和科技环境未达到跨国公司的基本要求，即便出台再多的鼓励政策，跨国公司也不会选择该地作为研发投资目标区域。这一点在有关学者的研究中也得到了验证，根据世界银行经济学家威勒和莫迪的研究，跨国公司研发投资在区位选择的过程中，最关心的因素是基础设施、工业化程度、市场容量和现有外资等因素，而不是优惠政策①。这表明优惠政策在提升东道国区位优势方面的作用是有限的，优化整体的商业环境和创新环境才是根本。

在培育商业环境方面，政策工具应该针对培养公平竞争的市场环境，提高区域的基础设施配套水平（尤其是信息基础设施），形成特色产业的集聚，加强科技园区的建设，提高行政服务的透明度和效率，完善融资、技术交易等中介服务；在培育科研创新环境方面，政策工具应该加大对教

① 周海炜，吴凤菊，唐震．我国各地针对跨国公司研发投资政策的比较分析［A］．提高全民科学素质、建设创新型国家——2006 中国科协年会论文集［C］．2006.

育和科技人才培养的投入，加大对各类科研活动的资助力度，实行有力的知识产权保护制度等。

（2）研发投资促进政策

现有鼓励跨国公司进行研发投资的优惠政策工具已经很多，但政策执行情况却难以令人满意，其原因在于相关的行政服务效率低下。商务部研究院产业投资趋势调研课题组在《2005—2007 年跨国公司对华产业投资趋势调研结果》中提出：“中国自改革开放以来，实行了地方行政分权式的改革，地方政府的经济管理职能不断增加，各地方政府吸引外商直接投资的优惠政策日益强化，各地区利用外商直接投资中的优惠政策开始引起竞争，各地政府在土地使用费用、企业所得税等方面都开出了各种优惠减免措施。但是由于地方政府的换届、中央宏观政策对地方政策影响以及部分地方政府优惠政策的承诺过高等因素影响，使跨国公司在投资区位选择中最为关注地方优惠政策是否可以兑现①。”

以税收优惠政策的落实为例，在外经贸部颁布《关于外商投资设立研发中心有关问题的通知》后，各省市均将税收优惠作为鼓励跨国公司设立研发机构的主要政策之一，然而政策执行的不到位、行政流程的烦琐拖沓，使得这项政策工具的执行力和吸引力大打折扣。苏州市政府在 2004 年对该市跨国公司研发机构的调研结果显示，尽管苏州在 2003 年就颁布了《关于鼓励和吸引国（境）内外研发机构的意见》，规定对跨国公司研发机构实行关税、营业税和所得税减免优惠，但仍有半数企业认为“对研发活动的税收优惠不足”，原因在于相关免税政策没有得到良好执行，一些实验用的样机、样车，如计算机研发机构进口用于研究的最新计算机、汽车研发机构进口用于研究的新型汽车等进口时被视同高档消费品征收进口关税和进口环节税；还有企业反映，研发机构技术成果转让营业税减免手续十分繁杂，既要先征后退，又要进行评估，而且评估机构要价不规范，给

① 地方政府政策兑现度是影响跨国公司投资区位选择的首要因素．http：//club. 1688. com/article/72612. html？domainid＝lzw19582003.

跨国公司研发活动增添了额外成本①。

除税收优惠外，各省市也在人才引进、行政管理、土地优惠等其他领域开发了一些政策工具。不过这些政策工具并没有在全国范围内普遍推广，部分政策的配套服务薄弱。苏州市政府2004年对本地尚未建立研发机构的跨国企业进行调查时发现，半数以上跨国企业认为“在研发使用土地和基础设施上优惠不足”，更多的企业对“当地人才政策及出入境法规限制较多”表示不满②。配套的行政服务不完善，对跨国公司在华设立研发机构形成困扰。

综上所述，今后鼓励跨国公司设立研发机构的政策优化路径应该是，从简单的财政支持、税收减免优惠走向完善的配套服务政策体系，在人员入境、居留、管理，土地使用、知识产权保护，金融服务等各方面加强配套，降低土地房屋使用成本和其他商务运作成本。同时要改革行政服务流程，提高行政服务效率，增强政策的透明度和可预见性，将鼓励政策又快又好地落到实处，才能真正发挥政策体系的作用。

（3）创新互动溢出政策

跨国公司在华研发投资对区域自主创新产生溢出效应的途径很多，最重要的是跨国公司研发机构与本地企业或科研机构的合作研究、人员流动、知识交流等。当然，溢出效应不明显的原因是多方面的，既有跨国公司自身战略选择的原因，也有中国政策、体制方面的原因造成的溢出渠道不畅，还有本地企业、研发机构接受和辐射能力不足的原因。因此，当前有关跨国公司在华设立研发机构的政策体系，应该从引进和鼓励设立研发机构走向鼓励跨国公司研发机构与本土进行交流、合作和互动，同时通过政策激励和帮助，提升本土机构的接受能力。这些鼓励合作的政策要针对跨国公司的需求和具体的外溢目标，形成真正激励，而不仅仅是空谈。

---

① 隆国强．最大限度发挥溢出效应：吸引跨国公司研发机构的战略意义与政策取向［J］．国际贸易，2004（12）：4-8.

② 隆国强．最大限度发挥溢出效应：吸引跨国公司研发机构的战略意义与政策取向［J］．国际贸易，2004（12）：4-8.

例如，提高企业知名度、提升企业形象是跨国公司选择到东道国设立研发机构的重要原因之一，跨国公司研发机构格外看重其在东道国本土的企业形象，如GE、微软等企业都与内地高校成立合作研发中心，希望借此提升其在科技储备人才中的影响力和吸引力。而此举对于中国完善高校科技人才培养体制、提高培养水平也具有良好效果。因此，应加大对跨国公司研发机构与中国本土高校合作的鼓励，在政策上给予实质性的财政资助，对于合作形成一定规模的，可给予表彰奖励，契合跨国公司研发机构希望在中国本土提升品牌影响力和美誉度的需求。

再如，人才流动是跨国公司在华研发产生外溢效应的重要途径。当前，中国的政策体系，不仅没有鼓励人才流动的具体措施，甚至缺少对跨国公司与中国本土机构之间人才流动的统计口径。这使得政策设计缺乏可以监控的政策目标，也使鼓励人才流动成为政策文件上的一句空话。为此，应尽快建立跨国公司研发机构与中国本土机构的人才管理数据库，监控人才流动的方向；出台切实政策，鼓励人才由跨国公司研发机构向本土机构流动，如对从跨国公司研发机构跳槽至本土机构的科技人才给予本地户口、子女入学或买房补贴等实际优惠，提供出国交流、研修等人才培养机会等。

此外，完善技术交易市场、规范科技中介服务、促进合作设立研发机构、鼓励承担中国本土科技项目等都是发挥跨国公司在华研发机构外溢效应的重要方面。对于北京、上海、江苏、广州等跨国公司研发机构高度密集的地区，应该对这些政策予以整合、规范和改革，完善跨国公司研发机构与中国本土机构合作的政策环境和市场环境。与此同时，通过提升本土科技水平、鼓励本土市场创新活动提高本土的吸收和接受能力，充分发挥跨国公司在华设立研发机构的利处，实现出台和完善相关政策体系用以提高本土创新能力的终极政策目标。

3. 指导—制定—服务的三级政策主体

针对相关政策体系涉及的政策部门较为庞杂的现状，可以依据跨国公司研发机构管理的传统和政策主体设置的精简科学原则，设立三级主体的政策管理体制，对跨国公司在华研发投资进行管理和促进。

表 5-11　三级政策主体及其定位

	角色定位	管理内容
一级主体	指导部门	指明政策方向，制定政策框架
二级主体	制定部门	联合相关部门，制定具体政策
三级主体	服务部门	落实政策执行，做好具体服务

第一级为指导部门，即由中央政府部门牵头，负责出台政策文件，指明管理和培育跨国公司研发机构的政策方向，指明地方政府可以使用和建议使用的政策领域与政策内容，为地方政府制定更为细致、具体和具有实际操作性的政策组合拟定框架。这一层级可按照以往的管理传统，由国家对外贸易经济合作部牵头，政府机构改革中原外经贸部已被整合至商务部，现宜由商务部牵头，由商务部对外贸易司负责具体工作，联合财政部、国家税务总局、国家市场监督管理总局、海关总署、民政部等相关部门，制定和调整与鼓励跨国公司在华设立研发机构有关的大政方针。

第二级为制定部门，即由省市区级政府部门牵头，负责制定和颁布本地区内，针对跨国公司研发机构的具体政策。这些政策既要有切实可操作性（如减税和资助应明确比例和金额，奖励应明确条件和金额），又允许按照当地情况进行创新（如可向当地发展的重点产业倾斜）。这一层级的主管部门不必拘泥于行政区划的等级，可按照以往工作传统，由省、市、开发区或高新区的科技部门或经贸部门牵头，但应确定一个主管部门。例如，北京可继续由北京市科委牵头；上海原由上海市外经贸委牵头，现外经贸委已并入上海市商务委员会，可以商委牵头；广东省可承袭传统，由广州开发区管委会、深圳高新区管委会等区级管委会牵头；而江苏既可以由省级部门牵头，也可以由苏州、无锡、南京等省辖市的政府部门牵头。主管部门联合其他的地方财政部门、税务部门、民政部门、土地部门、工商部门等，共同制定鼓励跨国公司设立研发机构的详细政策。

第三级为服务部门，即基层具体落实和执行各项政策的管理部门，为跨国公司研发机构的设立审批、注册管理、减税落实、资助发放、土地房屋申请、人才管理提供实际的行政服务。这一层级是目前政策体系中尚未得到重视和最薄弱的部分。这一层级包括园区管委会、地方税务部门、地方市场监督管理部门、地方民政和人才管理部门、地方国土部门等。这些部门既可能归属市级政府，也可能归属区县级政府，很难对其进行梳理和把握。因此，对第三层级，一可由第二层级制定部门在出台具体政策时，明确行政服务的流程和要求，规范基层行政服务的行为和质量；二可在跨国公司研发机构最感兴趣和最密集的科技园区、开发区、高新区等（例如北京市中关村国家自主创新示范区、广州市高新技术产业开发区等），设立一站式行政服务中心，为跨国公司研发机构提供便捷的行政服务。这些行政服务站也可以接受本辖区内其他跨国公司研发机构的咨询和服务事项，尽可能地在操作层面为跨国公司研发机构创造便利，保证政策的透明度、便捷性和回应性。

六、着眼于国家创新战略的政策规划

无论是借鉴国外吸引和利用跨国公司研发较为成功的国家和地区的政策经验，还是分析中国现有的吸引和利用跨国公司研发政策体系的不足，都不难发现，跨国公司研发政策不仅是要吸引更多跨国公司研发机构入驻，而且是要加强跨国公司研发机构与本土机构的竞争合作。要想真正更加充分和高效地利用跨国公司研发，必须要将跨国公司研发政策置于国家整体创新战略中，将跨国公司研发政策和科技人才培养、知识产权保护、国际科技合作、科技中介服务、企业创新培育等国家创新战略和科技规划的各个模块结合在一起，才能真正使跨国公司研发政策发挥实效，切实利用跨国公司 R&D 投资实现本土技术水平的进步和创新能力的提升。

本节对跨国公司在华研发投资与中国区域自主创新互动发展联系较为紧密的国家创新战略政策模块进行简要分析，探讨如何在这些政策模块中利用政策工具加大对跨国公司研发投资的利用，促进中国区域自主创新，将单一的跨国公司在华研发行为置于中国国家创新战略的大背景中，采取措施促进跨国公司研发与中国区域自主创新互动的实现。

1. 具有战略高度的知识产权策略

在中国地方政府鼓励和利用跨国公司研发投资的政策体系中，普遍都提到了要加强知识产权保护的力度。然而这一知识产权政策完全没有上升到战略高度。事实上，对于技术和经济后发国家，在国家层面制定具有战略价值的知识产权策略，并利用这一战略充分吸收跨国公司和发达国家的先进技术成果，对国家科技创新能力提升产生至关重要的作用。

日本是实施知识产权战略的典范。第二次世界大战后，日本针对自身技术落后于欧美国家的现实，走出了一条在技术引进和消化吸收基础上的自主创新之路，并在不同发展阶段及时调整和转移知识产权战略。在 20 世纪 50—70 年代，为了追赶欧美国家，日本采取了在引进基本专利基础上的专利网战略，在引进、消化和吸收欧美先进技术的基础上大力进行二次开发和创新，再将开发的新产品和技术输出到其他国家，并在技术成熟后采取专利回输战略，将新产品和技术输回欧美国家，以提高日本产品和技术的市场占有率①。到 20 世纪 80-90 年代，随着追赶欧美目标的实现和国力的增强，日本的专利战略逐渐演变为自主创新和自主专利。而前一阶段的知识产权跟随和包围战略对于日本整体经济的崛起和科技创新能力的提升意义重大。

相对于日本来说，韩国是后发国家，但是韩国在经济发展和科技进步的崛起方面，可谓是发展中国家的典范，韩国也在知识产权战略方面创造和积累了宝贵经验。20 世纪 80 年代，韩美之间发生了一系列知识产权争端，给不少韩国企业带来了重大危机，而正是这一危机使得韩国认识到，只有知识产权的战略性应用才能帮助国家走出困局。为此，韩国政府积极鼓励本国企业通过兼并和购买的形式占有国外公司的先进技术，鼓励三

① 冯晓青．美、日、韩知识产权战略之探讨［J］．黑龙江社会科学，2007（12）．

星、LG 等具有雄厚实力的本国企业集团在国外特别是美国申请专利，为韩国大型企业实施有效的专利战略奠定了基础。与此同时，韩国政府对中小企业知识产权保护也给予了极大重视，开展了“中小企业知识产权普及运动”，加强政府服务部门与相关领域中小企业的联系以及相应的业务指导关系，减免申请费用，提供技术发展动态和知识产权保护等方面的信息服务。目前，韩国的国家创新能力已位居世界前列。

对比日本和韩国，虽然近年来中国对知识产权的认识和重视不断加深，但尚未达到将知识产权作为实现国家科技创新进步目标的战略工具这一高度。因此，中国政府除了应尽快健全知识产权法律体系、建立有效的知识产权执法体制、提高知识产权的服务质量、为跨国公司在华研发投资提供知识产权保护的环境保障之外，在提升本土企业知识产权意识和能力、提升国内知识产权保护氛围之外，更要针对跨国公司在中国技术行为的具体特点，制定适宜的知识产权战略。鉴于目前国内企业的创新能力有限，可以通过专利包围的知识产权战略，对于短期内无法掌握核心专利的技术或技术成果，通过引进、消化、吸收、再创新跨国公司已有的核心技术，开发出一批围绕这一核心专利的应用技术专利、组合专利、外围专利等；在形成对核心专利的包围网后，通过交叉许可获得发展空间。此外，可以大力发展学习型收购，通过兼并和收购国外拥有先进技术的科技型中小企业，以获取其技术成果、知识产权。

在知识产权保护方面，2017 年 9 月最高检等十二部门联合印发《外商投资企业知识产权保护行动方案》，明确相关部门职责分工，要求严厉打击侵犯商业秘密、专利权、植物新品种权、恶意抢注商标和“傍名牌”，以及互联网领域侵权盗版等违法犯罪行为，强化进出口和寄递等重点环节监管，重点查办情节严重、影响恶劣的侵权假冒犯罪案件，有效保护权利人利益。2018 年，商务部组织开展外商投资企业知识产权保护的专项行动，加大对知识产权侵权违法行为的惩治力度，建立外商投资企业投诉工作部际联席会议制度，加大投诉工作协调力度，及时妥善解决外资企业投诉反映的突出问题。2020 年要实施的《中华人民共和国外商投资法》进一步强调外商投资知识产权保护，鼓励基于自愿原则和商业规则开展技术合作，同时明确行政机关及其工作人员不得利用行政手段强制转让技术。可见，中国对于外资企业的知识产权保护制度体系已基本确立，后续如何在实践中贯彻落实相关法律法规，需要进一步细化实施细则上，最终实现与国际惯例的接轨。

2. 高效和完善的科技中介服务

科技中介服务机构是本土机构与跨国公司实现联系的重要渠道，诸如技术产权交易中心、常设技术市场、高新技术园区、创业中心、企业孵化器、生产力促进中心、大学科技园、专利事务所、人才中介机构、认证咨询中心、质量检测机构等都是科技中介服务机构。不过，中国的科技中介服务体系尚处于初建时期，科技中介服务市场并不发达。很多有能力、有意愿同跨国公司进行技术转移等行为的本土企业，既难以获得该方面的必要信息，又难以在市场上寻觅到此类专业服务机构，大大地限制了本土机构与跨国公司的联系、阻碍了跨国公司研发的溢出效应。

发达国家科技中介服务体系运行已经有近百年的历史。第二次世界大战后，伴随着第三次科技革命的浪潮，欧美各国为提升科技对本土经济和社会发展的贡献率，大都依托科技中介服务机构，在科技与经济、科技与管理、科技与社会之间建立起有效的联系纽带，极大地促进了社会经济的发展和国家创新能力的提升。以美国硅谷国际企业孵化器为代表的科技中介服务机构已经成为企业有效开展创新活动、增强核心竞争力的重要支撑。

中国科技中介服务体系起步于 20 世纪 70 年代末期，在北京、上海、江苏、广东等沿海发达地区，出现了一批以生产力促进中心、高新技术企业孵化器、科技咨询服务与评估机构为代表的科技中介服务机构。不过，中国科技中介服务的整体水平还比较低，既缺乏针对特定行业的差异化专业服务，在先进技术转移、生产管理咨询、科技风险投资、科技信用评价、国际科技交流方面的服务严重不足，又缺少基本的知识积累、案例库、专家资源，没有构建有效的服务信息系统，因此难以为本土企业和在本国进行研发投资的跨国公司提供有效、优质的中介服务。

而这种现状与科技中介服务在政府的发展规划和政策扶持方面的缺乏不无关系。长期以来，政府多重视高新区、科技园区的硬件建设，忽视了提供中介支持服务的市场主体的发展：大多数科技中介服务机构的组织架构、合作网络、运行机制、行业标准等还未得到明确；政策扶持上仅有“四技活动”税收减免等少数优惠，缺少促进和规范科技中介服务机构的政策工具体系；特别是在信息平台建设方面，区域性的信息网络极其滞后，远远不能满足科技中介服务行业的信息需求，而对于科技信息数据库建立和信息共享的战略规划和政策扶持还几乎是空白。科技中介服务的落后，政府对科技中介服务体系的忽视，与中国企业技术活动的崛起和跨国公司研发的不断增加难以匹配。

在此状况下，中国政府应提高对科技中介服务体系的重视程度，要主导建立和完善类似韩国基础研究信息数据库和科技新加坡网站的科技中介信息支撑平台，针对专利、技术标准、知识产权、产业营销等不同领域开发相关的信息数据库；要鼓励先进的跨国公司科技中介服务机构进入中国，使其为国内技术市场提供服务的同时，向国内相关机构提供先进理念、运行机制与服务模式；要尽快完善相关的行业标准，培育专业人才。在现代市场环境中，只有借助高效的科技中介服务市场，本土机构和跨国公司研发机构才能更好地在全球范围内进行技术合作、转移和共享，才能为本土企业提供更前沿和便利的技术服务，提升国家创新能力。

3. 以企业为主体的国际科技合作

国际科技合作，特别是企业间围绕产品开发与技术创新活动的研发合作，已经成为企业在全球化市场中赢得竞争优势的重要途径之一。据不完全统计，全球信息技术领域新建立的战略联盟从 1984 年的 182 个经过十年时间猛增到 1994 年的 4034 个；在半导体行业，20 世纪 70—80 年代之间仅在新兴企业和原有企业之间的各种技术合作就有 2300 项。

国际间的科技合作，对于现代企业，特别是高新技术企业的成长和发展十分重要。企业间研发合作提供了知识共享、知识传递和知识整合的机制，并可能产生新的知识；通过合作，企业可以获得弥足珍贵的互补性和异质性知识资源，发挥和重构企业的知识效价；在合作研发过程中，知识转移不仅发生在硬技术层面，也发生于软管理层面，企业通过合作学习到科技管理和研发创新的经验，提升创新增长的潜力。事实上，这种国际科技合作的管理学习不仅仅发生在企业层面，也可以为政府的科技政策、创新战略、科技发展预测、国土资源综合开发、产业振兴、技术进步、知识产权保护和技术贸易等方面，提供许多先进的理念、思想、方法。诸如科技型企业、高新技术园区、风险投资、技术创新政策的提出和推广，便是在这类软科学方面的合作研究中得到的启发。

促进企业间合作竞争的发展，为应对跨国公司研发在国内不断增长的竞争局面，中国企业寻求与跨国公司技术合作的需求更加迫切。虽然本土企业整体实力与跨国公司不能同日而语，但并不意味着中国本土企业没有参与国际科技合作的资本：中国企业凭借着对中国市场的熟悉，形成了专门面对本土市场的地区性专门知识和专有技术，这些资源是中国企业参与国际科技合作的重要资本，也是近年来跨国公司不断加强对中国 R&D 投资意在获取的重要资源。然而，受制于较低的技术能力和中国企业的单体行为，一方面在与跨国公司的技术合作或技术贸易中往往处于弱势地位，难以开展真正平等互利的合作；另一方面缺少参与国际科技合作必要的信息和平台，急需政府的投入与服务。

从国际来看，国际科技合作、特别是在产业利益攸关的合作中，各国政府为本国企业都出力不少。无论是发达国家还是发展中国家，科技活动都充分体现了政府战略，通过前瞻性视角统筹规划本国的科技活动，积极在全球范围内展开合作、获取资源、提升自主创新能力。在中国目前的经济形势下，政府具有较强的权威性和行动能力，而企业尚未真正成长为市场和创新的主体。在这样的国际、国内背景下，需要政府积极建立本土企业与跨国公司的国际科技合作平台，通过一定的政策工具，有针对性地引导和带动本土企业参与到国际科技合作中，才能帮助本土企业汲取国际科技资源，促进自身成长和发展。

长期以来，中国政府对国际科技合作的规划都是以高校、科研院所等为主要政策客体，对于如何为企业提供国际科技合作平台、帮扶企业参与国际科技合作的政策少之又少。2006 年，国家科学技术部发布了《“十一五”期间国际科技合作实施纲要》，提出国际科技合作的合作主体要从以政府和科研机构为主转向政府引导、多主体共同参与。在新理念指导下，政府应主动搭建本土企业与跨国公司展开合作研究、合作调查、合作开发、合作设计、合办非营利性机构、科技考察、人才交流、信息交流、实物交换、学术会议、科技展览、人才培训、技术贸易①等科技合作行为的信息平台和行动平台，建立外溢性大的国际科技合作研究基地、技术创新信息网络等，采用切实可行的资金支持、资源倾斜、政治压力等政策工具鼓励合作行为；政府要放开思路，不局限于和已经在国内设立研发机构的跨国公司进行合作，更要勇于走出国门，和国外企业展开合作，甚至通过兼并和收购等形式引进国际先进技术；政府还要加快规划和建立金融支持、中介服务等方面的科技合作支撑体系，营造便于开展国际科技合作的环境。

近年来，随着国内科学技术的进步，产学研结合的推进，越来越多的高新技术企业参与到国际科技合作中，并且逐步显现出主体地位，成为我国国际科技合作的“生力军”。中国民营企业的逐渐壮大，成长了一批在海外市场享有较高知名度的跨国公司，这些企业具有较强的创新能力。例如，华为公司的无线网络系统业务全球第一，智能手机业务全球第二，在 2018 年的国际专利申请中，华为向联合国世界知识产权组织提交了 5405 项专利申请，创造了新纪录并稳居全球第一，紧随其后的日本三菱电气，共提交专利申请 2812 项，相差巨大。

---

① 吕磊，马军，陈林峰，焦汉玮．基于政府视角的国际科技合作模式研究［J］．科研管理，2008（10）．

4. 以市场为导向的科技人才培养

人才是知识生产和流动的主体，也是承接跨国公司研发投资溢出最重要的载体。无论是本土企业或地方政府，都明显地感受到，人力资源技术能力和创新能力的不足是发挥跨国公司研发溢出效应的重大阻碍。尽管中国早在改革开放初期就提出了“科教兴国”发展战略，在科技技术发展和人才教育上的投资也不断增加，但政府支持科技和教育的模式陈旧，绝大多数政策资源都投入到政府所属的高校或科研院所的科研和教学环节，对真正适应市场的、有前瞻性和适用性的社会人力资源开发的政策扶持和模式创新极少。这使得中国科技人才的学习领悟能力和自主创新能力相对不足。而反观美国、欧洲、日本等发达国家和地区，以及崛起迅猛的新加坡、韩国等发展中国家和地区（在它们向创新型国家的转型中），都格外重视科技人才的市场化培养和国际化培养。

以新加坡为例，20 世纪末，新加坡成功实现了全球制造中心向全球创新中心的转变，国家层面的人力资源开发战略功不可没。在新加坡的人力资源战略中，各项政策紧紧围绕培育人才的创新意识和市场意识，从政府层面倡导和强制社会转变教育模式、企业加大培训投入，以消费者需求和雇佣者需求为导向，为人才提供更加丰富和深入的学习机会，形成“实用主义”的人才战略。如在大学教育改革中，新加坡致力于发展世界级研究型大学和全球教育中心，除了给予大学较多财政拨款和赋予大学自主办学权外，还发起了“战略实习与培训计划”，由政府的教育部门发起，安排受资助人员到海外顶尖企业参加为期两年的培训，毕业后须在新加坡公司服务两年。新加坡政府与入驻的跨国公司合作建立了众多培训中心，由跨国公司提供师资、课程和软件，由政府提供场地、硬件和运作资金。这些以职业能力和市场意识为导向的教育政策极大地提升了新加坡人力资源的科技水平、创新意识、国际视野和企业家精神。

跨国公司不断增加的 R&D 投入对于中国人力资源开发来说是一笔宝贵的资源，如何利用好这些技术、设备、人才来实现中国科技人才的跨越式发展，是值得重视和研究的问题。在跨国公司研发机构人才本土化战略下，通过一定的政策铺垫和引导，完全可以通过人力资源桥梁使跨国公司研发投资成为国家创新资源的一部分。政府政策要注重科技人员在职业生涯中的人力资源二次开发，在企业、特别是技术型企业中设立培训基金，与跨国公司合作培训，重点培养科技人员的创新能力、国际视野和企业家精神。政府要继续大力推进教育体制改革，特别是高校创新型科技人才培养体制改革，加强与市场和企业的联系。

借鉴跨国研发机构的案例，大部分跨国公司都重视人力资源的开发和培训，将研发人员素质提升视为公司提高整体竞争力的重要部分。事实上，跨国公司 R&D 本土化迫切需要培养本土化的研发人员，促进当地的人力资源开发，提高当地的技术基础。政府、企业和科研机构应采取必要措施趋利避害，充分利用跨国公司在华研发投资人力资源方面的正面效应，规避负面效应，利用跨国公司在华研发投资带动中国整体人力资源水平的提高①。

一是建立多元人才培养机制。首先，鼓励中国本土企业和科研院所积极培养研发型人才，革新人才培养体制，注重研发型人才的素质培养，做好“产学结合”，加强对技术知识应用方面的培养，努力培养满足不同需求层次的科研人才。其次，鼓励跨国公司在华研发机构的人才本土化战略，进一步优化市场环境和政策环境，采取一定的激励政策鼓励跨国公司聘用本土企业员工和毕业生，鼓励其对员工进行培训和教育，对于在研发人才培养上做出突出成绩的跨国公司给予一定的物质奖励和政策优惠。再次，鼓励跨国公司与本土企业和科研机构合作培养，加强技术合作和交流，以提高本土机构人才素质和研发能力。通过优化创新环境、政府出资、制订优惠政策或限制条件等措施鼓励合作研发，引导跨国公司研发机构与本土企业和科研机构联合承担政府科技计划项目，或使国内研发机构参与到世界高端技术的研究中，利用跨国公司先进的技术基础，提升本土

---

① 章文光. 跨国公司在华研发人才本土化战略的人力资源效应［J］. 山东社会科学. 2011（8）

研发人员的科研能力和市场素质。

二是完善本土人才管理机制。在推进和完善以企业为主体的国家创新体系建设过程中，政府、研发机构需要优化软硬件环境，构建有利于创新人才成长的文化环境。应加强对本土企业和科研机构的政策倾斜，适度增加研发费用，采取各种鼓励措施吸引优秀研发人才在国内特别是本土机构就业，促进人才回流。对研发人才的户口、住房、子女教育、医疗等一系列生活问题给予适合中国国情的优惠待遇。对在国家产业政策中鼓励优先发展的产业技术、基础性技术方面等有突出贡献的优秀科技人才，国家给予适当奖励，并形成规范化的奖励制度。本土企业应及时改革人才管理体制，重视研发人才，为研发岗位提供更好的薪资待遇和研发环境，吸引人才为企业进步做贡献。

三是形成合理人才流动机制。通过引进同行业其他跨国公司在华投资，形成跨国公司之间在中国市场的竞争关系，避免形成垄断，加速技术外溢和转移；打破本土企业的体制约束，促进本土企业创新发展，增强本土企业竞争力，形成有实力的国内竞争体；加强反垄断，深入研究跨国公司在华研发投资技术状况，尽快出台相关政策法规，防止跨国公司滥用市场力量和技术优势进行不正当竞争，形成公平、有序的市场环境，促进本土人才在跨国公司和本土企业与科研机构间的双向流动。

四是优化人力市场机制。重视人力资源基础较弱地区，特别是中西部地区的市场环境完善和人力资源培养，加强基础设施建设，出台相关政策法规优化投资环境，加大教育投资，提高人力资源素质，努力吸引跨国公司研发投资，形成高素质人才在全国人力市场的均衡流动。

参考文献

[1] Streeten, P. The Theory of development policy, in Dunning, J. H, Economic Analysis and the Multinational Enterprise, London. 1974: 252-279.

[2] Lall S. The International Allocation of Research Activity By U. S. Multinationals. Economic, 1979 (46).

[3] Smith V L. Banking on the technology-choices and constraints [J]. International Journal of InformationManagement, 1987, 10 (3): 56-78.

[4] C Freeman. Technology policy and economic performance: lessons from Japan [M]. London: Pinter, 1987.

[5] Krugman, Paul R. Geography and Trade [M]. Cambridge, MA: MIT Press, 1991.

[6] Hamel, G. Competition for competence and interpartner learning within international strategic alliances [J]. Strategic Management Journal, 1991, 12 (1): 83-103.

[7] R Nelson. National innovation system: a comparative analysis [M]. Oxford University Press, 1993.

[8] Haddad H. Are there positive spillovers from direct foreign investment? - Evidence from panel data for Morocco [J]. Journal of Development Economics, 1993, 42 (1): 51-74.

[9] Dunning J. Multinational enterprises and the globalization of innovatory capacity [J]. Research Policy, 1994, 26: 67-88.

[10] Hedlund, G. A. Model of knowledge management and the N-form corporation [J]. Strategic Management Journal, 1994, 15: 73-90.

[11] Kokko. Technology, Market Characteristics and Spillovers. Journal of Development Economics, 1994.

[12] Coe, D. T. and Helpman. International R&D Spillovers [J]. European Economic Review, 1995, 39: 859-887.

[13] P Cook. Regional innovation systems: an evolutionary approach [A]. H Baraczyk, P Cook, R Heidenriech. Regional innovation systems [C]. London: London University Press, 1996.

[14] Murray G. Management' s search for venture capital in smaller buy-outs: The role of intermediaries and industry marketing implications [J]. International Journal of Bank Marketing, 1996, 14 (2): 14-25.

[15] Inkpen, A. C. Beamish, P. W. Knowledge, bargaining power, and the instability of international joint ventures [J]. Academyof Management Review, 1997, 22 (1): 177-202.

[16] Glinow, M. A. V. and Mary B. Teagarden. The Transfer of Human Resource Management Technology in Sino-US Cooperative Ventures: Problems and solutions [J]. Human Resource Management, 1998, 27 (2): 201-229.

[17] OECD. Up-grading knowledge and diffusing technology in a regional context [R]. DT/TDPC (99) 8. 1999.

[18] Aitken H. Do domestic firmsbenefit from direct foreign investment? -Evidence from Venezuela [J]. American Economic Review, 1999, 89 (3): 605-618.

[19] C. Debresson, Estimating gaps disparities, Seminar on the measurement of innovation activities in OECD and non-OECD countries, Pretoria, South Africa, March 29-29. 2001.

[20] Maskell, P1 (2001), /Towards a knowledge-based theory of the geographic cluster, Industrial and Corporate Change: 921-9431.

[21] Jefferson. FDI, technological innovation, and spillover evidence from large and medium size Chinese enterprises [J]. Brandeis University

Waltham, 2001.

[22] Maurseth, P., Verspagen, B.. Knowledge Spillovers in Europe: A Patent Citations Analysis [J]. Scandinavian Journal of Economics. 2002 (4): 531-545.

[23] Fang, S. C., Lin, J. L.. The Relationship of Foreign R&D Units in Taiwan and The Taiwanese Knowledge-flow System [J]. Echnovation, 2002 (22): 371-383.

[24] Gertler, Meric S1 (2003), /Tacit knowledge and the economic geography of context, or The undefinable tacitness of being (there) 0, Journal of Economic Geography, 3: 75-991.

[25] Humphrey, J and Schillitz, H. Chain governance and upgrading: taking stoek [A]. jn Schlnitz, H (ed). Local enterprises in the global economy: issues of governance and upgrading [C]. Cheltenham: Elgar, 2004: 349-381.

[26] Kim, Inkpen. Economics of Agglomeration: Cities, Industrial Location, and Regional Growth [M]. Cambridge, UK: Cambridge University Press, 2006.

[27] Hanel, P. Intellectual property rights business management practices: A survey of the literature [J]. Technovation, 2006, 26 (8): 895-931.

[28] Luo, Y. D. Structuring inter organizational cooperation: The role of economic integration in strategic alliances [J]. Strategic Management Journal, 2008b, 29 (6): 617-637.

[29] 尚勇，朱传柏. 区域创新系统的理论与实践 [M]. 北京：中国经济出版社，1999.

[30] 黄鲁成. 关于区域创新系统的理论和政策 [M]. 山东：山东教育出版社，1999.

[31] 李平. 技术扩散理论与实证研究 [M]. 太原：山西经济出版社，1999.

[32] 杜厚文. 面向 21 世纪的中关村经济 [M]. 北京：人民出版

社，2000.

［33］王志乐．2001 跨国公司在中国投资报告［M］. 北京：中国经济出版社，2001.

［34］田贵明．跨国公司对外直接投资与东道国激励政策竞争［M］. 北京：中国经济出版社，2003.

［35］李安方．跨国公司 R&D 全球化——理论、效应与中国的对策研究［M］. 北京：人民出版社，2004.

［36］楚天骄．跨国公司在发展中国家 R&D 投资的区位模式研究［M］. 北京：清华大学出版社，2007.

［37］祝影．全球研发网络：跨国公司研发全球化的空间结构研究［M］. 北京：经济管理出版社，2007.

［38］范黎波，宋志红，吴易明．与跨国公司互联——提升首都企业技术学习与创新能力［M］. 北京：科学出版社，2004.

［39］祝影．全球研发网络：跨国公司研发全球化的空间结构研究［M］. 北京：经济管理出版社，2007.

［40］徐顽强．区域创新与科技中介服务体系建设［M］. 北京：人民出版社，2007.

［41］杜群阳．跨国公司 R&D 资源与中国对接［M］. 北京：中国社会科学出版社，2008.

［42］樊增强．跨国公司 R&D 国际化及在华 R&D 投资研究［M］. 北京：中国社会科学出版社，2008.

［43］肖文．跨国公司 R&D 国际化与中国自主创新［M］. 浙江：浙江大学出版社，2008.

［44］杜德斌．跨国公司在华研发：发展、影响及对策研究［M］. 北京：科学出版社，2009.

［45］柳卸林，等．中国区域创新能力报告 2009［M］. 北京：科学出版社，2009.

［46］章文光，跨国公司在华投资“研发中心”的现状与对策建议

[M]. 北京：北京师范大学出版社，2011.

[47] 肖文，林高榜. 跨国公司 R&D 国际化与中国自主创 [M]. 杭州：浙江大学出版社，2011.

[48] 崔新建. 外资研发中心的现状及政策建议：基于国家创新体系框架的研究 [M]. 北京：人民出版社，2011.

[49] 孙文杰. 外资研发与中国企业技术创新能力：理论与实证研究 [M]. 北京：经济科学出版社，2011.

[50] 柳卸林，高太山. 中国区域创新能力报告 2012 [M]. 北京：科学出版社，2012.

[51] 楚天骄. 促进跨国公司研发机构与本土互动及技术扩散研究 [M]. 北京：中国法制出版社，2013.

[52] 长城企业战略研究所. 跨国公司在华 R&D 投资分析 [J]. 中国软科学，1998 (8).

[53] 沈群红. 国际研发合作对我国的影响 [J]. 国际经济合作，1999 (11).

[54] 陈国宏，等. 外商直接投资与技术转移关系的实证研究 [J]. 科研管理，2000 (3).

[55] 吴贵生，等. 政府在区域技术创新体系建设中的作用——以北京区域技术创新体系为例 [J]. 中国科技论坛，2001 (1).

[56] 刘曙光，田丽琴. 区域创新发展的模式与国际案例研究 [J]. 世界地理研究，2001 (3).

[57] 肖洪钧，张薇. 技术引进、创新和扩散的双向循环——论我国的“技术与市场联动”策略 [J]. 中国软科学，2001 (5).

[58] 陈光，唐福国. 我国技术创新能力的地区差异分析 [J]. 中外科技信息，2001 (11).

[59] 傅利平，程义全. 跨国公司进入与中国经济发展 [J]. 经济学家，2000 (11).

[60] 楚天骄，杜德斌. 跨国公司研发机构与本土互动机制研究 [J].

中国软科学.2002（2）.

［61］林耕，等．把脉北京的外资研发机构［J］．科技潮，2002（4）.

［62］柳卸林，胡志坚．中国区域创新能力的分布与成因［J］．科学性研究，2002（10）.

［63］武汉市国家税务局课题组．税收政策支持高新技术产业发展的调查与思考——关于武汉市东湖高新技术产业发展的调查［J］．税收征纳，2002（12）.

［64］罗访文，宣海林．跨国公司独立R&D机构利弊浅析［J］．湖北社会科学，2003（1）.

［65］包海波．论政府在知识产权战略中的作用［J］．中国软科学，2004（1）.

［66］周立群，祝茂．跨国公司研发中心向中国转移的特点及其影响［J］．学术探索，2004（4）.

［67］董书礼．跨国公司在华设立研发机构与我国产业技术进步［J］．中国科技论坛，2004（4）.

［68］崔秀贤．西部地区产业结构调整与优化问题探讨［J］．行政与法（吉林省行政学院学报），2004（7）.

［69］钟有为．韩国科技兴国的举措［J］．安徽科技，2004（8）.

［70］章文光，梁丽红．跨国公司于中国企业产业关联分析［J］．中国流通经济，2004（11）.

［71］姜黎辉，张朋柱．跨国公司向其在华合资企业技术转移决策系统分析［J］．科研管理，2004（11）.

［72］徐治立．论政府对科技活动干涉的作用与限度［J］．科学学与科学技术管理，2004（11）.

［73］娄伟．中国科技人才培养政策体系分析［J］．科学学与科学技术管理，2004（12）.

［74］黄军英．韩国提高国家创新能力的举措［J］．科技与经济，2004（12）.

[75] 隆国强．最大限度发挥溢出效应：吸引跨国公司研发机构的战略意义与政策取向 [J]．国际贸易，2004（12）．

[76] 杨稣，贾明德．关于我国科技中介服务体系的创新与发展 [J]．西安电子科技大学学报（社会科学版），2004（12）．

[77] 张海洋．外资技术扩散与中国经济增长 [D]．华中科技大学，2004．

[78] 翟娟华．对外直接投资中跨国公司与东道国政府的关系分析 [D]．山西大学，2004．

[79] 张仁开，杜德斌．跨国公司在华 R&D 投资的态势及效应分析 [J]．亚太经济，2005（3）．

[80] 楚天骄．世界主要国家、地区 R&D 投资环境评价 [J]．软科学，2005（3）．

[81] 楚天骄．跨国公司在印度 R&D 投资的区域效应 [J]．亚太经济，2005（4）．

[82] 吴华，王超．我国科技中介服务体系建设中的制度障碍分析 [J]．科技情报开发与经济，2005（4）．

[83] 华阳．知识产权保护在跨国公司对我国 FDI 方式转变过程中的战略地位 [J]．内蒙古民族大学学报，2005（6）．

[84] 肖武岭．跨国公司在我国的技术控制策略分析 [J]．宏观经济研究，2005（9）．

[85] 刘菁，任曙明．跨国公司国际产业转移演变机制研究 [J]．经济与管理，2005（10）．

[86] 冼国明，等．FDI 对中国创新能力的溢出效应 [J]．世界经济，2005（10）．

[87] 许星．跨国公司涌向印度：投资深入腹地 [N]．中国经营报，2005-1-10．

[88] 企业大学的成与败 [N]．经理日报，2005-5-27．

[89] 张玉路．跨国公司在华技术战略及中国的对策 [D]．河北师范

大学，2005.

［90］赵琨．科技中介与科技产业集聚互动作用的量化研究［D］．山东科技大学，2005.

［91］楚天骄，杜德斌．跨国公司研发机构与本土互动机制研究［J］．中国软科学，2006（2）.

［92］陈柳，刘志彪．本土创新能力 FDI 技术外溢与经济增长［J］．南开经济研究，2006（3）.

［93］葛顺奇．激励措施及其对吸引外资的影响［J］．国际经济评论，2006（3）.

［94］谢建国．外商直接投资对中国的技术溢出［J］．经济学，2006（4）.

［95］郝莹莹，等．利用跨国公司提升本国研发能力——韩国与新加坡的经验与启示［J］．亚太经济，2006（6）.

［96］张刚，徐乾．知识集聚与区域创新能力：一个社会认知的视角［J］．自然辩证法通讯，2006（6）.

［97］陈礼达．跨国公司与中国高校研发合作“透视”——访清华大学公共管理学院常务副院长薛澜教授［J］．中国高校科技与产业化，2006（7）.

［98］冯根尧．区域创新体系的运行机制及构成要素分析［J］．广西社会科学，2006（7）.

［99］谢建国．市场竞争、东道国引资政策与跨国公司的技术转移［J］．经济研究，2006（7）.

［100］康燕文．IBM：面向社区的开放［J］．软件世界，2006（7）.

［101］何龙斌．基于商务成本视角的西部地区引进外资问题［J］．延安大学学报（社会科学版），2006（8）.

［102］张仁开．韩国利用外商 R&D 投资的经验及启示［J］．世界科技研究与发展，2006（10）.

［103］郝莹莹，杜德斌，智瑞芝．利用跨国公司提升本国研发能

力——韩国和新加坡的经验与启示［J］. 亚太经济，2006（11）.

［104］曹永峰. 跨国公司研发投资与区域技术创新能力的提升——以环杭州湾为例［J］. 科技进步与对策，2006（12）.

［105］周海炜，吴凤菊，唐震. 我国各地针对跨国公司研发投资政策的比较分析［A］. 提高全民科学素质、建设创新型国家——2006 中国科协年会论文集［C］. 2006.

［106］程琦. 我国科技中介组织的管理模式研究［D］. 华中科技大学，2006.

［107］丰志勇. 基于科技中介服务机构的产业密集区技术扩散研究［D］. 华东师范大学，2006.

［108］杜群阳. 跨国公司 R&D 资源转移与中国对接研究［D］. 浙江大学，2006.

［109］刘丽琴，刘文秀. 跨国公司在中国研发本地化的地域分异［J］. 经济地理，2007（2）.

［110］张娇. 跨国公司在华技术研发对我国产业技术进步的双重效应研究——“溢出效应”和“挤出效应”解析［J］. 世界经济情况，2007（2）.

［111］李洪娟. 提升外商直接投资对中国的技术溢出效应［J］. 河北学刊，2007（5）.

［112］冯晓青. 美、日、韩知识产权战略之探讨［J］. 黑龙江社会科学，2007（6）.

［113］伊彤. 我国国际科技合作中的技术转移［J］. 中国科技论坛，2007（7）.

［114］韩书成. 外资研发中的国际技术转移与自主创新能力［J］. 武汉理工大学学报（信息与管理工程版），2007（8）.

［115］玄兆辉. 新时期我国外资企业研发投入特征研究［J］. 科技统计报告，2007（9）.

［116］颜凌芳. 跨国公司技术转移及其影响：一个综述［J］. 金融经

济，2007（10）.

［117］李习保．中国区域创新能力变迁的分析：基于创新系统的观点［J］．管理世界，2007（12）.

［118］冯晓青．美、日、韩知识产权战略之探讨［J］．黑龙江社会科学，2007（12）.

［119］胡磊．关于进一步完善我国鼓励外商投资研发的政策研究［J］．科技进步与对策，2007（24）.

［120］郑晓奕．新加坡：内外资企业税收待遇相同［N］．中国税务报，2007-3-14.

［121］夏光．校区、园区与社区“三区联动”自主技术创新的模式、机制及实证研究［D］．上海交通大学，2007.

［122］吴凤菊．吸引跨国公司在华设立研发机构的政策因素分析［D］．河海大学，2007.

［123］吴进红．对外贸易与工业结构升级——以扬州市为例的分析［J］．上海经济研究，2007.

［124］韩书成．外资研发活动对自主创新能力的影响——来自中部武汉的企业案例研究［J］．中国科技论坛，2008（2）.

［125］宋卫国，杨起全，高昌林．正确认识我国研发人力资源［J］．科技管理研究，2008（3）.

［126］盛垒．跨国公司在华研发与我国自主创新发展［J］．国际经济合作，2008（4）.

［127］姜志美．跨国公司在我国的产业关联与技术溢出效应分析［J］．湖北经济学院学报，2008（5）.

［128］文富德．印度正在成为世界研发中心的原因、影响与启示［J］．亚太经济，2008（5）.

［129］王健．国内外促进外资研发机构的技术溢出政策及其对北京的启示［J］．科技智囊，2008（5）.

［130］程如烟．30 年来中国国际科技合作战略和政策演变［J］．中国

科技论坛，2008（7）.

［131］吕磊，马军，陈林峰，焦汉玮．基于政府视角的国际科技合作模式研究［J］．科研管理，2008（11）.

［132］张孟军．跨国公司研发人才流动趋势［N］．科技日报，2008-2-3.

［133］王晓璐．国际技术扩散对中国区域技术进步的影响［D］．西北大学，2008.

［134］李文元．科技中介机构功能完善和体系构建研究［D］．江苏大学，2008.

［135］李睿．跨国公司在华 R&D 投资独资化趋势研究［D］．北京交通大学，2008.

［136］聂尊誉．印政府鼓励科技人员走产学研结合之路［J］．功能材料信息，2009（6）.

［137］边伟军，罗公利．我国科技中介机构的影响因素与对策研究——基于山东省调查问卷的分析［J］．经济问题，2009（7）.

［138］潘铁，柳卸林．跨国公司在中国的研发独占性研究——基于非法律保护手段选择的实证分析［J］．科学学与科学技术管理，2009（8）.

［139］罗艳．中印吸引跨国公司 R&D 投资特点及优势比较［J］．北方经贸，2009（11）.

［140］宋晓薇．常州市招商引资方式创新研究［D］．上海交通大学，2009.

［141］盛垒．外资在华研发空间集聚及知识溢出研究［D］．华东师范大学，2009.

［142］张战仁，杜德斌，黄力韵．国际研发投资与我国城市经济发展的空间规律和关联分析［J］．经济地理，2010（3）.

［143］杜德斌，等．跨国公司在华 R&D 机构的空间集聚研究［J］．世界地理研究，2010（3）.

［144］严海宁，等．FDI 对我国企业产品创新和过程创新的影响——

基于行业面板数据的经验分析［J］. 经济问题，2010（4）.

［145］夏海力 . 韩国与新加坡经验对苏南地区外商投资 R&D 中心建设的启示［J］. 科技管理研究，2010（4）.

［146］孙玮，等 . FDI 技术来源渠道与高技术产业自主创新效率［J］. 中国科技论坛，2010（5）.

［147］郝伟利 . 摩托罗拉大学的特色培训［J］. 企业改革与管理，2010（7）.

［148］齐玮 . 跨国公司研发本土化与我国技术创新对策研究［J］. 黑龙江对外经贸，2010（8）.

［149］魏守华，吴贵生，吕新雷 . 区域创新能力的影响因素——兼评我国创新能力的地区差异［J］. 中国软科学，2010（9）.

［150］盛垒 . 外资研发是否促进了我国自主创新——一个基于中国行业面板数据的研究［J］. 科学学研究，2010（10）.

［151］未来科技：俄印巴西新兴之路［N］. 经济参考报，2010-6-2.

［152］杨江婷 . 广州市科技中介机构发展对策研究［D］. 华南理工大学：2010.

［153］邵永恒，张永庆，廉正 . 跨国公司在华投资战略调整对中国产业发展的影响研究——以金融危机为背景［J］. 软科学，2011（01）.

［154］章文光，等 . 跨国公司在华研发投资与区域自主创新互动发展［J］. 北京师范大学学报（社会科学版），2011（3）.

［155］樊琦，韩民春 . 政府 R&D 补贴对国家及区域自主创新产出影响绩效研究——基于中国 28 个省域面板数据的实证分析［J］. 管理工程学报，2011（3）.

［156］沙文兵，李桂香 . FDI 知识溢出、自主 R&D 投入与内资高技术企业创新能力——基于中国高技术产业分行业动态面板数据模型的检验［J］. 世界经济研究，2011（5）.

［157］杜军，费卉卉，李沫，焦媛媛 . 跨国公司海外 R&D 机构区位选择过程影响因素研究［J］. 管理学报，2011（5）.

[158] 李文博．我国科技中介服务体系与发达国家的差距及对策[J]．中国科技论坛，2011（7）．

[159] 章文光．跨国公司在华研发人才本土化战略的人力资源效应[J]．山东社会科学，2011（8）．

[160] 邹樵，陈建洪．高新区科技中介发展的国内外比较与借鉴[J]．现代商业，2011（9）．

[161] 张瑜，张诚．跨国企业在华研发活动对我国企业创新的影响——基于我国制造业行业的实证研究[J]．金融研究，2011（11）．

[162] 刘洋，艾丽娜．FDI 对我国制造业升级的影响研究[J]．价格月刊，2011（11）．

[163] 王德禄．中国成跨国研发转移热土[J]．中关村，2011（12）．

[164] 陈小红．转变学习模式，实现技术跨越的技术创新路径研究[J]．科学管理研究，2011（12）．

[165] 信息快递[N]．摩托车技术，2011-6-10.

[166] 张卫东．区域性科技中介服务网络体系建设研究[D]．吉林大学，2011.

[167] 周立群，李伟华，李京晓．科技中介机构功能完善和体系构建研究[J]．天津社会科学，2012（1）．

[168] 张耿庆．跨国公司在华并购的技术效应及其对策[J]．河北学刊，2012（1）．

[169] 郝璐，刘平．跨国公司在跨国公司在华研发中心的特征与对策研究[J]．天津社会科学，2012（1）．

[170] 周立群，李伟华，李京晓．在华 R&D 投资对我国高技术产业创新能力影响的实证分析[J]．中国科技论坛，2012（1）．

[171] 潘菁，张家榕．跨国公司华研发投资的影响及其对策研究[J]．长春大学学报，2012（1）．

[172] 刘晓宁．外商研发投资对我国区域创新体系的影响——基于1999—2008 年省际面板数据的实证检验[J]．经济经纬，2012（1）．

［173］李金龙，熊伟．社会资本、制度与区域技术创新关系的实证研究［J］．科学管理研究，2012（2）．

［174］关涛，薛求知．跨国公司对华子公司转移知识的属性构成与作用研究［J］．研究与发展管理，2012（3）．

［175］吴建军，仇怡．对外直接投资的技术进步效应：一个文献综述［J］．湖南科技大学学报（社会科学版），2012（4）．

［176］孟凡臣，刁文，梁力军．FDI 对北京工业部门技术外溢效应［J］．北京理工大学学报（社会科学版），2012（5）．

［177］陶蕴芳，员智凯．研究型大学与跨国公司的合作创新模式研究［J］．西北工业大学学报（社会科学版），2012（6）．

［178］张永凯．外资在印度的 R&D 投资特征及其动因分析［J］．世界地理研究，2012（6）．

［179］王剑．我国高层次创新型科技人才培养的若干问题研究［J］．科学学与科学技术管理，2012（8）．

［180］姜志美．基于挤出效应的跨国公司在华研发本土化探究［J］．中国外资，2012（12）．

［181］杜伟锦，等．跨国公司研发投入对本土企业创新绩效的影响——基于浙江数据的实证研究［J］．科技与经济，2013（1）．

［182］王琳．2013 年全球 R&D 投资分析［J］．科技和产业，2013（3）．

［183］钟昌标，黄远浙，刘伟．外商直接投资最佳行业渗透水平——基于溢出效应视角的实证分析［J］．南开经济研究，2013（6）．

［184］汤大军，吴宜真，黄胜生．技术外溢效应还是“鲶鱼效应”？——FDI 对于发展中国家本土技术进步作用的另一种实证解读［J］．世界经济与政治论坛，2013（6）．

［185］刘和东．国内市场规模与创新要素集聚的虹吸效应研究［J］．科学学与科学技术管理，2013（7）．

［186］李萍，徐圆．国际 R&D 溢出、前沿技术和吸收能力——基于

中国 13 个工业行业面板数据的研究［J］. 现代财经（天津财经大学学报），2013（7）.

［187］章文光，王晨 . 政策目标、政策工具、政策主体与跨国公司在华研发投资的关联度［J］. 改革，2013（10）.

［188］丁珂 . 国际技术合作的态势、问题及对策研究［D］. 郑州大学，2013.

［189］赵亮，穆月英 . 基于东亚对华 FDI 的技术进步对我国农业的影响研究［J］. 系统工程理论与实践，2014（1）.

［190］章文光，陈丹，贾妙元 . 跨国公司在华研发投资与中国区域知识创新互动发展［J］. 国际经济合作，2014（1）.

［191］章文光，王晨 . 外资研发与区域创新系统互动——机制分析和实证检验［J］. 北京师范大学学报（社会科学版），2014（2）.

［192］IBM 中国高校合作项目 —— IBM 中国高校合作项目综述 . http：//ibmur. hust. edu. cn/introduce/introcn. php.

［193］比尔·盖茨的清华清洁：见证微软清华合作的 13 年 . http：//blog. sina. com. cn/s/blog_ 6b8988220100rf7k. html.

［194］成都天府软件园 . http：//www. ce. cn/culture/whtzgg/5/5-6/sc/201103/17/t20110317_ 22307391. shtml.

［195］跨国公司研发中心中国变脸 . http：//www. antpedia. com/news/33/n-130333. html.

［196］新加坡投资政策 . http：//sg. xinhuanet. com/2012-11/21/c_ 123974811. htm.

［197］地方政府政策兑现度是影响跨国公司投资区位选择的首要因素 . http：//club. 1688. com/article/72612. html？ domainid＝lzw19582003.

重要术语索引表